SV

W0472076

Christa Bürger

Der Ursprung der bürgerlichen Institution Kunst im höfischen Weimar

Literatursoziologische Untersuchungen zum klassischen Goethe

Suhrkamp Verlag

CIP-Kurztitelaufnahme der Deutschen Bibliothek
Bürger, Christa, Der Ursprung der bürgerlichen
Institution Kunst im höfischen Weimar:
literatursoziolog. Unters. zum klass. Goethe. – 1. Aufl. –
Frankfurt am Main: Suhrkamp, 1977.
ISBN 3-518-07461-X

Erste Auflage 1977
© Suhrkamp Verlag Frankfurt am Main 1977
Alle Rechte vorbehalten
Satz: Georg Wagner, Nördlingen
Druck: Nomos Verlagsgesellschaft, Baden-Baden
Printed in Germany

Inhalt

Einleitung[1]

a) Institution Literatur

In der kunst- und literatursoziologischen Diskussion stehen mit der Auseinandersetzung zwischen Adorno und Silbermann zwei Konzeptionen einander gegenüber, eine historisch-dialektische und eine empirisch-positivistische[2]. Während Adorno (und, in anderer Weise, auch Lukács) die *historisch-soziologische Deutung von Einzelwerken* zum Gegenstand seiner Arbeit macht, hat Silbermann die empirische Erforschung der *Wirkung* von Kunstwerken zum zentralen Gegenstand der Kunstsoziologie erklärt. Das Werk, das für Adorno im Mittelpunkt jeder kunstsoziologischen Bemühung zu stehen hat, wird von Silbermann explizit aus der Gegenstandsbestimmung von Kunstsoziologie herausgenommen. Es kann hier nicht darum gehen, die Adorno-Silbermann-Debatte noch einmal darzustellen[3]. Nur ein wesentliches Argument von Adornos Silbermann-Kritik sei noch einmal in Erinnerung gerufen. Die Hypostasierung abfragbarer Aussagen über die subjektive Wirkung von Kunstwerken zu »sozialen Tatsachen« läßt die vielfältige gesellschaftliche Bedingtheit dessen, was als Reaktion auf Kunstwerke registrierbar ist, unerörtert. Das Argument Adornos behält Gültigkeit auch dort, wo an die Stelle der Erforschung gegen-

1 Die Einleitung übernimmt die zentralen Kategorien aus den methodologischen Arbeiten von Peter Bürger, die im folgenden zitiert werden. – Für die kritische Lektüre der Arbeit habe ich neben Peter Bürger Volker Klotz, Gerhard Leithäuser und Hans Sanders zu danken.

2 Vgl. dazu vor allem von A. Silbermann den Artikel *Kunst*, in: *Soziologie*, hrsg. v. R. König (Fischer Lexikon, 10). ²Frankfurt 1967, 164-174, und die Erwiderung von Th. W. Adorno, *Thesen zur Kunstsoziologie*, in: ders., *Ohne Leitbild. Parva Aesthetica* (ed. suhrk., 201). Frankfurt 1967, 94-103.

3 Zusammenfassend dazu P. Bürger, *Einleitung* zu Abschnitt III des Readers *Literatur- und Kunstsoziologie*, hrsg. v. P. B. (Neue Wiss. Bibl.). Köln 1977, wo auch die wichtigsten Texte der Debatte abgedruckt sind.

wärtiger Kunstwirkungen (z. B. mit Hilfe von Fragebögen und Interviews) die Analyse historischer Dokumente der Wirkung künstlerischer Werke tritt. Auch hierfür gilt: Wirkungen von Kunstwerken können erst im Zusammenhang mit den sie bedingenden gesellschaftlichen Erscheinungen und letztlich im Rahmen einer gesamtgesellschaftlichen Theorie adäquat gedeutet werden.

Adornos Kritik an Silbermann trifft wesentliche Schwächen einer positivistischen Literatursoziologie, kann aber nicht darüber hinwegtäuschen, daß Adorno selber keinen theoretischen Rahmen entwickelt hat, der es ihm erlaubt, die Analyse der Werke, der Rezeptionsdokumente und des Funktionszusammenhangs von Literatur miteinander zu verknüpfen. In seinen konkreten Arbeiten beschränkt er sich vielmehr darauf, die historisch-gesellschaftliche Dimension als Reflexionsmedium zu benutzen, das ihm ermöglicht, den gesellschaftlichen Gehalt der Einzelwerke zu erfassen. Anders formuliert: Es bleibt ausschließlich die Sache des Interpreten, Werk und Gesellschaft aufeinander zu beziehen. Dieser Bezug wird nicht an historischen Dokumenten (z. B. Dokumenten zeitgenössischer Wirkung) erhärtet. So tritt die historisch-soziologische Deutung nur konkurrierend neben andere Deutungen, ohne doch einen höheren Grad von Nachprüfbarkeit ihrer Ergebnisse und das heißt von Plausibilität aufweisen zu können. (Trotz entscheidender methodischer Differenzen gegenüber Adorno gilt das auch für die literatursoziologischen Arbeiten von Georg Lukács.) Während die Wirkungsforschung Silbermannscher Prägung dazu tendiert, die subjektiven Reaktionen der Rezipienten zu sozialen Tatsachen zu verfestigen, besteht bei Adorno die Gefahr einer Hypostasierung des »großen« Werkes. Und während die positivistische Empirie sich der Möglichkeit beraubt, Literatur als Instrument gesellschaftlicher Kommunikation zu untersuchen, weil sie sowohl das Einzelwerk, als auch eine gesamtgesellschaftliche Theorie aus ihren Untersuchungen verbannt[4],

4 Vgl. dazu A. Silbermann: »Daher bleiben Aussagen über das Kunstwerk

bleibt Adorno umgekehrt die historisch konkrete Absicherung seiner soziologischen Analysen dem Leser schuldig.

Will man das Dilemma überwinden, in das die beiden hier nur skizzierten kunstsoziologischen Ansätze führen, wird man Adornos Einsicht in die gesellschaftliche Bedingtheit der Wirkung von Kunstwerken aufnehmen müssen. Man wird eine Vermittlungsebene ausmachen müssen, die erlaubt, den Zusammenhang von gesellschaftlichen Anforderungen an die Kunst, materiellen Bedingungen der Kunstproduktion und epochalen Rezeptionshaltungen als Rahmenbedingungen der Kunstproduktion und -rezeption zu fassen. Eine solche Vermittlungsebene stellt der von Peter Bürger vorgeschlagene Begriff der Institution Kunst dar. Darunter sollen »die in einer Gesellschaft (bzw. in einzelnen Gruppen) geltenden Funktionsbestimmungen von Kunst in ihrer sozialen Bedingtheit (verstanden werden). Dabei wird angenommen, daß diese Funktionsbestimmungen zwar innerkünstlerische Entsprechungen haben, daß sie aber nicht an einer bloß innerkünstlerischen Erfahrung (z. B. dem Erwartungshorizont der Rezipienten) festgemacht sind, sondern an den realen und ideellen Bedürfnissen der jeweiligen Trägerschicht und daß sie darüber hinaus in einem bestimmbaren Verhältnis stehen zu den materiellen Bedingungen der Kunstproduktion«[5].

selbst und seine Struktur außerhalb kunstsoziologischer Betrachtungen« (*Kunst*, 166) und: »Da es der empirischen Kunstsoziologie nicht darum getan ist, irgend etwas zu ersetzen, da sie von imperialistischen Gelüsten frei zu sein sich bemüht, hält sie sich, im Gegensatz zu ästhetischen Werttheorien gleich welcher Herkunft, fern von der Formulierung künstlerischer Normen und Werte: Denn das Studium der sozialen Verflechtungen der Kunst dient nicht dazu, Natur und Essenz der Künste selbst zu erklären« (*Einführung* zu: A. Silbermann, *Empirische Kunstsoziologie.* Stuttgart 1973, 20).

5 P. Bürger, *Institution Kunst als literatursoziologische Kategorie. Skizze einer Theorie des historischen Wandels der gesellschaftlichen Funktion der Literatur,* in: Romanistische Zeitschrift für Literaturgeschichte/Cahiers d'Histoire des Littératures Romanes, Nr. 1 (1977).

Wenn es zutrifft, daß in der entfalteten bürgerlichen Gesellschaft Kunst als autonome, d. h. von der Lebenspraxis abgehobene institutionalisiert ist und daß der Angriff der historischen Avantgardebewegungen (Dadaismus, Surrealismus) auf den Autonomiestatus der Kunst in der bürgerlichen Gesellschaft diesen allererst erkennbar gemacht hat[6], dann ergibt sich daraus die literatursoziologisch relevante Frage, wie Literatur in anderen Gesellschaftsformationen institutionalisiert gewesen ist. Bei allen Vorbehalten, die gegenüber vorläufigen Synthesen am Platze sind, insofern diese in wesentlichen Punkten durch historische Forschung revidiert werden können und müssen, wird man zunächst von folgender idealtypischer Konstruktion der Entwicklung der Institution Kunst seit der höfisch-feudalen Gesellschaft ausgehen können: In der höfisch-feudalen Gesellschaft ist die Kunst noch gar kein eigener Bereich, der von den übrigen gesellschaftlichen Teilbereichen abgegrenzt werden könnte. Als Bestandteil des höfischen Fests oder der Salonkultur ist sie eingebunden in die Lebenspraxis des Hofadels. Als Repräsentationsobjekt dient sie dem Ruhm des Herrschers und der Selbstdarstellung der höfischen Gesellschaft. Ihre Funktion ist unmittelbar oder mittelbar politisch: Legitimation absolutistischer Herrschaft. Unter den Bedingungen einer höfisch institutionalisierten Literatur unterwirft der Künstler sich weitgehend den ästhetischen und politischen Vorstellungen des Mäzens. In dem Maße, wie er noch kein künstlerisches Selbstbewußtsein ausgebildet hat, wird diese Unterwerfung nicht reflektiert: Der Künstler vermag von außen an ihn herangetragene Bedürfnisse problemlos zu befriedigen, wie das nach *divertissement* oder nach Repräsentation. Insofern die Rezeption der

6 Inwiefern die historischen Avantgardebewegungen durch ihren Angriff auf den Autonomiestatus der Kunst in der bürgerlichen Gesellschaft dessen institutionellen Charakter erkennbar gemacht haben, kann ich hier nicht näher ausführen; vgl. dazu P. Bürger, *Theorie der Avantgarde* (ed. suhrk., 727). Frankfurt 1974, Kap. I, 2, sowie ebd. Kap. II, 1 und 2 zur Diskussion des Autonomiebegriffs.

höfischen Kunst meist im Rahmen des höfischen Festes erfolgt, trägt sie kollektiven Charakter.

Als Goethe zu schreiben beginnt, ist die hier nur umrißhaft skizzierte höfische Institution Kunst bereits in ein Stadium der Krise eingetreten. Aus dem Kampf gegen die höfische Kunst hatte sich bereits eine neue Institutionalisierung von Literatur entwickelt, für die ich den Begriff *bürgerlich-aufklärerisch* vorschlage. Im Gegensatz zur höfisch-aristokratischen Gesellschaft, in der die Literatur vornehmlich die Funktion von *divertissement* und Repräsentation erfüllt, faßt das aufsteigende Bürgertum diese als ein Instrument der Verständigung über moralische und im weitesten Sinn politische Fragen auf. Auch hier ist die Literatur mit der Lebenspraxis der Rezipienten verknüpft. Radikal anders jedoch ist eben diese Lebenspraxis selbst organisiert; denn die die ästhetischen Normen setzende Schicht des höfischen Adels ist in der höfisch-feudalen Gesellschaft im Frankreich des 17. Jahrhunderts in ihrer Lebenspraxis gerade von den Bereichen Arbeit und Politik abgetrennt, die die Zentren bürgerlicher Lebenspraxis ausmachen. Gerade weil in der höfischen Gesellschaft das Kunstwerk vor allem auch Gegenstand des *divertissement* war, konnte es sich gegenüber moralischen Ansprüchen (z. B. der Kirche) zumindest partiell emanzipieren. Im Rahmen der bürgerlich-aufklärerischen Literaturauffassung dagegen wird es gerade als Medium der Diskussion über Verhaltensnormen relevant.

Betrachtet man die Dokumente der primären Rezeption von Goethes *Götz von Berlichingen* als beispielhaft für den Endpunkt der hier als bürgerlich-aufklärerisch bezeichneten Institution Literatur, so läßt sich feststellen, daß in ihnen die sowohl von Gottsched wie von Lessing theoretisch geforderte Identifikation der Rezipienten mit den tragenden Figuren der dramatischen Handlung tatsächlich stattgefunden hat. Man wird für die bürgerlich-aufklärerische Institution Literatur eine Übereinstimmung zwischen den Literaturvorstellungen der Produzenten und der tatsächlichen Rezeptionshaltung annehmen können (Kap. 1).

Von hier aus läßt sich die Frage formulieren: Wie reagiert die noch vorhandene höfische Institution Literatur auf die Tatsache, daß jetzt nicht etwa nur neben ihr andere Institutionalisierungen von Literatur existieren (das hat es auch in der höfisch-feudalen Gesellschaft Frankreichs im 17. Jahrhundert gegeben), sondern daß es eine konkurrierende Institution Literatur gibt, die, weil sie mit dem Anspruch der Allgemeinheit auftritt, zugleich die Existenzberechtigung der höfischen Institutionalisierung der Kunst als einer partikularen in Frage stellen muß[7]. Es wird zu zeigen sein, wie die fürstlichen Mäzene in der zweiten Hälfte des 18. Jahrhunderts den Versuch unternehmen, das Mäzenat umzuinterpretieren und Literaturvorstellungen, die im Rahmen der bürgerlich-aufklärerischen Literatur entwickelt worden sind, aufzunehmen. Die Funktion der Literatur wird jetzt nicht mehr in höfischer Repräsentation und *divertissement* gesehen, sondern in der Beförderung der Humanität. Der Mäzen selbst versteht sich als Förderer von »Menschheitslehrern« (Kap. 2).

Ein weiteres Anzeichen dafür, daß die höfische Institution Kunst in das Stadium ihrer Selbstkritik eingetreten ist, wird man auch darin zu sehen haben, daß der Herzog Karl August sich erfolgreich bemüht, mit Goethe den Exponenten einer nicht-höfischen Kunst an den Weimarer Hof zu binden. Wenn man bedenkt, daß der junge Goethe mit *Götz* und *Werther* Werke geschaffen hatte, die, mögen sie auch immer in der zeitgenössischen Kritik kontrovers (dies gilt vor allem für die Moraldiskussion anläßlich des Erscheinens von *Werther*) diskutiert worden sein, doch die neue bürgerliche Literaturvorstel-

7 Partikular darf die höfische Institution Kunst insofern heißen, als ihre Trägerschicht im französischen 17. Jahrhundert z. B. in einem engen Kreis des Hofadels und des gehobenen Bürgertums zu suchen ist; vgl. dazu E. Auerbach, *La Cour et la ville*, in: ders., *Vier Untersuchungen zur Geschichte der französischen Bildung*. Bern 1951, 12-50, und W. Krauss, *Über die Träger der klassischen Gesinnung im 17. Jahrhundert*, in: ders., *Gesammelte Aufsätze zur Literatur und Sprachwissenschaft*. Frankfurt 1949, 321-338.

lung in geradezu idealer Weise verwirklichten, dann kommt der Entscheidung gerade dieses Autors, sich in die Abhängigkeit eines deutschen Kleinfürsten zu begeben, mehr als nur biographische Bedeutung zu (Kap. 3).

In diesem Zusammenhang wird man auch die Tätigkeit Goethes als Organisator höfischer Feste zu erörtern haben, wobei es darum gehen wird, herauszufinden, wieweit in den Festlichkeiten und geselligen Veranstaltungen am Weimarer Hof, die zum Teil von Goethe initiiert, meistens aber wesentlich von ihm mitgestaltet worden sind, nur eine höfische Tradition fortgesetzt wird, oder ob auch hier – entsprechend dem Strukturwandel des Mäzenats – das Eindringen bürgerlicher Elemente nachweisbar ist. Dabei wird man in Rechnung stellen müssen, daß die ausmachbaren bürgerlichen Momente in dem höfischen Rahmen nur geringe Entfaltungsmöglichkeiten hatten (Kap. 6a und b).

Legitimiert ist eine eingehende Beschäftigung mit den zum Teil bloß ephemeren und durchaus belanglosen kulturellen Aktivitäten am Weimarer Hof nicht zuletzt dadurch, daß in diesem Rahmen mit Stücken wie *Iphigenie* und *Tasso* einerseits und der Ästhetik Schillers andererseits sich eine *neue* Institutionalisierung der Literatur abzeichnet, die in der entfalteten bürgerlichen Gesellschaft die herrschende sein wird. Die Frage, wie es zu einer Abkehr der Autoren von der bürgerlich-aufklärerischen Literaturauffassung kommt, wird man ihrer epochalen und bis heute nachwirkenden Bedeutung wegen auf verschiedenen Ebenen untersuchen müssen. Zum einen dürfen die theoretischen Entwürfe von Moritz und Schiller schon allein deswegen unser Interesse beanspruchen, weil in ihnen die geschichtlichen Bedingungen des neuen Kunstbegriffs mitreflektiert werden: Wenn Kunst jetzt nicht mehr wie in der aufklärerischen Phase als aktiver Teil gesellschaftlicher Praxis verstanden, sondern als zweckfreier Bereich schroff der Lebenspraxis entgegengesetzt wird, so ist dies als *Antwort* einer Gruppe bürgerlicher Intellektueller auf eine historische Situation zu begreifen; die klassische Doktrin von der Autonomie der Kunst darf als Kritik an den Entfremdungsphänomenen der entstehenden bürgerlich-kapitalistischen Gesellschaft gedeutet werden. Zum andern legt der skizzierte Bruch in der Entwicklung der Literatur eine sozialgeschichtliche Deutung nahe: Die Autonomiesetzung der Kunst kann interpretiert werden als Ausdruck einer durch die realen gesellschaftlichen Verhältnisse bedingten Veränderung der politischen Haltung des Bürgertums, das nicht (bzw. nicht mehr) die Eroberung der politischen Macht, sondern einen Kompromiß mit dem Absolutismus anstrebt. Eine so verfahrende historisch-soziologische Deutung zielt auf die Erhellung der literarischen Evolution durch deren Zuordnung zu einer in relativ allgemeinen Kategorien gefaßten Sozialgeschichte. Will man über eine solche spekulative Zurechnung der literarischen zur gesellschaftlichen Entwicklung hinausgelangen, so wird man versuchen müssen, die epochalen Institutionalisierungen der Kunst aus Zeugnissen zu erschließen, die Aufschluß geben über das Verhältnis von Kunstproduktion, Lebenspraxis und politischer Einstellung einzelner Autoren. Selbstverständlich lassen sich die epochalen Institutionalisierungen von Kunst nicht aus den individuellen Äußerungen eines einzelnen Autors herleiten, selbst wenn es sich dabei um Goethe handelt; vielmehr ergibt sich erst aus der Konfrontation von Äußerungen verschiedener Autoren ein Einblick in die jeweiligen Ausprägungen des Verhältnisses von Kunst und Leben. Mit anderen Worten: die Rekonstruktion des gesellschaftlichen Erfahrungshorizonts der Literaturproduzenten bildet einen (keineswegs den einzigen) Zugang zur Erfassung der Institutionalisierung(en) der Kunst in einer gegebenen Epoche (Kap. 3).

b) Material

Wir haben bisher mit Hilfe des Begriffs Institution Kunst/Literatur den Wandel der gesellschaftlichen Funktion der Literatur für den hier zu behandelnden Zeitraum skizziert. Eine solche Bestimmung der Rahmenbedingungen der Kunstproduktion und -rezeption bliebe jedoch dann abstrakt, wenn sie dem Einzelwerk starr entgegengesetzt wäre. Problematisch wäre eine solche Entgegensetzung nicht zuletzt deshalb, weil so die Veränderungen, die sich auf der Ebene von Einzelwerken konstatieren lassen, für die Rahmenbedingungen und ihre Entwicklung als irrelevant erscheinen müßten. Fragt man nicht nur nach dem Funktionieren von Einzelwerken innerhalb gegebener Rahmenbedingungen, sondern nach der Möglichkeit der Wechselwirkung beider Ebenen aufeinander, so bedarf es einer Kategorie, die Rahmenbedingungen (Institution Kunst) und Einzelwerke aufeinander zu beziehen erlaubt. Eine solche Vermittlungskategorie ist der von Adorno und Eisler verwendete Begriff des Materials[8].

Die beiden Musiktheoretiker bezeichnen mit dem Begriff den Entwicklungsstand der kompositorischen Technik, den ein Musiker vorfindet und mit dem er sich auseinandersetzt. Beethoven z. B. findet als Material die von Haydn und Mozart entwickelte Symphonie vor, und er hinterläßt den Romantikern und Brahms ein verändertes Material. Wenn man den Begriff auf literarische Phänomene anwendet, wird man auch Motive und Themen mit darunter fassen müssen, da man nur so dem Vorherrschen der semantischen Dimension in der Literatur Rechnung tragen kann. Adorno versteht das Material als ein gesamtgesellschaftlich determiniertes, diese gesamtgesellschaftliche Determination ist jedoch für ihn deshalb schwer faßbar, weil er annimmt, daß sie notwendig unbewußt verlaufen muß. Demgegenüber gehe ich mit Peter Bürger davon aus, daß ein bestimmtes künstlerisches Material sehr wohl von bestimmten

8 Vgl. dazu Th. W. Adorno, *Einleitung in die Musiksoziologie* (rowohlts dt. enzyklopädie, 292/93). [2]Reinbek bei Hamburg 1968, vor allem das Kap. *Vermittlung*, neuerdings zugänglich in dem Reader *Literatur- und Kunstsoziologie;* Th. W. Adorno/H. Eisler, *Komposition für den Film*, München 1969, passim. Zur Diskussion des Begriffs vgl. G. Mayer, *Zur Dialektik des musikalischen Materials*, in: Alternative, Nr. 69 (Dez. 1969), 239-258, und P. Bürger, *Institution Kunst als literatursoziologische Kategorie.*

gesellschaftlichen Gruppen- oder Klasseninteressen geprägt sein kann und daß weiterhin der gesellschaftliche Stellenwert des Materials von den Produzenten und Rezipienten auch bewußt reflektiert werden kann. Die damit gegebene Umformulierung des Materialbegriffs erlaubt im Gegensatz zu dem ausschließlich produktionsästhetischen Vorgehen Adornos, das künstlerische Material auch von der Seite der Rezeption her zu erfassen (Kap. 1, 4, 7b).

Lessing und die Autoren des Sturm und Drang hatten sich von dem zu ihrer Zeit mit höfischen Konnotationen verbundenen Material der klassischen Regeltragödie durch die Übernahme der offenen Form des Shakespearedramas emanzipiert. Dieses Material wurde von kompetenten Rezipienten wie z. B. Herder als das der gesamtgesellschaftlichen Situation adäquate begriffen (Kap. 1). Wenn Goethe mit der *Iphigenie* auf die klassische Form der Regeltragödie zurückgreift, so ist darin zunächst einmal eine eindeutige Abkehr vom Material des bürgerlichen Dramas zu sehen. Die traditionelle Literaturgeschichtsschreibung interpretiert diesen folgenreichen Bruch in der Entwicklung eines Materials als Reifeprozeß; literarische Evolution wird damit in Analogie zum individuellen Lebensschicksal gedeutet[9]. Hier wird dagegen der Versuch unternommen, die Abkehr Goethes vom Literaturbegriff der Aufklärung als eine epochale Wendung zu begreifen.

Goethes *Iphigenie* ist dann weder eine bloße Rückkehr zur höfischen Dramenform, noch der Entwurf eines neuen bürgerlichen Dramas, sondern ein Produkt, in dem ein Autor versucht, höfische Kulturtradition und bürgerliche Humanität zur Synthese zusammenzuzwingen. Wir werden sehen, daß dieser Versuch außerhalb der zeitgenössischen Institutionalisierungen der Literatur steht und daher auf das Unverständnis der zeitgenössischen Rezipienten treffen muß (Kap. 7a und b).

9 Vgl. z. B. die *Anmerkungen des Herausgebers* zu *Iphigenie*, in: Goethes Werke (Hamburger Ausgabe). [3]Hamburg 1958, Bd. V, hrsg. v. J. Kunz, 407 ff.

Will man die Stellung der *Iphigenie* innerhalb der zeitgenössischen Institutionalisierungen der Literatur bestimmen, so wird man sagen können, daß sie in einer höfischen Institution Literatur nicht funktionieren kann; die höfische Gesellschaft kann sie nur um ihren (bürgerlichen) Gehalt verkürzt aufnehmen. Durch die abstrakte Idealität ihres Gehalts und die klassische Form steht die *Iphigenie* aber auch der aufklärerischen Literaturauffassung fern. »Klassisch«, d. h. Teil eines literarischen Kanons, wird das Stück erst, nachdem der Autonomiestatus der Kunst, die Trennung von Kunst und Lebenspraxis, institutionalisiert ist.

Ein Problem, dem weitere Untersuchungen werden gelten müssen, ist die Frage *epochaler Rezeptionshaltungen*. Ein entscheidender Mangel der bisherigen Rezeptionsforschung scheint mir darin zu liegen, daß die Frage der Rezeption allzusehr auf Einzelwerke bzw. das Werk eines Autors eingeschränkt worden ist, d. h. daß man epochale Rezeptionshaltungen vernachlässigt hat. Es ist das Verdienst von W. Benjamin, mit dem Begriff der Aura einen Typus kontemplativer, allen lebenspraktischen Bezügen entrückter Rezeption gefaßt zu haben, der dem Autonomiestatus der Kunst in der bürgerlichen Gesellschaft entspricht[10]. Über die Benjaminsche Definition hinausgehend, wird man künftig in rezeptionsgeschichtlichen Analysen das Verhältnis der von der jeweiligen Institution Kunst geforderten und den historisch verwirklichten Rezeptionshaltungen zueinander bestimmen müssen.

Die Ergebnisse der vorliegenden Arbeit legen die Annahme nahe, daß in der bürgerlich-aufklärerischen Phase eine weitgehende Übereinstimmung zwischen institutionell geforderten und realen Rezeptionshaltungen vorhanden war. Für die autonome Kunst, wie Goethes *Iphigenie* sie repräsentiert, stellt sich das Verhältnis problematischer dar: Die institutionell geforder-

10 W. Benjamin, Titelaufsatz in: ders., *Das Kunstwerk im Zeitalter seiner technischen Reproduzierbarkeit. Drei Studien zur Kunstsoziologie* (ed. suhrk., 28). Frankfurt 1963, 16 ff.

te kontemplative Rezeptionshaltung, die beispielhaft in der ästhetischen Theorie von Moritz beschrieben wird, bleibt einer kleinen Elite von Intellektuellen, meist wieder Literaturproduzenten, vorbehalten. Das bürgerliche Lesepublikum reagiert auf die Kunstautonomie mit einer bis dahin nicht vorstellbaren Verschiebung des Rezeptionsinteresses vom Werk (und dessen Gehalt) auf den Autor, wodurch dieser zur auratischen Persönlichkeit stilisiert wird (Kap. 4). Die Autonomiesetzung der Kunst und die angedeutete Verschiebung des Rezeptionsinteresses bezeichnen den historischen Ort für die am Ende des 18. Jahrhunderts einsetzende Spaltung der literarischen Öffentlichkeit. Breite Leserschichten wenden sich von der autonomen Literatur ab und der Unterhaltungsliteratur zu, die diejenigen Bedürfnisse der Rezipienten, welche zu befriedigen die autonome Kunst sich weigert, zu erfüllen verspricht: die Orientierung in lebenspraktischen Fragen. Dieser von den zeitgenössischen Literaturproduzenten reflektierten und als Problem erkannten Trennung von ernster Literatur und Unterhaltungskunst entspricht auf der Seite des Publikums die Dichotomie von authentischer (d. h. die Werktotalität erfassender, Identifikation und Distanz verbindender) und nicht-authentischer (rein identifikatorischer, auf Entspannung und Kompensation gerichteter) Rezeptionsweise[11]. (Dieser Prozeß ist von Jürgen Habermas als

11 Zur Entstehung der modernen Unterhaltungsliteratur am Ende des 18. Jahrhunderts und deren Zusammenhang mit der vorklassischen Literatur vgl. J. Schulte-Sasse, der nachweisen kann, daß die heute geläufigen Bewertungskriterien zur Bestimmung der Trivialität »vor der Entstehung und Ausbreitung von im spezifischen Sinn ästhetisch anspruchs*loser* Literatur gerade zur Bestimmung ästhetisch anspruchs*voller* Werte dienten« (*Die Kritik an der Trivialliteratur seit der Aufklärung. Studien zur Geschichte des modernen Kitschbegriffs* [Bochumer Arbeiten zur Sprach- und Lit.-wiss., 6]. München 1971, 16). Rührung, innerhalb einer aufklärerischen Institution Kunst ein positiver Begriff, insofern auf der Grundlage der Rührung und der Identifikationsbereitschaft der Rezipienten die Literatur gesellschaftliche Wirkung entfalten, ihre praktische Funktion realisieren kann, gilt in der Gegenwart Kritikern von Unterhaltungskunst als Krite-

Entwicklung des kulturräsonierenden zum kulturkonsumierenden Publikum beschrieben worden[12]. Die am Ende des 18. Jahrhunderts sich herausbildende Dichotomie von ernster und Unterhaltungskunst, von authentischer und entfremdeter Rezeption bestimmt die Literaturverhältnisse bis in die Gegenwart. Sie bildet die Kehrseite der Institution Kunst in der entfalteten bürgerlichen Gesellschaft. Auch die Bemühungen der historischen Avantgardebewegungen, die herrschenden Vorstellungen über Kunst und die kontemplative Rezeptionshaltung zu durchbrechen, haben diesen Zustand nicht grundsätzlich ändern können.

rium ästhetischer Minderwertigkeit. Die Anregung für diese Überlegung verdanke ich G. Kiep (Bremen).

12 Vgl. dazu J. Habermas, *Strukturwandel der Öffentlichkeit [. . .]* (Politica, 4). [3]Neuwied/Berlin 1968, besonders Kap. V, § 18.

1. Zum Material des bürgerlichen Trauerspiels

Als Goethe seine ersten dramatischen Versuche macht, findet er als Material das bürgerliche Trauerspiel in der vor allem von Lessing entwickelten Form vor. Die formalen Neuerungen des *Götz von Berlichingen* sind daher aus der Auseinandersetzung mit diesem Material zu verstehen.

Exemplarisch läßt sich an Gottsched der Übergang vom höfischen zum bürgerlich-aufklärerischen Theater erkennen. Gottsched, dessen wichtigster Mäzen zur Oberschicht des Leipziger Bürgertums gehört, übernimmt dessen politisches Programm, die Vorstellung nämlich, daß sich die Interessen des aufstrebenden Bürgertums unter den gesellschaftlichen Bedingungen eines aufgeklärten Absolutismus verwirklichen ließen[13]. Von da ergibt sich für Gottsched ein ästhetisches Problem: Er muß bürgerlich-aufklärerische Intentionen in einer Form zur Darstellung bringen, die die von der Regeltragödie geprägten ästhetischen Vorstellungen eines höfischen Publikums nicht von vornherein verletzt, andererseits aber auch den neuen Anforderungen gerecht wird, die das Bürgertum an die Kunst stellt[14]. Er löst diese Aufgabe, indem er an der traditionellen Form der klassisch-höfischen Regeltragödie festhält und vor allem die Ständeklausel, wonach in der Tragödie nur Standespersonen auftreten dürfen, beachtet. Als Ziel des Trauerspiels gibt er jedoch die moralische Erziehung der Rezipienten an, eine bürgerliche Vorstellung von der gesellschaftlichen Funktion der

13 Vgl. dazu P. Weber, *Das Menschenbild des bürgerlichen Trauerspiels [. . .].* Berlin (DDR) 1970, 73 ff.

14 Gottsched bezeichnet als Adressaten seiner literarischen Bemühungen neben dem Hof eben auch Rezipienten »von mittlerm und geringerm Stande« (*Die Schauspiele und besonders die Tragödien sind aus einer wohlbestellten Republik nicht zu verbannen* [1729], in: Gottsched, *Schriften zur Literatur,* hrsg. v. H. Steinmetz [Reclams Universalbibl., 9361-65]. Stuttgart 1972, 8).

Aufklärung: Kunst ist aktiver Teil d. gesells. Praxis
klassisch

Literatur mithin[15]. Erreichen will Gottsched »die Besserung des menschlichen Herzens«[16]: »Ein Trauerspiel, meine Herren, ist ein lehrreiches moralisches Gedichte, darin eine wichtige Handlung vornehmer Personen auf der Schaubühne nachgeahmet und vorgestellet wird«[17]. Gesellschaftliche Wirksamkeit, wie er sie mittels des Theaters zu realisieren hofft, ist für Gottsched, entsprechend den politischen Vorstellungen des Leipziger Bürgertums, gleichbedeutend mit der moralischen Beeinflussung der Höfe. Er will die Herrschenden »lehren«, »daß [sie] auch Menschen [sind]«[18]. Man wird sagen dürfen, daß Gottsched bürgerlich-aufklärerische Intentionen mit den Mitteln eines höfischen Materials zu erreichen sucht.

Lessings entschiedene Abwendung vom Material der höfischen Tragödie wird verständlich, wenn man davon ausgeht, daß der Adressat seiner Stücke nicht primär der Hof ist, sondern ein bürgerliches Publikum. Das bürgerliche Trauerspiel, wie Lessing es konzipiert, intendiert die Einübung der allgemein menschlichen Fähigkeit, Mitleid zu empfinden[19]. Dieser Inten-

15 Vgl. dazu auch Gellert: »Eben die Empfindung von der Ordnung, dem Anstande, der Übereinstimmung, welche wir in den Werken der Künste [. . .] immerzu wahrnehmen; eben diese Empfindung, die sich hier unvermerkt in unsre Seele eindrückt, und in ihr festsetzet, folget uns sodann in die gesellschaftlichen und häuslichen Angelegenheiten und lehret uns auch hier, ohne daß wir daran denken, die Regel des Wohlstandes, der Ordnung, der Natur beobachten« (*Von dem Einfluß der schönen Wissenschaften auf das Herz und die Sitten* [1751/56], in: *Vom Laienurteil zum Kunstgefühl. Texte zur deutschen Geschmacksdebatte im 18. Jahrhundert*, hrsg. v. A. von Bormann [Deutsche Texte, 30]. Tübingen 1974, 104 f.).

16 Ebd., 9.

17 Ebd., 5.

18 Ebd., 8.

19 Vgl. dazu K. Wölfel, *Moralische Anstalt. Zur Dramaturgie von Gottsched bis Lessing*, in: R. Grimm (Hrsg.), *Deutsche Dramentheorien. Beiträge zu einer historischen Poetik des Dramas in Deutschland* (Athenäum Paperback. Germanistik, 1). Frankfurt 1971, Bd. I, 45-122; G. Mattenklott / H. Peitsch, *Das ›Allgemeinmenschliche‹ im Konzept des bürgerlichen Nationaltheaters. Gotthold Ephraim Lessings Mitleidstheorie*, in: G. Mattenklott/

tion entspricht auf der Ebene der Form die Prosa, vor allem jedoch das private Sujet und die Verlagerung des Orts der Handlung aus der Sphäre höfischer Repräsentation in die Intimität des Privatbereichs. Obschon, wie die Forschung bemerkt hat, die Katastrophe in *Miß Sara Sampson* nicht bedingt ist durch die soziale Stellung der Figuren, sondern das bürgerliche Drama »das Ideal einer harmonistischen Gesellschaft mit einem Wertkonsensus aller sozialer Schichten« zur Darstellung bringen will[20], wird man doch sehen müssen, daß gerade dieses mit Allgemeinheitsanspruch auftretende Ideal gegen die partikularen Wertbegriffe des Feudalabsolutismus gerichtet ist.

Folgt man der These von W. Barner, so gründen die Veränderungen, die den Weg Lessings von der *Miß Sara Sampson* zu *Emilia Galotti* bezeichnen, in der Einsicht des Autors, daß die Wirkung des früheren Stücks zwar außerordentlich war, wenn man den erreichten Grad der Rührung zum Maßstab nimmt, daß sie jedoch keine Bewußtseinsveränderungen auf der Seite der Rezipienten hervorzubringen geeignet war[21]. Der politische Gehalt der *Emilia Galotti* ist daher deutlicher artikuliert, die formalen Bemühungen Lessings zielen auf eine Prosa, die die rationale Diskussion gesellschaftlicher Normen erlaubt und die

K. R. Scherpe (Hrsg.), *Westberliner Projekt: Grundkurs 18. Jahrhundert* (Literatur im historischen Prozeß 4/1; Scriptor Taschenbuch, 27). Kronberg/Ts. 1974, 147-188.

20 W. Barner u. a., *Lessing. Epoche – Werk – Wirkung* (Arbeitsbücher für den literaturgeschichtlichen Unterricht). München 1975, 140.

21 W. Barner u. a., *Lessing. Epoche – Werk – Wirkung*, 311 ff. – Vgl. dagegen J. Schulte-Sasse, der aus der Analyse zeitgenössischer Dokumente den Schluß zieht, »daß in der Empfindsamkeit das Weinen und die sich fühlende Menschlichkeit noch nicht die Macht der politischen Verhältnisse akzeptiert, wie ihr so häufig vorgeworfen wird, sondern daß die Kunst mit ihrem Anspruch, das Menschliche zu gestalten, vielmehr als ›Antipode der bestehenden Herrschaft‹ auftritt und ihre Forderung, bei der Gestaltung des Öffentlichen und Politischen mitwirken zu dürfen, mit allem Nachdruck vertritt« (*Literarische Struktur und historisch-sozialer Kontext. Zum Beispiel Lessings »Emilia Galotti«*. Paderborn 1975, 40).

weniger auf die Erzeugung allgemeiner Empfindsamkeit als einer Haltung der Reflexion ausgerichtet ist.

Die Organisation der Kunstmittel erfolgt bei Lessing unter der leitenden Vorstellung, ein kritikfähiges Publikum heranzubilden. Voraussetzung der Kritik ist jedoch eine Rezeptionshaltung, die auf der Dialektik von Identifikation und Distanz aufbaut. Hatte Lessing in *Miß Sara Sampson* noch ausschließlich auf die Identifikation des Zuschauers mit den positiven Gestalten gesetzt, so spricht er in *Emilia Galotti* die Fähigkeit des Publikums an, sich vom Bühnengeschehen zu distanzieren. Sein Ziel ist dabei die Herstellung einer kritischen Öffentlichkeit. Der von Lessing vollzogene Übergang vom Drama der Empfindsamkeit zum bürgerlichen Trauerspiel korrespondiert der Herausbildung eines bürgerlichen Publikums, das »auf dem Wege über die kritische Aneignung von Philosophie, Literatur und Kunst dazu [gelangt], sich aufzuklären, ja, sich als den lebendigen Prozeß der Aufklärung zu begreifen«[22]. Nur ein so verstandenes Publikum vermag zur Trägerschicht einer Literatur zu werden, die sich als Teil gesellschaftlicher Praxis insofern versteht, als sie eingreifen will in den Prozeß der Aufklärung, um so einen Beitrag zu leisten zur Herausbildung eines spezifisch bürgerlichen Selbstverständnisses und zur Verständigung über gesellschaftliche Normen[23].

Die zeitgenössische Diskussion über das Theater Lessings, insbesondere über *Emilia Galotti*, die Häufigkeit der Aufführungen dieses Stücks an verschiedenen Orten und das Aufführungsverbot durch den Hof von Gotha[24] dürfen als Hinweis darauf gedeutet werden, daß die Vorstellungen der Literatur-

22 J. Habermas, *Strukturwandel der Öffentlichkeit*, 54.

23 Vgl. dazu die Bemerkung von P. Szondi: »Das Aufbegehren des Bürgers bedeutet für das Drama das Ende der Empfindsamkeit, das Ende von Mitleid und Rührung als Intention des Trauerspiels« (*Die Theorie des bürgerlichen Trauerspiels im 18. Jahrhundert [. . .]*, hrsg. v. G. Mattenklott [stw, 15]. Frankfurt 1973, 167).

24 Vgl. dazu H. Hettner, *Geschichte der deutschen Literatur im achtzehnten Jahrhundert*, hrsg. v. G. Erler. Berlin (DDR) 1961, Bd. I, 717.

produzenten über die Literatur und die gesellschaftlichen und ästhetischen Bedürfnisse eines bürgerlichen Publikums sowie dessen Rezeptionshaltung im Rahmen einer epochalen Institutionalisierung von Literatur sich realisieren, die dieser eine praktische Funktion zuerkennt. Das Gothaische Aufführungsverbot zeigt, daß die Höfe angesichts einer sich langsam stabilisierenden bürgerlichen Trägerschicht die politische Brisanz literarischer Werke zu fürchten beginnen, während der bürgerliche Intellektuelle Herder in demselben Stück ein wirksames Instrument der Aufklärung erkennt: »Ich kann mir nicht einbilden«, schreibt er in den *Briefen zur Beförderung der Humanität,* »daß, wenn Stücke dieser Art (aber auch keine andre als solche) wöchentlich nur einmal auf die leidlich vollkommenste Weise gegeben würden und diese Stücke lauter Stände und Situationen unsrer Welt, wie dieses, enthielten, das Publikum ungebildet, unerleuchtet bleiben könnte«[25].

Das historisch Aufschlußreiche der primären Rezeption von Goethes *Götz* scheint mir in der Tatsache zu liegen, daß die Zeitgenossen spontan und einhellig die politische Dimension gerade der neuen *Form* erfassen, im Gegensatz zur Rezeption der *Emilia Galotti,* deren formale Neuerungen nur als solche, unabhängig von den darin zum Ausdruck kommenden politischen Intentionen des Autors diskutiert worden sind.

Freilich mag Goethes Rückgriff auf ein nationales Sujet den Zugang zu dem Stück erleichtert haben, während die Versetzung der *Emilia*-Handlung in die gesellschaftliche Atmosphäre eines italienischen Hofes eine gegenwartsbezogene Deutung eher erschweren mußte. Man wird wohl sagen dürfen, daß mit dem *Götz* die bürgerlich-aufklärerische Institutionalisierung der Literatur zur dominierenden wird. In nahezu idealer Weise muß das Stück die vagen politischen, gesellschaftlichen und ästhetischen Erwartungen des Publikums erfüllt haben.

In einer Fülle vor allem brieflicher Reaktionen kommt diese

25 Herder, *Briefe zur Beförderung der Humanität,* hrsg. v. H.-J. Kruse. 2 Bde, Berlin/Weimar 1971, Bd. I, 189 (3. Sammlung, Nr. 37).

Übereinstimmung zwischen Publikumserwartungen und literarischem Werk zum Ausdruck. »Edel und frei wie sein Held, tritt der Verfasser den elenden Regeln-Kodex unter die Füße [. . .] Frei! frei! keinem untertan als der Natur«[26]. Das Zitat aus einem Brief von Bürger weist nicht auf ein naives Literaturverständnis, das zwischen fiktiven Figuren und Autor nicht zu unterscheiden vermag, vielmehr äußert sich hier, wie wenig theoretisch reflektiert auch immer, eine historisch neue Rezeptionsweise, ein neues Verhältnis zwischen Autor, Werk und Gesellschaft. Im 17. Jahrhundert im höfischen Frankreich wäre sicherlich niemand auf den Gedanken gekommen, etwa Racine mit seinem Mithridate oder Corneille mit dem Cid zu identifizieren. In dem Augenblick jedoch, wo die Literatur sich als eingreifendes Moment gesellschaftlicher Praxis versteht, wo die Schriftsteller die gesellschaftliche Verfassung beeinflussen wollen, ändert sich ihre Stellung. Der Schriftsteller steht jetzt – als Perspektiveträger – hinter den Figuren seines Werks. Die bürgerlich-aufklärerische Institutionalisierung der Literatur macht Literaturproduzenten, Rezipienten und Werk zu aktiven Trägern gesellschaftlicher Prozesse. Daß mit dem *Götz* ein neuer Werktypus eingreifenden Charakters entstanden ist, erfaßt spontan Gerstenberg, der die Wirkung, die die Lektüre des *Götz* auf ihn gemacht hat, ins Allgemeine wendet: »Der Beyfall, den Sie allenthalben finden, macht mir Muth zu hoffen, daß Sie der Mann sind, der in Deutschland ein Publikum von Deut-

26 G. A. Bürger an H. Ch. Boie, 8. Juli 1773, in: W. Bode (Hrsg.), *Goethe in vertraulichen Briefen seiner Zeitgenossen [. . .]*. Berlin 1918, 44 f. – Daß es sich bei der zitierten Stelle nicht um eine isolierte, subjektive briefliche Äußerung handelt, sondern um den epochalen Ausdruck eines neuen Literaturverständnisses, dafür zeugen ähnliche Formulierungen anderer Zeitgenossen, vgl. z. B. folgende Stelle aus einem Brief von M. Claudius: »[der Verfasser] bricht gerade durch alle Schranken und Regeln durch, wie sein edler tapfrer Götz durch die blanken Esquadrons feindlicher Reuter, kehrt das Bild auf der Höhe unterst zu oberst, und setzt sich aufs Fußgestelle hin hohnlachend« (zit. nach P. Müller [Hrsg.], *Der junge Goethe im zeitgenössischen Urteil* ([Dt. Bibl., 2]. Berlin [DDR] 1969, 114).

schen werben wird«[27]. Das Neue des *Götz* sieht Gerstenberg eben in dessen Wirkungsbezogenheit, wobei ihm als Zielvorstellung nicht die Herausbildung eines literaturfähigen Publikums gilt, sondern die Ausbildung eines Nationalbewußtseins. Im Rahmen bürgerlich-aufklärerischer Institutionalisierung von Literatur erfüllt das Einzelwerk eine explizit politische Funktion.

Mit dem *Götz von Berlichingen* setzt Goethe die von Lessing begonnene Arbeit am Material des bürgerlichen Trauerspiels fort, wobei er sich an Shakespeare orientiert. Er geht in der Sprengung der Einheiten des klassisch-höfischen Theaters weiter als Lessing und bereichert die dramatische Prosa um Wendungen aus der Alltagssprache und aus dem Geniejargon des Sturm und Drang. An die Stelle der höfischen *bienséances*, des Wohlanstands, setzt er, Shakespeare folgend, die Natur, »eine Welt Dramatischer Geschichte, so groß und tief wie die Natur«[28]. Auch die Wendung gegen die Ständeklausel ist bei Goethe konsequenter durchgeführt als bei Lessing: im *Götz* stirbt der einfache Reiterbursche einen tragischen Tod[29], während andererseits der Hof des Kaisers und des Bischofs von

27 Zit. nach P. Müller (Hrsg.), *Der junge Goethe im zeitgenössischen Urteil*, 109.

28 Herder, *Shakespear*, in: *Von deutscher Art und Kunst*, hrsg. v. H. D. Irmscher (Reclams Univ.Bibl., 7497-98a). ²Stuttgart 1973, 80. – Zum Begriff der Natur vgl. L. Balet/E. Gerhard, die in »Naturzerstörung«, »Naturbewältigung« und »Naturvergewaltigung« die höchste Manifestation absolutistischer Macht sehen; im Begriff der Natur und der Natürlichkeit ist dann die »bürgerliche Rebellion gegen den fürstlichen Absolutismus zum Ausdruck gebracht« (*Die Verbürgerlichung der deutschen Kunst, Literatur und Musik im 18. Jahrhundert*, hrsg. v. G. Mattenklott [Ullstein Buch, 2995]. Frankfurt/Berlin/Wien 1973, passim, hier: 65, 395, 398. Zur Bedeutung des Naturbegriffs in der französischen Aufklärung vgl. J. Ehrard, *L'Idée de nature en France à l'aube des lumières* (Coll. Science, 23). Paris 1970.

29 Allerdings lohnte es sich, eine historisch verfahrende ideologiekritische Studie über das Motiv vom Tod des Reiterjungen zu schreiben. Die Tradition beginnt mit Goethes Georg und endet beim ideologisch verklärten Tod von Rilkes Cornett kurz vor dem ersten Weltkrieg.

Bamberg mit Mitteln der Karikatur dargestellt werden und Adelheid, obwohl Angehörige des Hofadels, sogar ausgesprochen dirnenhafte Züge trägt. Bereits die Behandlung der dramatis personae also erfährt durch Goethe eine Umwertung.

Das im *Götz* hervortretende antihöfische Moment muß die Kritik der an der klassisch-höfischen Tragödie französischen Typs festhaltenden absolutistischen Kreise herausfordern. Friedrich II. verurteilt folgerichtig in *De la Littérature allemande* (1780) Goethes *Götz* als »abscheuliche Nachahmung« der »abscheulichen« Stücke Shakespeares, wobei er für Shakespeare noch die Entschuldigung gelten läßt, daß dieser in einer dem aufgeklärten Fürsten des 18. Jahrhunderts barbarisch erscheinenden Epoche produzierte. Die Vehemenz der Polemik Friedrichs II. erklärt sich auch aus dem enormen Publikumserfolg eines Stücks, an dem ihn sicherlich weniger der »schlechte Geschmack« als der politische Gehalt beunruhigt, der gerade auch in der neuen Form zum Ausdruck kommt. Kaum verdeckt daher auch die poetologische Argumentation, die Berufung auf die ästhetischen Normen der Regeltragödie, die politische Motivation des preußischen Königs:

> Diese Regeln sind nicht willkührlich. Sie finden dieselben in der Poetik des Aristoteles, wo die *drey Einheiten der Zeit, des Orts* und *der Handlung*, als die einzigen und wahren Mittel vorgeschrieben sind, die Tragödien interessant zu machen. In den Stücken jenes englischen Schriftstellers aber geht die Handlung ganze Jahre fort. Wo bleibt hier die Wahrscheinlichkeit? Bald erscheinen in denselben Lastträger und Todtengräber und reden, wie es sich für sie schickt. Dann kommen Königinnen und Prinzen. Wie ist es möglich, daß ein so wunderliches Gemisch von Großem und Niedrigem, von Tragischem und Harlequinspossen gefallen und rühren könne?[30]

Die im Namen der Wahrscheinlichkeit vorgetragene Verteidigung der Regeln zeigt, daß Friedrich II. gegen die historisch neue Institutionalisierung der Literatur argumentiert, die die höfische Institution Kunst abgelöst hat. Die Ständeklausel ist

30 Zit. nach P. Müller (Hrsg.), *Der junge Goethe im zeitgenössischen Urteil*, 100.

unmittelbarer Ausdruck einer partikularen Institutionalisierung der Literatur, während in der bürgerlich-aufklärerischen Literatur das von Friedrich II. verurteilte »wunderliche Gemisch« von Großem und Niedrigem« (im *Götz*: der tragische Tod des Reiterjungen aus dem dritten Stand und das dirnenhafte Gebaren der Hofdame) Ausdruck des von der sich gesellschaftlich und politisch emanzipierenden bürgerlichen Klasse vorgetragenen Allgemeinheitsanspruchs ist.

Die Kritik Friedrichs II. ist nicht ohne Antwort von bürgerlicher Seite geblieben. Möser weist den Angriff des preußischen Königs auf den *Götz* in einer Schrift zurück, die fast die Merkmale eines antifeudalen Manifests trägt und auf politische Kritik mit politischen Argumenten antwortet. Auch Möser geht aus von der ungeheuren Wirkung, die der *Götz* auf die Zeitgenossen ausgeübt hat. Er begründet diese Wirkung mit der Stoffwahl Goethes. Die Wahl eines Stoffes aus der Nationalgeschichte, konkret: aus einer Epoche nationaler revolutionärer Erhebungen erkennt er als bedeutungsvolle Neuerung des dramatischen Materials. Von dem Rückgriff auf die nationale Geschichte allein kann jedoch noch keine so eingreifende Wirkung ausgehen, vielmehr ist dazu nötig, daß die Vergangenheit in eine Beziehung zur Gegenwart tritt. Möser beschreibt diese Konstellation als Widerspruch zwischen der im Stück dargestellten bedeutenden, geschichtsmächtigen Vergangenheit und einer gesellschaftlichen Verfassung der Gegenwart, die die tätigen Kräfte der Menschen lähmt. Die von Möser vorgenommene Bestimmung der Gesellschaft seiner Zeit würden wir heute mit dem Begriff der Entfremdung fassen. »Große« Handlungen und »große« Individuen können sich in der Gegenwart nicht entfalten: »Der Staat geht unter der Wache stehender Heere maschinenmäßig seinen Gang; wir suchen die Ehre fast blos im Dienste oder in der Gelehrsamkeit, und nicht in Erreichung des höchsten Zwecks von beiden«[31]. Die nach dem Prinzip der Zweckrationalität organisierte Gesellschaft läßt den einzelnen

31 J. Möser, *Über die deutsche Sprache und Literatur. Schreiben an einen*

das Ziel aller Vergesellschaftung, das allgemeine Glück als die Bestimmung des Menschen aus den Augen verlieren. Im Begriff des »maschinenmäßigen« klingt die Gesellschaftskritik der *Briefe über die ästhetische Erziehung* bereits an, bei Möser geht allerdings frühe Kapitalismuskritik noch ineins mit der Ablehnung des Feudalabsolutismus. Mösers Abhandlung über den *Götz* enthält die wesentlichen Begriffe des zeitgenössischen Antifeudalismus[32]: Der *Götz* ist *Natur* und rebelliert damit gegen die Künstelei des Hofgeschmacks:

Sie haben meiner Meinung nach Recht zu fragen: ob wir nicht selbst unsre Eichen also ziehen können, daß sie den härtesten, höchsten und reinsten

Freund, zit. nach P. Müller (Hrsg.), *Der junge Goethe im zeitgenössischen Urteil,* 104.

32 Wenn in dieser Arbeit der Begriff Feudalismus gebraucht wird, so ist damit nicht im engen Sinn eine Rechtsordnung gemeint, wie sie ihre deutlichste Ausprägung im Mittelalter hatte (vgl. dazu die berühmte Arbeit von M. Bloch, *La Société féodale.* Paris 1939, Bd. I: *La Formation des liens de dépendance*), vielmehr in einem umfassenderen Sinn als sozialhistorischer Terminus. In der französischen Sozialforschung ist der Begriff des Feudalismus kontrovers diskutiert worden. Ich schließe mich A. Soboul an, der für die erweiterte Verwendung plädiert: »Feudalismus also nicht im engen Wortsinn einer Rechtsordnung, sondern als sozialhistorischer Terminus, definiert durch einen bestimmten Typus von Eigentumsverhältnissen, durch eine historische Produktionsweise, die auf dem Grundbesitz beruht und die dem modernen Kapital und den kapitalistischen Produktionsverhältnissen vorausgeht. Es bedarf kaum der Erwähnung, daß Feudalismus in dieser Bedeutung verschiedene Erscheinungsformen haben kann, entsprechend der jeweiligen Entwicklungsphase, der nationalen oder regionalen Ausprägung« (*La Révolution française* [Reihe »Que sais-je?«, 142]. Paris 1970, 6; Übers. von mir). Eine Rechtfertigung für die hier übernommene Verwendung des Begriffs wird man auch darin sehen können, daß die Theoretiker und Wortführer der Französischen Revolution die von ihnen bekämpfte Gesellschaft als »système féodal« bezeichnet haben, worunter sie ein bestimmtes System von Abgabeverpflichtungen, persönlichen Abhängigkeitsverhältnissen, Rechtsungleichheit und Adelsprivilegien (z. B. das der Steuerfreiheit) verstanden (vgl. dazu P. Goubert, *L'Ancien Régime* [Collection U]. Paris 1969, Bd. I *[La Société],* 12 ff.).

Stamm geben, ihre Krone hoch emportragen [. . .]; oder ob wir solche von einem französischen Kunstgärtner zustutzen und aufschnitzeln, und unsre Wälder in einen regulairen Sternbusch verwandeln lassen sollen?[33]

Als »Volksstück« wendet sich der *Götz* an die Gesamtheit der Nation, nicht wie die *tragédie classique* an ein ausgewähltes Publikum von »Hofleuten«:

Wenn von einem Volksstücke die Rede ist, so muß man den Geschmack der Hofleute bei Seite setzen. Der beste Gesang für unsre Nation ist unstreitig ein Bardit, der sie zur Vertheidigung ihres Vaterlandes in die Schlacht singt; der beste Tanz, der sie auf die Batterie führt, und das beste Schauspiel, was ihnen hohen Muth giebt; nicht aber was dem schwachen Ausschusse des Menschengeschlechts seine leeren Stunden vertreibt, oder das Herz einer Hofdame schmelzen macht[34].

Zugleich fassen wir hier jedoch eine der tiefen Widersprüchlichkeiten in der Entwicklung der deutschen Literatur. In Frankreich, das seine nationale Einheit bereits in der Epoche des Absolutismus vollendet hat, ist das höfische Theater Teil einer nationalen Kultur; das französische Bürgertum des 18. Jahrhunderts kann daher die *tragédie classique* als nationale bruchlos in die eigene kulturelle Tradition einfügen[35]. Aus der nationalen Zersplitterung Deutschlands erklärt sich die Tatsache, daß

33 Möser, a.a.O., 103.

34 Ebd., 104.

35 Hier ist auch die Begründung zu suchen für die weitere Entwicklung der deutschen Literaturgeschichte, die die antifeudale Tendenz in der Forderung nach einem nationalen Theater weitgehend übersah und dieses nationalistisch uminterpretierte. Dokumente dieser nationalen Germanistik vgl. bei G. Reiß (Hrsg.), *Materialien zur Ideologiegeschichte der deutschen Literaturwissenschaft* (Deutsche Texte, 21 und 22). Tübingen 1973. – Problematisch ist aber auch der Versuch, der vor allem von Literaturwissenschaftlern der DDR unternommen wird, die nationalen Tendenzen in der klassischen deutschen Literatur undialektisch als *nur* fortschrittlich zu werten, da die historische Entwicklung doch die Einsicht dafür geweckt haben müßte, daß das vorwärtsweisende Moment des Antifeudalismus immer stärker zurücktritt gegenüber dem mit ihm verbundenen eines übersteigerten Nationalismus (vgl. z. B. *Erläuterungen zur deutschen Klassik,* hrsg. v. K. Gysi u. a. [6]Berlin [DDR] 1971, 30).

hier antifeudale bzw. antihöfische Tendenzen sich fast immer als Nationalismus äußern. Durch das Fehlen der nationalen Einheit trägt hier das Vorwärtsweisende nicht selten zugleich die gefährlichen Züge des Hasses gegen das Fremde (hier: das Franzosentum).

Von demselben Widerspruch ist auch das Stück selbst geprägt. Im *Götz* geht es um den Gegensatz von alter und neuer Zeit. Die vage Angst der Zeitgenossen vor gesellschaftlicher Veränderung wird weder bewußt noch verstehbar gemacht, sondern bloß aufgefangen in Ritual nationaler Selbstbestätigung. In der Schlußszene des *Götz* erscheint die moderne Zivilisation als Verderbtheit, während die traditionale Gesellschaft einer heroisch verklärten nationalen Vergangenheit als moralisch vorbildlich und mithin nachahmenswürdig dargestellt wird: »Die Welt ist ein Gefängnis. – Edler Mann! Edler Mann! Wehe dem Jahrhundert, das dich von sich stieß! – Wehe der Nachkommenschaft, die dich verkennt« (*Götz von Berlichingen,* V. Gärtchen am Turn). Das Moment des gesellschaftlichen Fortschritts, das in Rousseaus Gegenwartskritik mitgedacht ist, wird von Goethe aufgegeben.

Auch die Auflösung der Einheit der Handlung und des klassischen Gesetzes der Verknüpfung der Szenen treibt Goethe weiter als Lessing. Er fügt im *Götz* mindestens zwei Handlungsstränge zusammen, die (politische) Ereignisfolge um die Mittelpunktsfigur des Götz und die beiden Liebesdramen (Marie, Adelheid) um die Figur des Gegenspielers, Weislingen. Was die Verknüpfung der einzelnen Szenen angeht, so ist diese eher willkürlicher als bei Shakespeare. Wiederum suchen die Zeitgenossen die Begründung für die formale Neuerung – die Ensembleform des *Götz* – in der Haltung des Autors gegenüber der gesellschaftlichen Verfassung der Zeit. Gerade in der Zerrissenheit des Stücks erkennt z. B. Herder dessen Nähe zur »Form der Alten«. »Sein ›Berlichingen‹ ist ein deutsches Stück, groß und unregelmäßig, wie das deutsche Reich ist«[36]. Herder setzt

36 Herder, *Briefe zur Beförderung der Humanität,* Bd. II, 125 (8. Samm-

hier das künstlerische Material in Beziehung zur politischen Verfassung Deutschlands. Damit wendet er einen Gedanken aus seinem frühen Shakespeareaufsatz ins Politische. Dort hatte er entwickelt, daß, entgegen der Annahme zeitgenössischer Antikeverehrer, die Kunst der Alten nicht im »Simplifizieren« liegt: »Das Künstliche ihrer Regeln war – keine Kunst! war Natur! – Einheit der Fabel – war Einheit der Handlung, die vor *ihnen* lag; die nach ihren Zeit- Vaterlands-Religions-Sittenumständen, nichts anders als solche ein Eins seyn konnte«[37]. Da Herder auch für die Literatur der Gegenwart Natur – gegen höfische Künstlichkeit – in Anspruch nehmen will, seiner Geschichtsauffassung nach aber auch der Begriff der Natur der historischen Veränderung unterliegt, muß die moderne Literatur, will sie Natur sein, gerade die Zerrissenheit der gesellschaftlichen und politischen Verhältnisse wiedergeben. Wo die Einheit – als die der Übereinstimmung von Gesellschaft, Staat und Individuum, Mensch und Natur – verloren gegangen ist, wird die schöpferische Individualität zum einheitsstiftenden Prinzip: »Ich müßte alle, alle Scenen ausschreiben, um das idealisirte Lokal des unnennbaren Ganzen, der *Schicksals-*, *Königsmords-* und *Zauberwelt* zu nennen, die als Seele das Stück, bis auf den kleinsten Umstand von Zeit, Ort, selbst scheinbarer Zwischenverwirrung belebt, Alles in der Seele zu Einem schauderhaften, unzertrennlichen Ganzen zu machen«[38].

Das Gemeinsame der hier skizzierten bürgerlich-aufklärerischen Institutionalisierung der Literatur liegt vor allem im Bereich der Wirkung. Auch das höfische Theater ist ein Theater der Effekte. Seine Autoren konzipieren, das läßt sich nachwei-

lung, Nr. 104). – Auch Möser hebt als formale Neuerung des *Götz* dessen gegen das Gesetz von der Einheit der Handlung gewendete »Mannigfaltigkeit« der Komposition hervor, die Reihung einzelner »Gemälde« (vgl. P. Müller [Hrsg.], *Der junge Goethe im zeitgenössischen Urteil,* 105 f.).

37 Herder, *Shakespear,* in: *Von deutscher Art und Kunst,* 68.

38 Ebd., 82; vgl. auch ebd., 87: »Im Gange seiner Begebenheit, im ordine successivorum und simultaneorum *seiner* Welt, da liegt sein Raum und Zeit«.

sen, weniger von der Aussage als von der Wirkung her. Sie setzen spezifische Mittel ein, um die Wirkung ihrer Stücke zu erhöhen: »*suspension*, die Fesselung der Aufmerksamkeit des Zuschauers durch hingehaltene Anteilnahme am Schicksal des Helden, und *surprise*, die durch den plötzlichen Handlungsumschwung bewirkte Erschütterung des Zuschauers«[39]. *Suspension* und *surprise* sind konkrete Wirkungsmittel, die den *divertissement*-Charakter des höfischen Theaters garantieren. Das *divertissement* wiederum ist Teil der Lebenspraxis der höfischen Gesellschaft.

Das bürgerlich-aufklärerische Drama zielt auf eine die Lebenspraxis der Rezipienten verändernde Wirkung, wobei diese je anders gefaßt ist, ob wir es mit Gottsched, Lessing oder dem Sturm und Drang zu tun haben[40]. Mit der *Götz*-Debatte – das wird besonders an der Kritik von Lenz deutlich – entsteht ein neuer Typus von Literaturkritik. Der Anspruch, der jetzt an die Werke gestellt wird, weist diesen in der Frühphase der bürgerlichen Emanzipationsbewegung in Deutschland eine praktische Funktion zu. Zugleich mit der Abkehr von der höfischen Formtradition postulieren die jungen bürgerlichen Autoren neue Kategorien der Wertung. Gefragt wird jetzt nicht mehr danach, ob ein Autor ein bestimmtes System ästhetischer Normen erfüllt, sondern danach, ob er eine *Wirkung* auszuüben imstande ist. Am herausforderndsten stellt Lenz die Frage nach dem *cui bono* des Theaters: »Laßt uns aber einen andern Weg einschlagen, meine Brüder, Schauspiele zu beurteilen, laßt uns

39 P. Bürger, *Die frühen Komödien Pierre Corneilles und das französische Theater um 1630. Eine wirkungsästhetische Analyse.* Frankfurt 1971, 266.

40 P. Szondi und W. Barner fassen das Wirkungspostulat als das entscheidend Neue am bürgerlichen Trauerspiel, dabei wird übersehen, daß gerade das höfische Theater auf der Wirkungsästhetik gründet. Neu ist die inhaltliche Bestimmung, die die Wirkung durch die bürgerlichen Dramaturgen erhält: nicht auf *divertissement* zielen diese ab, sondern auf eine Veränderung der Lebenspraxis der Rezipienten, auf deren moralische Erziehung (vgl. z. B. P. Szondi, *Die Theorie des bürgerlichen Trauerspiels im 18. Jahrhundert,* 164; W. Barner u. a., *Lessing,* 121 f.).

einmal auf ihre Folgen sehen, auf die Wirkung, die sie im ganzen machen«[41]. Indem Lenz die Wirkung zum neuen Kriterium der Beurteilung literarischer Werke macht, wendet er sich gegen den im höfischen Theater institutionalisierten Typus der Wirkung, die an den Augenblick der Rezeption gebunden bleibt und die er als oberflächlich ablehnt, weil sie sich nicht auf die Lebenspraxis der Rezipienten ausdehnt[42]. Die Wirkung, die Lenz sich vom Theater erhofft, ist inhaltlicher Art. Er sucht den *»lebendigen* Eindruck, der sich in Gesinnungen, Taten und *Handlungen* hernach einmischt, der prometheische Funken«[43]. Die Rezeption des Werks soll demnach eine dauerhafte Veränderung der Einstellung des Rezipienten gegenüber der gesellschaftlichen Realität bewirken. Dieser Einstellung will Lenz auch eine Richtung geben. Der Rezipient soll *»lernen«*, »daß handeln, handeln die Seele der Welt sei« und daß zum Handeln Freiheit gehört[44]. Für Lenz wird das Theater, konkret: Goethes *Götz,* Ersatz und »Vorübung« für gesellschaftliches Handeln[45]. Er ist sich darüber im klaren, daß die von ihm formulierte Ästhetik der praktischen Wirkung politische Implikationen hat: Es gilt, in einer Gesellschaft, die so organisiert ist, daß der einzelne darin funktioniert wie das Rad der Maschine – in dieser Einschätzung der gesellschaftlichen Situation stimmt Lenz mit Möser überein – dem Individuum die Freiheit, den »Platz zu handeln« zu verschaffen[46]. Das Bedürfnis, nach dieser Freiheit zu handeln, entsteht – Lenz zufolge – durch das »nützliche

41 Lenz, *Über »Götz von Berlichingen«,* in: H. Mayer (Hrsg.), *Meisterwerke deutscher Literaturkritik.* Berlin (DDR) 1954, Bd. I (Aufklärung, Klassik, Romantik), 297.

42 Vgl. dazu ebd.: »Wir nehmen ein schönes, wonnevolles, süßes Gefühl mit nach Hause, so gut, als ob wir eine Bouteille Champagner ausgeleert – aber das ist auch alles.«

43 Ebd.

44 Ebd., 296.

45 Ebd., 299.

46 Ebd., 295 f.

Amüsement«, das der Kunstgenuß gewährt[47]. Was wir als bürgerlich-aufklärerische Institutionalisierung der Literatur bezeichnet haben, ist nicht eine Definition post festum; das Programm einer Literatur von eingreifendem Charakter ist bei Lenz beispielhaft reflektiert. Zugleich wird deutlich, daß diese Institutionalisierung der Literatur das Bürgertum zur Trägerschicht hat[48].

Den mit dem *Götz von Berlichingen* erreichten Materialstand des bürgerlichen Dramas entwickelt Goethe im *Urfaust* konsequent weiter. Die Abfolge der Szenen ist eher noch lockerer als im *Götz*, die einzelnen Bilder stärker in sich abgeschlossen, das Prinzip der Simultaneität noch verstärkt[49]. Ganz aufgegeben ist das Prinzip der Einheit der Handlung: Goethe hat im *Urfaust* drei Handlungen lose miteinander verknüpft, die Fausttragödie mit all ihren geschichtsphilosophischen Symbolbezügen, die Universitätssatire und die Gretchentragödie. Radikaler als die bereits genannten formalen Neuerungen ist jedoch der Bruch mit der höfischen Regeltragödie vollzogen durch die Anwendung des Knittelverses. Der Rückgriff auf den Knittelvers bedeutet nicht nur die Erneuerung einer freien, volkstümlichen Versform, sondern ein Stilisierungsprinzip, das Goethe erlaubt, einen ernsten Gehalt mittels einer volkstümlichen Form und in

47 Ebd., 299.

48 Während K. Scherpe die aufklärerisch-didaktische Literatur und die des Sturm und Drang, die er als »sezessionistisch« bezeichnet, schroff einander gegenüberstellt, geht es hier darum, beide Bewegungen als Momente derselben epochalen Institutionalisierung von Literatur zu fassen: Beide wollen gesellschaftliche Wirkung, wobei Gottsched mehr von allgemeinen Moralvorstellungen ausgeht, der Sturm und Drang mehr von der subjektiven Wirklichkeitserfahrung (vgl. K. Scherpe, *Natürlichkeit und Produktivität im Gegensatz zur ›bürgerlichen Gesellschaft‹. Die literarische Opposition des Sturm und Drang: Johann Wolfgang Goethes ›Werther‹*, in: G. Mattenklott/K. Scherpe [Hrsg.], *Westberliner Projekt: Grundkurs 18. Jahrhundert [Analysen]*, besonders 193 und 198 f.).

49 Vgl. Die Szene *Garten*, wo zwei verschiedene Dialoge und auch zwei verschiedene Handlungen ineinander geschoben sind.

äußerster Annäherung an die Alltagssprache auszudrücken. Goethe hat im *Urfaust* eine Form gefunden, geeignet, philosophische oder gesellschaftliche Probleme, über den ästhetischen Genuß vermittelt, der allgemeinen Diskussion zugänglich zu machen.

Auch im *Urfaust* greift Goethe auf eine bedeutende Epoche der deutschen Geschichte zurück, die Reformationszeit. Die Auseinandersetzung mit der Geschichte dient hier jedoch deutlicher als im *Götz* der Klärung der eigenen Position in der Gesellschaft der Gegenwart: Die Behandlung der Teufelsfigur ist ohne die Auseinandersetzung mit der Philosophie der Aufklärung nicht denkbar; das im *Urfaust* sich andeutende dialektische Geschichtsdenken entwickelt sich aus der Kritik am aufklärerischen Rationalismus und Optimismus. Wenn in der Gretchentragödie der Zusammenstoß von traditionaler und moderner Gesellschaft eine Gestaltung erfährt, die mit dem notwendigen Untergang der traditionalen Gesellschaft endet[50], so weist dies auf ein entwickeltes gesellschaftliches Bewußtsein Goethes, das auf die Erfahrung der erst sich herausbildenden kapitalistischen Gesellschaft antwortet.

Als Goethe nach Weimar geht, bricht er die Arbeit am *Urfaust* ab. Rätselhaft bleibt, warum er das geniale Fragment der Öffentlichkeit vorenthält; nur wenigen Freunden gestattet er die Lektüre, und er selbst verliert es über ein Jahrzehnt aus den Augen. Stücke wie der *Urfaust* oder der *Satyros* zeigen, daß Goethe über die formalen Möglichkeiten verfügte, um das Material des bürgerlichen Trauerspiels weiterzuentwickeln, die zu einer einzigartigen Übereinstimmung von Volkstümlichkeit

50 Zur Ablösung der traditionalen durch die moderne Gesellschaft vgl. J. Habermas, demzufolge die »Schwelle zwischen der traditionalen und der in den Modernisierungsprozeß eintretenden Gesellschaft« durch einen Entwicklungsstand der Produktivkräfte charakterisiert ist, der »die hochkulturelle Form der Legitimation von Herrschaft durch kosmologische Weltinterpretationen in Frage stellt« (*Technik und Wissenschaft als ›Ideologie‹* [ed. suhrk., 287]. Frankfurt 1968, Titelaufsatz, 68).

der Form und philosophischem Gehalt hätte führen müssen. Statt dessen bricht Goethe die Arbeit am Material des bürgerlichen Trauerspiels ab und kehrt – mit der *Iphigenie* – zu einem vorbürgerlichen, höfischen Material zurück. Er merkt selbst sehr bald, daß die Abwendung vom Material des bürgerlichen Dramas ihn seinem Publikum entfremdet. Bereits 1780, während er am *Tasso* arbeitet, äußert er in einem Brief, daß Frau von Stein nahezu sein »einziges Publicum« ist[51]. Und noch Jahrzehnte später, über sein Verhältnis zu Schiller nachdenkend, gesteht er, daß er, hätte er eine andere Möglichkeit der Selbstverwirklichung für sich gesehen, das Schreiben aufgegeben haben würde, weil der allgemeine, nicht auf einzelne Gruppen beschränkte, sondern alle Gesellschaftsschichten erfassende Erfolg der Frühwerke Schillers, die doch nur die von ihm begonnene Tradition des bürgerlichen Dramas fortsetzten, seine eigene literarische Position zu widerlegen schien[52].

Für einen solchen Bruch gibt es in der Geschichte der Literatur wenige Beispiele. Literaturimmanent läßt er sich nicht erklären, denn, wollte man eine literarische Reihe konstruieren, so würde man vom *Urfaust* zur offenen Dramenform kommen, wie sie z. B. von Kleist und noch später von Büchner entwickelt wor-

51 Goethe an Knebel, 16. Nov. 1780, in: H. G. Gräf, *Goethe über seine Dichtungen.* Frankfurt 1906, Bd. 5 (2/III), 291.

52 »Das Rumoren aber, das im Vaterland dadurch [sc. *Die Räuber* und Heinses *Ardinghello*] erregt, der Beifall, der jenen wunderlichen Ausgeburten allgemein, so von wilden Studenten als von der gebildeten Hofdame gezollt ward, der erschreckte mich, denn ich glaubte all mein Bemühen völlig verloren zu sehen; die Gegenstände, zu welchen, die Art und Weise, wie ich mich gebildet hatte, schienen mir beseitigt und gelähmt [. . .]. Die Betrachtung der bildenden Kunst, die Ausübung der Dichtkunst hätte ich gerne völlig aufgegeben, wenn es möglich gewesen wäre; denn wo war eine Aussicht, jene Productionen von genialem Werth und wilder Form zu überbieten? Man denke sich meinen Zustand! Die reinsten Anschauungen suchte ich zu nähren und mitzutheilen, und nun fand ich mich zwischen Ardinghello und Franz Moor eingeklemmt« (*Biographische Einzelheiten,* zit. nach ebd., 230 f.).

den ist[53]. Aber auch durch neue Anforderungen, die durch gesellschaftliche Veränderungen im Bereich der Rezipienten an die Literatur herangetragen werden können, ist Goethes Abwendung vom Material des bürgerlichen Dramas nicht zu verstehen. Wir müssen daher in den folgenden Kapiteln den Gründen nachgehen, die Goethe in seiner Entscheidung für ein historisch bereits überwundenes Material – das der höfischen Tragödie – bestimmt haben können. Zu untersuchen sind einmal die materiellen Bedingungen, innerhalb derer Goethe produziert, zum andern die (subjektiven) gesellschaftlichen Erfahrungen, die er produzierend verarbeitet.

53 Einen für eine formale Analyse grundlegenden »Kriterienkanon« zur Unterscheidung von offenem und geschlossenem Drama, die er in Anlehnung an M. Weber als Idealtypen versteht, gibt V. Klotz (*Geschlossene und offene Form des Dramas.* [7]München 1975).

2. Der Strukturwandel des Mäzenats

Die Frage, warum Goethe 1775 der Einladung des Herzogs Karl August von Sachsen-Weimar folgt, ist nicht leicht zu beantworten. H. Mayer hat darauf aufmerksam gemacht, daß Goethe, »dieser rastlose Autobiograph«, »sich der Weimarer Epoche zwischen 1775 und 1786 als Berichterstatter niemals gestellt [hat]«[54]. Will man für dieses Schweigen eine Deutung suchen, so wird man es lesen als Hinweis auf ein uneingestandenes Wissen Goethes, daß dieser Entscheidung etwas historisch Unangemessenes anhaftet. Zumal die Provinzialität der sozialen und kulturellen Verhältnisse in der kleinen Residenzstadt für den Bürger einer freien Reichsstadt wie Frankfurt eher etwas Bedrückendes gehabt haben dürfte[55].

Verständlicher ist, was den jungen Herzog, Karl August, zu seiner Einladung veranlaßt: Er hat am *Götz* den »borstigen Ritterton allerliebst« gefunden[56] und eine spontane Begeisterung entwickelt für das von der höfisch-zeremoniellen Welt, in der er sich bewegt, Abweichende. Durch das »frankfurter Kraftgenie«[56] kann er überdies hoffen, Anschluß zu gewinnen an das europäische Kulturniveau.

Goethe läßt sich aus freiem Willen, ohne Not, auf eine Situation mäzenatischer Abhängigkeit ein, obwohl sein Anteil am Vermögen seines Vaters es ihm erlaubt hätte, als freier Schriftsteller zu leben[57], und das in einer Epoche, in der von seiten bürgerli-

54 H. Mayer, *Goethe. Ein Versuch über den Erfolg* (Bibl. Suhrk., 367). ²Frankfurt 1974, 16.

55 Vgl. dazu die Darstellung von H. Bruford, *Kultur und Gesellschaft im klassischen Weimar 1775-1806*. Göttingen 1966, 57 ff.

56 K. A. Böttiger, *Literarische Zustände und Zeitgenossen*, hrsg. v. K. W. Böttiger. Leipzig 1838, Bd. II, 52 (Athenäum Reprint. Frankfurt 1972).

57 Daß die Organisation des Verlagswesens es den deutschen Schriftstellern nicht erlaubte, ein materiell unabhängiges Leben zu führen, zeigt H. Bruford, *Die gesellschaftlichen Grundlagen der Goethezeit* (Literatur und Leben, 9). Weimar 1936, besonders 275 ff. In England dagegen, wo auf

cher Intellektueller bereits heftige Angriffe auf das Mäzenat als Inbegriff feudaler Herrschaft erfolgt waren. Für Goethe selbst gilt nicht, was er in *Dichtung und Wahrheit* über die soziale Situation der deutschen Schriftsteller sagt:

Die deutschen Dichter [. . .] genossen in der bürgerlichen Welt nicht der mindesten Vorteile. Sie hatten weder Halt, Stand noch Ansehn, als insofern sonst ein Verhältnis ihnen günstig war, und es kam daher bloß auf den Zufall an, ob das Talent zu Ehren oder Schanden geboren sein sollte. Ein armer Erdensohn, im Gefühl von Geist und Fähigkeiten, mußte sich kümmerlich ins Leben hineinschleppen und die Gabe, die er allenfalls von den Musen erhalten hatte, von dem augenblicklichen Bedürfnis gedrängt, vergeuden[58].

In Winckelmanns *Geschichte der Kunst des Altertums* ist bereits 1763 eine vehemente Kritik der höfischen Institution Kunst und vor allem des Mäzenats als deren materieller Bedingung formuliert. »Die Ehre und das Glück des Künstlers [sc. in Griechenland] hingen nicht von dem Eigensinne eines unwissenden Stolzes ab, und ihre Werke waren nicht nach dem elenden Geschmacke oder nach dem übelgeschaffenen Auge eines durch die Schmeichelei und Knechtschaft aufgeworfenen Richters gebildet, sondern die Weisesten des ganzen Volkes urteilten und belohnten sie«[59]. In der Unabhängigkeit des Künstlers, dessen Maßstab die »stolzen Begriffe des ganzen Volkes« sein müsse[60],

Betreiben der Buchhändler bereits am Anfang des 18. Jahrhunderts ein Urheberrecht erlassen wird und wo es ein größeres Lesepublikum gibt, ist die Entwicklung des Berufsschriftstellertums weiter fortgeschritten (ebd.). Zum Berufsschriftstellertum in Deutschland vgl. auch H. J. Haferkorn, *Zur Entstehung der bürgerlich-literarischen Intelligenz und des Schriftstellers in Deutschland zwischen 1750 und 1800*, in: *Deutsches Bürgertum und literarische Intelligenz 1750-1800*, hrsg. v. B. Lutz (Literaturwissenschaft und Sozialwissenschaften, 3). Stuttgart 1974, besonders 225 ff.

58 Goethe, *Aus meinem Leben. Dichtung und Wahrheit*, in: Goethes Werke (Hamburger Ausgabe). ³Hamburg 1959, Bd. IX, 397 (II. Teil, 10. Buch, Anfang).

59 Winckelmann, *Geschichte der Kunst des Altertums*, in: ders., *Werke*, hrsg. v. H. Holtzhauer. Berlin/Weimar 1969, 185.

60 Ebd., 186 f. – Zur Demokratisierung der Geschmacksdiskussion in

erblickt Winckelmann die Voraussetzung einer authentischen Kunst. Die politische Dimension der Winckelmannschen Antike-Rezeption, die bisher von der Germanistik kaum berücksichtigt worden ist, wird hier ganz deutlich[61]. Wie in den Briefen Winckelmanns Freiheit das Grundmotiv angibt[62], so sieht er zum erstenmal Freiheit und Kunst »als unzertrennbare Einheit«[63]. Die Winckelmannsche Geschichtsphilosophie ist insofern Resultat einer gegenwartsbezogenen kritischen Reflexion, als sie »die großen Kulturepochen der Menschheit aus einer antimonarchischen Grundstruktur erklärt«[64].

Herder nimmt die Grundthese Winckelmanns auf, indem er in einer 1775 – im Jahr also von Goethes Entscheidung für Wei-

Frankreich im 18. Jahrhundert vgl. P. Bürger, *Studien zur französischen Frühaufklärung* (ed. suhrk., 525). Frankfurt 1972, 44-68.

61 Eine politische Deutung erfährt die Antike-Rezeption des 18. Jahrhunderts neuerdings durch H. Schlaffer: »In der geschichtlichen Distanz zwischen dem Vorbild [sc. der Antike] und der Gegenwart ist eine Radikalität enthalten, mit der alles, was dazwischen liegt, beseitigt werden soll – einen aufklärerischen, revolutionären Gestus verrät also bereits die Denkform, die längst Vergangenes im 18. Jahrhundert vergegenwärtigt« (*Der Bürger als Held. Sozialgeschichtliche Auflösungen literarischer Widersprüche* [ed. suhrk., 624]. Frankfurt 1973, 130).

62 »Bekannt wird es dir sein«, schreibt Winckelmann am 1. Juli 1767 an seinen Freund Berends, »daß mich beinahe vor zwei Jahren der König von Preußen rief, und mir [. . .] die Stelle des *Oberbibliothecarii* und die *Aufsicht über die Kunst- und Münzkammer* [antragen ließ] [. . .] Da ich aber einen Gehalt von 2000 Talern forderte, zerschlug sich dieser Handel [. . .] Und es hat mich nicht gereut. Denn ich hätte sehr viel Vergnügen, wenigstens meine Zufriedenheit eingebüßet; der Freiheit nicht zu gedenken, die ich im höchsten Grade genieße« (*Aus Joh. Jac. Winckelmanns Briefen,* hrsg. v. R. Meszlényi. Berlin 1913, Bd. I, 141). – Zum Antifeudalismus Winckelmanns, der sich vor allem gegen den »preußischen Despotismus« richtet, vgl. die Zitate bei C. Justi (*Winckelmann und seine Zeitgenossen.* [3]Leipzig 1923, 3 Bde, besonders Bd. I, 207).

63 M. Fontius, *Winckelmann und die französische Aufklärung* (Sitzungsberichte d. dt. Ak. d. Wiss. Berlin. Klasse f. Sprachen, Lit. u. Kunst. Jg. 1968, 1). Berlin (DDR) 1968, 14.

64 M. Fontius, *Winckelmann und die französische Aufklärung*, 14.

mar – geschriebenen Abhandlung die »Ursachen des gesunkenen Geschmacks« in Griechenland aus dem Zerfall der bürgerlichen Freiheiten erklärt.

Sobald die *griechische Freiheit,* der republikanische *Gemeingeist* der Griechen, ihre *leichte Art,* mit Lust und Freude zu würken, hin war: was sollte nun blühen? *Dichtkunst,* wo keine Sitten und Leidenschaften der offnen Muse mehr waren? Oder *Redekunst* des tatvollen, mutigen Herzens, wo keine Selbstwürksamkeit, keine Freiheit mehr war?[65]

Auch für Herder ist eine bedeutende Kunst nur dort möglich, wo sie für das »Volk« produziert wird und nur dieses zum »Richter« anerkennt, wo die Künstler und die Nation im Interesse für dieselben großen Gegenstände vereinigt sind, so daß die Sache der Nation auch die der Künstler ist. Diesen Idealzustand sieht er im demokratischen Athen verwirklicht, wo die »[Griechen] sangen, *worüber sie Herren waren*«[66]: »Jeder edle Mann griechischer Bildung war Richter [. . .] und auch im Inhalt und in der Würkung war [die] Bühne *eine lebendige Angelegenheit eines Publikums,* wie Athen war«[67]. Im Rahmen einer höfisch institutionalisierten Kunst dagegen kann es nach Herder bedeutende Werke nicht geben. Die Kunst verfällt, wo sie im Dienst der Höfe steht, denn dort nimmt sie ihr Maß statt an der Natur, am willkürlichen Geschmack des jeweiligen Mäzens. »Die Dichtkunst wartete im Vorgemach auf, schnitzelte Becher und Blumen, wenn sie nur gefallen konnte, oder suchte durch

65 Herder, *Ursachen des gesunknen Geschmacks bei den verschiednen Völkern, da er geblühet,* in: ders., *Über Literatur und Gesellschaft. Ausgewählte Schriften,* hrsg. v. C. Träger (Reclams Univ. Bibl., 8913-16). Leipzig o. J., 47.

66 Ebd., 45.

67 Ebd., 43. Ähnlich argumentiert Wieland: »Bei den Griechen wurden alle vier Jahre an den Olympischen Spielen poetische Wettstreite gehalten, bei denen die feierliche Versammlung von allem, was das ganze Griechenland Edles und Ruhmvolles hatte, die Zuhörer und Richter waren, und das allgemeine Zujauchzen eines ganzen geistreichen Volkes war der Beifall, der den Sieger krönte« (*Allgemeiner Vorbericht des Verfassers [zu den »Poetischen Schriften«* 1762], in: Wieland, *Werke,* hrsg. v. H. Böhm. 4 Bde, Berlin/Weimar 1969, Bd. IV, 10 f.).

Kunst, Zwang, Schmeichelei und Gelehrsamkeit ihren Mangel zu ersetzen, das ist, alles zu verderben«[68]. Die von Herder verwendeten Begriffe geben exakt den Rahmen dessen ab, was wir als bürgerlich-aufklärerische Institutionalisierung der Literatur bezeichnet haben. Die allgemeine Vorstellung von Kunst, die seiner Argumentation zugrunde liegt, weist den Werken eingreifende Funktion zu. »Würksamkeit und Freiheit« sind die Bestimmungen, die Herder der Literatur zuschreibt[69]. Wirken kann die Literatur nur, wenn der Gehalt der Werke mit der Lebenspraxis der Rezipienten übereinstimmt. Das »Leben der Republik« und die »Tätigkeit des Bürgers« werden in den Werken, wenn diese Kunst sein wollen, verhandelt[70]. Zu einer so institutionalisierten Literatur gehört eine aktive Rezeptionshaltung: Kunst ist bei den Griechen »Angelegenheit des Publikums«, Herder kritisiert eine Rezeptionshaltung, für die Kunst bloß »Spiel einer unmäßigen Liebhaberei« ist[71]. In einem idealisierten Griechenland sieht Herder verwirklicht, was für seine Gegenwart nur Zielvorstellung ist: ein Publikum, das in der öffentlichen Diskussion über die Werke der Kunst zugleich die großen Angelegenheiten der Gegenwart verhandelt. »Die griechische *Redekunst*« [sc. für Herder eine unter anderen Gattungen der antiken Literatur] »war in den Republiken *öffentliche Anstalt* und *Triebfeder*: Gemeingeist, öffentliche Ratschlagung, Geschäfte, Freiheit waren ihr Element«[72].

Der skizzierte Angriff auf die höfische Institution Kunst macht

68 Herder, *Ursachen des gesunknen Geschmacks*, 47.

69 Vgl. z. B. ebd., 46 und 47.

70 Ebd., 44.

71 Ebd., 45 f.

72 Ebd., 44. – Zurückhaltender ist die Kritik des Mäzenats bei Wieland, der die Diskussion um ein Moment bereichert, das wir aus der *Götz*-Rezension Mösers kennen: die Schwierigkeit gegenwärtiger Schriftsteller, Werke zu produzieren, die zur »Angelegenheit des Publikums« werden können, begründet Wieland mit der historisch entstandenen Arbeitsteilung, die zu einer zunehmenden Trennung der Intellektuellen von der Lebenspraxis führen muß. »Bei uns ist ein Poet gemeiniglich nichts sonst als ein Poet;

diese und mit ihr das Mäzenat als historische Formen der Kunstproduktion und -rezeption durchschaubar und zwingt die zeitgenössischen Literaturproduzenten zur Stellungnahme. Es kommt zu einem Rückgang in der Praxis des Dedizierens[73]. Mit Klopstock geht die »Ära des literarischen Hofschranzentums zu Ende. Gern nannte er sich selbst einen ›alten Dedicationshasser‹ [. . .] Wo er auf Bestellung dichten, Feiertagsverse verfassen, die dänische Residenz mit Jubiläumsartikeln beliefern muß, tut er es anonym, tief unbereit, neben der Arbeit auch noch den Namen herzugeben«[74]. Als Klopstock sich für eine dänische Staatspension entscheidet, behandelt er die Angelegenheit als bloß geschäftliche, mit dem Bewußtsein eines seinen Profit kalkulierenden Kaufmanns[75]. Die Haltung Klopstocks zeigt, daß die materiellen Rahmenbedingungen der Kulturproduktion nicht notwendig auf das subjektive Bewußtsein der Künstler durchschlagen müssen. Vorausgesetzt dabei ist, daß durch die Entwicklung neuer Produktionsbedingungen (konkret: des literarischen Markts) die historische Beschränktheit der alten erkennbar geworden ist. Wenn man Klopstocks Verhältnis gegenüber dem höfischen Mäzenat als Maßstab des historisch möglichen Bewußtseins gelten lassen will, so wird man die Haltung Goethes als folgenreichen Anachronismus werten dürfen. Noch 1789 kündigt er in einem Brief an den Herzog diesem ein »Lobgedicht« an[76], das er später in die Sammlung der *Venetianischen Epigramme,* sicherlich ein Werk der »ernsten Kunst« einfügt:

Sophokles kommandierte mit dem Perikles die griechischen Völker« (*Allgemeiner Vorbericht,* 10).

73 Vgl. dazu H. J. Haferkorn, *Zur Entstehung der bürgerlich-literarischen Intelligenz und des Schriftstellers in Deutschland,* 206 f.

74 P. Rühmkorf, *Walter von der Vogelweide, Klopstock und ich* (das neue buch, 65). Reinbek bei Hamburg 1975, 94. – Vgl. im Gegensatz dazu Goethes Verhalten, unten im Kap. über die Maskenspiele, S. 163 ff.

75 Vgl. P. Rühmkorf, *Walter von der Vogelweide, Klopstock und ich,* 91.

76 Vgl. dazu Goethes Werke (Hamburger Ausgabe), Bd. I, hrsg. v. E. Trunz, 498 (Anm. des Hrsg.).

Klein ist unter den Fürsten Germaniens freilich der meine,
Kurz und schmal ist sein Land, mäßig nur, was er vermag.
Aber so wende nach innen, so wende nach außen die Kräfte
Jeder: da wär' es ein Fest, Deutscher mit Deutschen zu sein.
Doch was priesest du Ihn, den Taten und Werke verkünden?
Und bestochen erschien' deine Verehrung vielleicht;
Denn mir hat er gegeben, was Große selten gewähren,
Neigung, Muße, Vertraun, Felder und Garten und Haus.
Niemand braucht' ich zu danken als Ihm, und manches bedurft' ich,
Der ich mich auf den Erwerb schlecht, als ein Dichter, verstand.
Hat mich Europa gelobt? was hat mir Europa gegeben!
Nichts! Ich habe, wie schwer! meine Gedichte bezahlt.
Deutschland ahmte mich nach, und Frankreich mochte mich lesen.
England! freundlich empfingst du den zerrütteten Gast.
Doch was fördert es mich, daß auch sogar der Chinese
Malet, mit ängstlicher Hand, Werthern und Lotten auf Glas?
Niemals frug ein Kaiser nach mir, es hat sich kein König
Um mich bekümmert, und Er war mir August und Mäcen[77].

Das Epigramm ist nicht nur im Hinblick auf Goethes Einstellung gegenüber dem höfischen Mäzenat interessant, sondern es läßt darüber hinaus eine ideologische Ehrauffassung des Künstlers erkennen, wie sie für diese Zeit des Übergangs vom Mäzenat zum Markt nicht untypisch ist: Die Künstler empfinden es als »unschicklich«, für ihre Werke Honorar zu nehmen[78]. So fragt man, ob »die öffentliche Mitteilung der Gedanken mit Recht als ein Gewerbe angesehen werden könne, wie die andern Arten menschlicher Tätigkeit«[79]. Diese Auffassung geht von einem qualitativen Unterschied zwischen Arbeit und künstlerischer Tätigkeit aus, die im Zusammenhang steht mit der Auratisierung von Werk und Künstler, die uns noch beschäftigen wird.

Die Emanzipation der Schriftsteller aus dem Mäzenat erlaubt ihnen ein neues Selbstbewußtsein. Der Abstand zur Stellung des

77 Ebd., 178 f.

78 Vgl. dazu H. J. Haferkorn, *Zur Entstehung der bürgerlich-literarischen Intelligenz*, 208.

79 Zit. nach ebd., 209.

Schriftstellers in der höfischen Gesellschaft im Frankreich des 17. Jahrhunderts wird deutlich, wenn man sich vergegenwärtigt, daß dieser seine Tätigkeit gerade als *divertissement*, als amüsante Ausfüllung von Stunden der Muße, auffassen mußte, im Rahmen einer höfischen Institution Kunst, in der das Werk Teil der höfischen Lebenspraxis war und mithin *divertissement*-Funktion hatte. »Es ist daher keineswegs zufällig, daß die 1723 zum erstenmal verwandte Bezeichnung Schriftsteller seit etwa 1760 in ihrem noch heute üblichen Verständnis innerhalb der am literarischen Leben beteiligten Gruppen gebräuchlich wurde«[80], während der Gebrauch des Begriffs Dichter seltener wird. Das neue Selbstverständnis der Schriftsteller trägt, wie zu erwarten, bisweilen deutlich antihöfische Züge. In einem Brief Hamanns aus dem Jahre 1764 heißt es:

> Auf Muster des Geschmacks wollen wir keine Ansprüche machen, weil wir selbigen als ein Regale des Hofes und eines milden Himmels ansehen, an dessen Einflüssen nur die kleinsten und ausgesuchtesten Gesellschaften teilnehmen können; dafür wird eine gemeinnützige Kultur unseres Bodens und des einheimischen Genies die Hauptsache und das Ziel unserer Bemühungen sein[81].

Die skizzierte Entwicklung zwingt die fürstlichen Mäzene zu einer Neubestimmung ihrer Rolle. Es kommt zu dem, was ich als Strukturwandel des Mäzenats bezeichnen möchte: In einem historischen Augenblick, wo die Schriftsteller sich als Wortführer des gesellschaftlichen Fortschritts begreifen und ihre Aufgabe darin sehen, »der Menschheit ihren möglichst vollständigen Ausdruck zu geben«[82], kann auch der Mäzen vom Künstler nicht mehr die Erhöhung der eigenen Größe erwarten. Kunst kann auch für das Verständnis des Mäzens nicht länger mehr als

80 Ebd., 128.

81 Zit. nach ebd., 134. – Auch bei Hamann treffen Antifeudalismus und Nationalismus zusammen, wie wir das bereits mehrfach beobachtet haben.

82 Zit. nach ebd., 132. – Bereits 1748 gesteht Gellert in einem Brief, wie zufrieden er sei, sich seine »Leser vom Könige in Preußen bis zu dem Holzbauer [vorstellen]« zu können (*G. F. Gellerts aufgefundene Familienbriefe [. . .]*, hrsg. v. A. Th. Leuchte. Freyberg 1819, 145).

Teil höfischer, auf Repräsentation und *divertissement* gerichteter Lebenspraxis gelten, sondern als Instrument der Beförderung der Humanität.

Beispielhaft für diesen Versuch der inhaltlichen Veränderung des Mäzenats ist das Verhältnis Schillers zu seinen dänischen Mäzenen. Der Prinz von Augustenburg und der Graf Schimmelmann, die 1791 Schiller eine Pension anbieten, bitten den Autor ausdrücklich, nicht auf ihre Titel zu sehen und die traditionelle Vorstellung vom Mäzen aufzugeben: »Sie haben hier nur Menschen, Ihre Brüder vor sich, nicht eitele Große, die durch solchen Gebrauch ihrer Reichthümer nur einer etwas edlern Art von Stolz fröhnen.« Sie knüpfen an diese Pension auch keine Bedingung, etwa den Aufenthalt des berühmten Autors in Kopenhagen, denn sie verfolgen keine »eigennützigen« Zwecke. Die neue Begründung für die finanzielle Unterstützung des Künstlers lautet: »Der *Menschheit* wünschen wir einen ihrer Lehrer zu erhalten«[83].

Ähnlich wie Klopstock versteht auch Schiller diese Unterstützung nicht dahin, daß er nun seine literarische Produktion an den ästhetischen und kulturpolitischen Vorstellungen seiner Mäzene auszurichten habe, sondern faßt sie auf als etwas seiner intellektuellen Bedeutung Entsprechendes, als »das lang gewünschte und unschätzbare Glück, dem freien Hange meines Geistes folgen zu können«[84]. »Nicht an Sie, sondern an die Menschheit habe ich meine Schuld abzutragen. *Diese* ist der gemeinschaftliche Altar, wo Sie Ihr Geschenk und ich meinen Dank niederlege«[85]. Adressat der literarischen Bemühungen des

83 Zit. nach A. Diezmann, *Weimar-Album. Blätter der Erinnerung an Carl August und seinen Musenhof*. Leipzig 1860, 77 f.

84 Schiller an den Prinzen von Augustenburg, 9. Febr. 1793, in: ders., *Über die ästhetische Erziehung des Menschen [. . .]*, hrsg. v. W. Henckmann (Studientexte, 1). München 1967. Vgl. auch den Brief Gellerts an seine Familie vom 15. April 1761, wo er berichtet, daß er ein Geldgeschenk erhalten hat von einem ungenannten Gönner, der anonym bleiben und also auf den Titel des Mäzens verzichten will (*Gellerts aufgefundene Familienbriefe*, 91).

Schriftstellers ist, Schiller zufolge, nicht der zufällige Mäzen, sondern die Menschheit.

Die skizzierte Konzeption des Mäzenats in einer Epoche historischen Wandels, in der bereits ein literarischer Markt sich herauszubilden beginnt, ist Ausdruck der gesellschaftlichen Illusionen einer Reihe aufgeklärter Kleinfürsten, die, wähnend, sie vermöchten unabhängig von ihrer gesellschaftlichen Stellung und von ihren Interessen zu handeln, den Begriff des Menschen, wie ihn die bürgerliche Aufklärung als Kampfinstrument entwickelt hat, übernehmen, um ihn durch von oben verordnete Beförderung der Humanität zu verwirklichen. Daß die fürstlichen Mäzene so ganz interesselos freilich nicht sind, geht aus Schillers Briefwechsel mit ziemlicher Deutlichkeit hervor. Nicht nur greift er auf die Praxis des Dedizierens zurück, indem er seine Gedanken über die ästhetische Erziehung des Menschen »in Briefen an den Prinzen von Augustenburg« darlegt, um auf diese Weise »einen öffentlichen Beweis von Aufmerksamkeit« zu geben[86]. Zu fragen ist auch, ob seine Kritik an der »Unduldsamkeit unserer philosophischen Weltverbesserer« – gemeint sind wohl die radikaldemokratischen Wortführer der französischen Revolution und die deutschen Jakobiner – nicht doch auch provoziert worden ist dadurch, daß seine fürstlichen Mäzene »Besorgnis« darüber geäußert hatten, auch Schiller könnte dergleichen Weltverbesserungsideen haben[87]. Man wird sehen müssen, daß der im Verhältnis von Künstler und Mäzen zutage tretende Widerspruch sich auch aus der Einschätzung des entstehenden literarischen Marktes durch die Schriftsteller selbst erklärt. Schiller ist sich über die neuen Abhängigkeiten,

85 Schiller an den Prinzen von Augustenburg, 19. Dez. 1791, in: *Ausgewählte Briefe*, hrsg. v. E. Kühnemann (Hausbücherei der deutschen Dichter-Gedächtnis-Stiftung, 12). 2 Bde, Hamburg/Großborstel 1905, Bd. II, 43.

86 Schiller an Ch. G. Körner, 20. Juni 1793, in: *Friedrich Schiller*, hrsg. v. B. Lecke (Dichter über ihre Dichtungen). München 1969, Bd. 3/I, 555.

87 Schiller an den Prinzen von Augustenburg, 13. Juli 1793, in: ders., *Über die ästhetische Erziehung des Menschen*, hrsg. v. W. Henckmann, 16.

die der Markt schafft, durchaus im klaren, und er akzeptiert das dänische Stipendium auch, weil er sich davon mehr Freiheit verspricht. So schreibt er 1791 an Jens Baggesen, der in dieser Angelegenheit eine Vermittlerrolle spielt:

Zugleich die strengen Forderungen der Kunst zu befriedigen und seinem schriftstellerischen Fleiß auch nur die notwendige Unterstützung zu verschaffen, ist in unserer deutschen literarischen Welt, wie ich endlich weiß, unvereinbar. Zehn Jahre habe ich mich angestrengt, beides zu vereinigen, aber es nur einigermaßen möglich zu machen, kostete mir meine Gesundheit[88].

Ähnlich ist wohl auch die Kulturpolitik Karl Augusts zu beurteilen. Der Weimarer Herzog, der, als Beitrag zur nationalen Einigung Deutschlands – seiner politischen Leitvorstellung – bedeutenden Schriftstellern seiner Umgebung die Möglichkeit geben will, »zu Vorstehern und Stammhaltern des literarischen Volkes« sich auszubilden[89], veranlaßt Herder, darüber nachzudenken, wie sich dieses Ziel institutionell befördern läßt. Im Auftrag Karl Augusts entwickelt Herder daher seine *Idee zum ersten patriotischen Institut für den Allgemeingeist Deutschlands.* Ausgangspunkt der Weimarer Überlegungen ist die Einsicht in das »Mißverhältnis unsrer deutschen Provinzen gegeneinander in den Graden der Aufklärung«[90]. Das Institut hat die erklärte Aufgabe, die politische »Gärung«, deren radikale Konsequenzen der Fürst wie der bürgerliche Aufklärer fürchten, zu neutralisieren durch eine von oben klug gelenkte öffentliche Diskussion. Der beobachteten »Gärung«, schlägt Herder vor, muß man zuvorkommen, indem »man die Gemüter der Menschen öffentlich auf allgemeine, bessere Endzwecke leitet«[91].

88 Schiller an Jens Baggesen, 16. Dez. 1791, in: *Ausgewählte Briefe,* hrsg. v. E. Kühnemann, Bd. II, 38.

89 Vgl. den Brief von Karl August an Schiller, 9. Juli 1795, in: W. Bode (Hrsg.), *Goethe in vertraulichen Briefen seiner Zeitgenossen,* 522.

90 Herder, *Idee zum ersten patriotischen Institut für den Allgemeingeist Deutschlands,* in: ders., *Über Literatur und Gesellschaft. Ausgewählte Schriften,* hrsg. v. C. Träger, 351.

91 Ebd.

»Tätige Philosophie« – darunter versteht er auf gesellschaftliche Praxis gerichtete Aufklärung – ist für Herder der »letzte und höchste Zweck der Akademie«.

Jede hellere Wahrheit, die herrschende Vorurteile und böse Gewohnheiten aufhebt oder vermindert, jeder praktische Versuch und Vorschlag zur bessern Erziehung des Fürsten, des Adels, des Landmannes und Bürgers, leichtere und bessere Einrichtungen in allen öffentlichen Anstalten, in Handhabung der Gerechtigkeit, im Umgange der Stände gegeneinander, in Einrichtung der Kirchen und Schulen, in einer vernünftigen Staatswirtschaft und menschlichen Staatsweisheit, werden Gegenstände des Nachdenkens, der Überlegung und Erfahrung der Akademie werden[. . .] Es verstehet sich von selbst, daß alle Anzüglichkeiten gegen Landesherrn und ihre Diener, gegen Religionen und Gelehrte, sowohl aus den Schriften als Unterredungen dieser Versammlung wegbleiben müssen, geschweige daß irgendeine Bitterkeit, ein literarischer oder politischer Groll in jene alten Zänkereien ausschlagen wollte, die nur für die Synoden dunkler Jahrhunderte gehörten. Der Zweck dieser Akademie ist reine unparteiische Wahrheit[92].

Die Herdersche Konzeption läßt deutlich genug erkennen, daß die Weimarer Kulturpolitik weniger vom Gedanken einer Beförderung der Humanität, als vom Interesse an der Aufrechterhaltung spätabsolutistischer Herrschaftsformen geleitet ist.

92 Ebd., 359 ff.

3. Möglichkeiten und Grenzen gesellschaftlicher Wirkung des bürgerlichen Intellektuellen am Ende des 18. Jahrhunderts. Goethes Entscheidung für Weimar

Der mit der *Iphigenie* eingeleitete Rückgriff auf das Material des klassischen Dramas, und das heißt einer wesentlich höfisch geprägten literarischen Form, muß als Ergebnis der Auseinandersetzung Goethes mit einer ihm bis dahin verschlossenen gesellschaftlichen Erfahrungswelt, die er als qualitativ verschieden von seiner eigenen, bürgerlichen, erlebt, gesehen werden, der Auseinandersetzung mit der höfischen Gesellschaft Weimars.

Käme der Entscheidung Goethes für Weimar nur subjektive Bedeutung zu, so hätte sie für uns heute allenfalls den Wert eines biographischen Datums. Sie darf jedoch als epochal deswegen verstanden werden, weil hier in der individuellen Lebensform die Tendenz eines resignativen Teils des deutschen Bürgertums beispielhaft zur Erscheinung kommt: die Tendenz, den historischen Fortschritt von einem aufgeklärten Absolutismus zu erhoffen[93]. Insofern die von Goethe ausgebildete Le-

93 »Dem ›aufgeklärten Absolutismus‹ vor allem war es zuzuschreiben, daß in Deutschland der Funke von 1789 nicht zündete. Als überzeugtem Anhänger gouvernementaler Reformen war es dem dritten Stand in den deutschen Territorien nicht um eine radikale Auseinandersetzung mit dem Adel und der Kirche zu tun. Man wollte – eingedenk der fürstlichen Bemühungen, die gröbsten Mißstände des *ancien régime* selbst abzuschaffen – einen fürstlichen Rechtsstaat, in dem die Regierung für Erwerbsmöglichkeiten sorgte, die Pfaffen klein hielt, Sümpfe trockenlegen ließ, Volksschulen errichtete, sich um die Armen kümmerte, die Armen gegen die Reichen, die Bauern gegen die Adligen und die Tüchtigen gegen die Erbberechtigten in Schutz nahm; einen Beamtenstaat also, in dem es nicht korrupt, sondern ›vernünftig‹ zugehen sollte« (H. Böhme, *Prolegomena zu einer Sozial- und Wirtschaftsgeschichte Deutschlands im 19. und 20. Jahrhundert* [ed. suhrk., 253]. Frankfurt 1968, 23).

bensform sich durch einen ungewöhnlich hohen Grad der Bewußtheit auszeichnet[94], erhalten wir die Möglichkeit, am individuellen Fall eine allgemeine Tendenz bis in die verborgensten Antriebskräfte eines subjektiven Bewußtseins hinein zu verfolgen. Wir wollen daher im Folgenden den Gründen nachgehen, die Goethe für seine Entscheidung haben konnte.
Dabei interessieren selbstverständlich weder Goethes Biographie, noch seine politischen, ästhetischen und moralischen Anschauungen um ihrer selbst willen, sondern sie werden aufgefaßt als Material, das uns einen einzigartigen Zugang gibt zu jenen geschichtlichen Prozessen, die eine historisch-soziologische Literaturbetrachtung gewöhnlich mit Begriffen wie deutsche Misere, Zurückgebliebenheit der deutschen Verhältnisse etc. zu erklären versucht hat[95]. Im Gegensatz zu einer Literatursoziologie, die die Einzelwerke gesamtgesellschaftlichen Entwicklungsprozessen »zurechnet«, soll hier der Versuch gemacht werden, auch die subjektive Seite der Vermittlung von Einzelwerk und Gesellschaft mit historischen Dokumenten zu belegen. Mit andern Worten: Es kann hier nicht darum gehen, die sozioökonomischen Verhältnisse Deutschlands gegen Ende des 18. Jahrhunderts darzustellen, vielmehr soll versucht werden, den durch die werkimmanente und die formalistische Literaturinterpretation tabuierten Bereich des konkret Geschichtlichen, wie er in Goethes Vorstellungen von den Möglichkeiten und Grenzen praktischer Wirksamkeit eines Intellek-

94 Goethe selbst versteht diese Bewußtheit als konstitutives Moment seiner Lebenspraxis: »Wie die Muscheln schwimmen wenn sie ihren Körper aus der Schaale entfalten, so lern ich leben indem ich das in mir Verschlossne sacht auseinanderlege. Ich versuche alles was wir zulezt über Betragen Lebensart, Anstand und Vornehmigkeit abgehandelt haben, lasse mich gehen, und bin mir immer bewusst«, schreibt Goethe an Frau von Stein am 31. März 1782, in: *Goethes Briefe*, hrsg. v. K. R. Mandelkow/B. Morawe (Hamburger Ausgabe). Hamburg 1962, Bd. I, 386.
95 Vgl. dazu z. B. G. Lukács, *Der Briefwechsel zwischen Schiller und Goethe*, in: ders., *Faust und Faustus [. . .]. Ausgewählte Schriften II* (rowohlts deutsche enzyklopädie, 285-87). Reinbek bei Hamburg 1967, 48 ff.

tuellen in der Gesellschaft seiner Zeit zum Ausdruck kommt, für die Erfassung der literarischen Verhältnisse der Zeit und durch sie vermittelt auch für das Verständnis seines literarischen Werks nutzbar zu machen.

Der gegen einen solchen Versuch mögliche Einwand, es handle sich um einen Rückfall in den Positivismus, unterstellt als allgemeinen Konsens, daß Literaturwissenschaft nur und ausschließlich das Literarische (die Literarizität) am Kunstwerk zu ihrem Gegenstand habe. Gerade diese aus der Tradition des Formalismus und der werkimmanenten Literaturbetrachtung sich herleitende Gegenstandsbestimmung ist in der vorliegenden Arbeit nicht zugrunde gelegt, soll doch gerade versucht werden, einen epochalen Umbruch in der literarischen Entwicklung aus seinen geschichtlichen Bedingungen derart verständlich zu machen, daß das Subjekt nicht einfach aus der Betrachtung herausfällt[96].

Ein zweiter Einwand könnte lauten, eine solche aufs historische Detail sich einlassende Analyse verharre auf der Reflexionsebene des untersuchten Autors und verfehle darüber die Aufgabe, die historisch bedingten Grenzen von dessen Wirklichkeitserkenntnis aufzuweisen. Nun darf aber gerade eine kritische Geschichtswissenschaft den subjektiven Zeugnissen der Vergangenheit nicht einfach die erst einem gegenwärtigen Bewußtsein möglichen Erkenntnisse entgegensetzen, einen historisch späteren Stand des Wissens, von dem aus jene sich kritisieren ließen; sie hat vielmehr Kritik gerade aus den immanenten Widersprüchen der vom Subjekt reflektierten Erfahrung zu entwickeln. Daß darüber hinaus die Kategorien, in denen von heute aus die vergangene Erfahrung beschreibbar wird, eine kritische Perspektive artikulieren, versteht sich von selbst.

96 Die Bedeutung der subjektiven Dimension der Institution Kunst ist theoretisch entwickelt bei H. Sanders, *Institution Kunst und Theorie des Romans*. Frankfurt 1977.

L. Balet und E. Gerhard, die in ihrem Buch über die *Verbürgerlichung der deutschen Kunst, Literatur und Musik im 18. Jahrhundert* Goethe ein längeres Kapitel widmen, insistieren auf dessen »das normale Maß weit übersteigendem Selbstgefühl«. In Goethe sehen die Autoren die ausgeprägteste Verkörperung dessen, was sie die »Selbstabsolutierung des bürgerlichen Ich« nennen. Den Ehrgeiz seines Vaters womöglich noch übertreffend, sei Goethe aus Ruhm- und Geltungssucht nach Weimar gegangen, und auch, weil ihn das Hofleben gelockt habe[97]. Die These, so polemisch sie auch vorgetragen wird, ist dennoch schwer zu widerlegen. In der Tat wird man Goethes Entscheidung für Weimar *auch* als Ausdruck bürgerlichen Aufstiegswillens zu deuten haben, zumindest auf einer ersten Ebene der Deutung. Noch 1773, also zwei Jahre vor dieser Entscheidung, ist Goethe überzeugt, daß sein bürgerlich-reichsstädtisches Selbstbewußtsein ihm die Einfügung in aristokratische Lebensformen unmöglich machen würde. Es ist bekannt, daß Goethe sich bereits den großbürgerlichen Formen der Geselligkeit, wie sie im Hause des Bankiers Schönemann herrschten, nur widerstrebend anpaßt[98], und nur um der Liebe zu Lili willen, der Tochter des Hauses. »Ich bin«, so schreibt er damals an den Freund Kestner, »von jeher gewohnt nur nach meinem Instinckt zu handlen, und damit könnte keinem Fürsten gedient seyn. Und dann, biss ich politische Subordination lernte«[99]. Zur

97 L. Balet/E. Gerhard, *Die Verbürgerlichung der deutschen Kunst, Literatur und Musik im 18. Jahrhundert,* 203, 205.

98 Vgl. z. B. den Brief Goethes an die Gräfin Auguste zu Stolberg vom 13. Febr. 1775: »Wenn Sie sich, meine Liebe, einen Goethe vorstellen können, der im galonirten Rock, sonst von Kopf zu Fuse auch in leidlich konsistenter Galanterie, umleuchtet vom unbedeutenden Prachtglanze der Wandleuchter und Kronenleuchter, mitten unter allerley Leuten, von ein Paar schönen Augen am Spieltische gehalten wird [. . .] so haben Sie den gegenwärtigen Fassnachts Goethe« (in: *Goethes Briefe,* Bd. I, 176 f.).

99 Goethe an Kestner, 25. Dez. 1773, in: *Goethes Briefe,* Bd. I, 156.

gleichen Zeit zeigt er jedoch auch Verständnis für junge Leute aus seinem Bekanntenkreis, bürgerliche Intellektuelle wie er selbst, die den Fürstendienst wählen. Er entschuldigt das Heraustreten aus dem Bürgertum in solchen Fällen mit dem Hinweis auf die mit dem Hofdienst verbundenen besseren Aufstiegsmöglichkeiten: »Der Umgang mit Grossen ist immer dem vorteilhafft, der ihrer mit Maas zu brauchen weiss [. . .] Sie wissen Edelmuth und Brauchbaarkeit zu schäzzen, und ein junger Mann wie Ihr muss hoffen, muss auf den besten Platz aspirieren«[100]. Wenn auch das Karrieremotiv in den Briefen Goethes aus der frühen Weimarer Zeit nicht zu übersehen ist, so muß man es doch interpretieren im Zusammenhang mit einem anderen, ebenso wichtigen Motiv, dem Wunsch nach gesellschaftlicher Wirksamkeit. Einige Monate nach seiner Ankunft in Weimar, Anfang 1776, versucht Goethe in einem Brief eine Einschätzung seiner neuen Situation zu geben:

Ich bin nun ganz in alle Hof- und politische Händel verwickelt und werde fast nicht wieder weg können. Meine Lage ist vorteilhaft genug, und die Herzogtümer Weimar und Eisenach immer ein Schauplatz, um zu versuchen, wie einem die Weltrolle zu Gesichte stünde. Ich übereile mich drum nicht, und Freiheit und Genüge werden die Hauptconditionen der neuen Einrichtung sein, ob ich gleich mehr als jemals am Platze bin, das durchaus Scheisige dieser zeitlichen Herrlichkeit zu erkennen[101].

Ohne die Einschränkung im letzten Satz könnte man die Äußerung als den Ausdruck eines fast zynischen Aufstiegswillens lesen[102]. Goethes Reflexion enthält jedoch mehr als eine bloß subjektive Wirklichkeitserfahrung. Er ist sich im klaren über die Widersprüchlichkeit einer gesellschaftlichen Stellung, in der der bürgerliche Intellektuelle die Erweiterung seines individuellen

100 Goethe an Kestner, Aug. 1773, in: *Goethes Briefe,* Bd. I, 149 f.

101 Goethe an Merck, 22. Jan. 1776, in: *Goethes Briefe,* Bd. I, 205; vgl. auch den Brief Goethes an seine Tante Johanna Fahlmer vom 14. Febr. 1776, wo er fast wörtlich dieselben Argumente wiederholt (in: ebd., 207).

102 L. Balet und E. Gerhard tun dies, indem sie die Briefstelle zitieren, den Nebensatz aber weglassen (*Die Verbürgerlichung der deutschen Kunst, Literatur und Musik im 18. Jahrhundert,* 209).

und gesellschaftlichen Handlungsspielraums erkauft mit der Einfügung in eine höfisch-aristokratische Welt[103], zumal in einer Epoche bürgerlicher Aufklärung, wo die Kritik des als historisch überholt erkannten Feudalismus fast notwendiger Bestandteil schriftstellerischen Selbstverständnisses geworden ist. Trotz dieses hohen Grades an Bewußtheit, die ihn zur Distanz gegenüber der eigenen Position befähigt, bleibt die Haltung Goethes zwiespältig. In den Briefen an die Mutter, aber auch an Frau von Stein schlägt der Stolz über die erreichte gesellschaftliche Position durch, dominiert das Aufstiegsmotiv: »Der Herzog hat Schnaußen, Lynkern und mir den Geheimdenraths Titel gegeben, es kommt mir wunderbar vor, daß ich so wie im Traum mit dem 30ten Jahre die höchste Ehrenstufe, die ein Bürger in Teutschland erreichen kann, betrete«, schreibt Goethe im Postscriptum zu einem Brief an Frau von Stein[104]. Und der Mutter kündet er in einem seltsamen Ton biblischer Emphase einen Besuch im Elternhaus an, bei dem ihn der Herzog begleiten will:

Weil ich aber auch mögte, dass, da an den Bergen Samariä der Wein so schön gediehen ist auch dazu gepfiffen würde, so wollt ich nichts als dass Sie und der Vater offene und feine Herzen hätten uns zu empfangen, und Gott zu dancken der Euch Euren Sohn im dreisigtsen Jahr auf solche Weise wiedersehen lässt [. . .] Ich habe alles was ein Mensch verlangen kan, ein Leben in dem ich mich täglich übe und täglich wachse, und komme diesmal gesund, ohne Leidenschafft, ohne Verworrenheit, ohne dumpfes Treiben, sondern wie ein von Gott geliebter, der die Hälfte seines Lebens hingebracht hat[105].

Die Selbststilisierung, die Goethe hier vornimmt, hat freilich im ersten Fall die Hofdame zur Adressatin, und wo sie sich in

103 Goethe selbst nimmt es in Kauf, daß er, wiewohl der Günstling des Herzogs, zwei Jahre lang nicht zur offiziellen herzoglichen Tafel zugelassen wird (vgl. dazu W. H. Bruford, *Kultur und Gesellschaft im klassischen Weimar*, 83).

104 Goethe an Frau von Stein, 7. Sept. 1779, in: *Goethes Briefe an Frau von Stein*, hrsg. v. K. Heinemann. 4 Bde, Stuttgart/Berlin o. J., Bd. I, 154.

105 Goethe an die Mutter, 9. Aug. 1779, in: *Goethes Briefe*, Bd. I, 267 f.

Briefen an die Mutter findet, da gilt sie dem Vater, der bekanntlich gegen die Verbindung mit dem Weimarer Hof gewesen ist und dessen Anerkennung Goethe zurückzugewinnen hofft. Aber auch daran, daß die Mutter die Bedeutung seiner gesellschaftlichen Position richtig erfaßt, d. h. in seinem Sinne, muß Goethe gelegen sein. Elisabeth Goethe steht mit vielen Menschen verschiedener Herkunft und gesellschaftlicher Interessen im Briefwechsel und kann daher überall um Verständnis werben für die gesellschaftliche Stellung des Sohnes.

Goethes Freunde, Merck vor allem und die Brüder Stolberg, tadeln den Verrat an seiner bürgerlichen Herkunftsklasse und seine Bereitschaft, sich höfischen Gesellschaftsformen anzupassen. »Was Teufel fällt dem Wolfgang ein, in Weimar am Hofe herumzuschranzen und zu scherwenzen, Andere zu hudeln oder, was mir Alles Eins ist, sich von ihnen hudeln zu lassen! Gibt es denn nichts *Besseres* für ihn zu thun«[106]. Dieser Vorwurf schließt die Ahnung einer Gefahr ein, die sich als durchaus real erweist, die Furcht, Goethe könnte mit seiner Entscheidung für Weimar zugleich »seine poetische Individualität« verlieren[107], d. h. sich abwenden von der für die Freunde verbindlichen bürgerlich-aufklärerischen Kunstanschauung. Dem Vorwurf der Freunde tritt Goethe entgegen mit dem Hinweis auf die neuen Möglichkeiten gesellschaftlicher Wirkung, die seine Stellung am Weimarer Hof ihm eröffnet. Der Hinweis auf einen erweiterten Handlungsspielraum enthält dabei zugleich ein privates Moment (Tätigkeitstrieb) und ein politisches (Eingriff in die herzogliche Verwaltung): »Das Unverhältniß des engen und langsam bewegten bürgerlichen Kreyses, zu der Weite und Geschwindigkeit meines Wesens hätte mich rasend gemacht«,

106 Merck an Goethe, um 1776, zit. nach A. Diezmann, *Weimar-Album. Blätter der Erinnerung an Carl August und seinen Musenhof.* Leipzig 1869, 30; vgl. auch den Brief von F. L. Graf zu Stolberg an Klopstock: »Gott, welch ein Gemisch! Ein Titanenkopf gegen seinen Gott, und nun schwindelnd von der Gunst eines Herzogs« (8. Juni 1776, in: *Alles um Liebe. Goethes Briefe in Auswahl,* hrsg. v. E. Hartung. München o. J., 195).

107 Vgl. den Brief von Merck an Lavater, 9. Jan. 1778, in: ebd., 219.

schreibt er an die Mutter, die er gleichzeitig bittet, mit diesem Argument den Vorwürfen seiner antihöfisch eingestellten Freunde entgegenzuwirken[108]. So stark auch in solchen Äußerungen das egozentrische Moment hervortritt, die fast wahnhafte Sucht, das eigene Leben zu exemplarischer Bedeutung zu erheben[109], so wenig wird man das darin sich aussprechende Interesse an gesellschaftlichen Reformen übersehen dürfen, das Goethe reizt, »die Disharmonie der Welt in Harmonie zu bringen«[110]. Dies ist es auch, was Goethes Freunde später mit seiner höfischen Lebensweise versöhnt[111].

Wenn trotz allem Goethes Haltung gegenüber seiner eigenen Lebenspraxis zwiespältig bleibt, so wird dies verständlich, wenn man sie als *Antwort* auf eine bestimmte, historisch-gesellschaftliche Situation faßt[112], eine Antwort, die von der Geschichte, zumindest seit 1789, bereits überholt ist. Nicht zu Unrecht fordert daher Hans Mayer eine »Darstellung der Mißerfolge, Anachronismen, Ungleichzeitigkeiten« von Goethes Leben und Werk. »Der Disproportion mithin im Wirken eines Menschen, der nichts sehnlicher anzustreben pflegte als eben dies: Harmonie zwischen einer – kaum auslotbaren – Individualität und

108 Goethe an die Mutter, 11. Aug. 1781, in: *Goethes Briefe,* Bd. I, 369.

109 Auch über seine Fixierung an die Ausdrucksformen der eigenen Individualität ist Goethe sich im klaren, so unterbricht er die Erzählung eines Tageslaufs für Frau von Stein, um sich selbst zu kritisieren: »Sie sehen ich erzähle immer vom ich« (14. Juni 1780, in: *Goethes Briefe,* Bd. I, 306 f.); zur Hypostasierung des eigenen Daseins zum Kunstwerk vgl. Goethes Brief an Lavater, 21. Sept. 1780: »Diese Begierde, die Pyramide meines Daseins, deren Basis mir angegeben und gegründet ist, so hoch als möglich in die Luft zu spizzen, überwiegt alles andere« (in: *Goethes Briefe,* Bd. I, 324).

110 An Frau von Stein, 24. Apr. 1783, in: *Goethes Briefe,* Bd. I, 425.

111 Merck ändert schon bald seine Meinung über Goethes Entscheidung für Weimar und zeigt sich befriedigt darüber, daß er am Hof nichts »von seiner poetischen Individualität abgelegt«, dafür aber an Menschenkenntnis und politischer Einsicht gewonnen habe (vgl. den bereits erwähnten Brief an Lavater vom 9. Jan. 1778, in: *Alles um Liebe,* 219).

112 Zum Begriff der Antwort vgl. P. Bürger, *Zur Methode,* in: ders., *Studien zur französischen Frühaufklärung.*

ihrer Geschichtlichkeit innerhalb von Zeitverhältnissen. Weshalb der fragwürdige Begriff der *Größe* bei Goethe weit eher an den Mißerfolgen ablesbar ist, den Disharmonien, viel Halbgeglücktem: oft praktiziert als Abreise aus der Zeit«[113]. Daß dieser Widerspruch auch die künstlerische Praxis bis in die Einzelwerke prägt, und welche Form er dort annimmt, wird am Beispiel der *Iphigenie* zu zeigen sein.

b) Persönlichkeitsentfaltung

Zum gesellschaftlichen Erfahrungsmaterial Goethes gehört die Einsicht in die Diskrepanz zwischen dem bürgerlichen Ideal individueller Selbstverwirklichung, wozu auch die Möglichkeit gesellschaftlicher Wirksamkeit gehört, und den durch die realen gesellschaftlichen Verhältnisse eingeschränkten Wirkungsmöglichkeiten der jungen bürgerlichen Intelligenz. Dem bereits zitierten Brief Goethes an die Mutter (»Das Unverhältnis des engen und langsam bewegten bürgerlichen Kreyses, zu der Weite und Geschwindigkeit meines Wesens hätte mich rasend gemacht«[114]) korrespondiert, fast wörtlich, eine Reflexion Werthers:

Wenn ich die Einschränkung sehe, in welcher die tätigen und forschenden Kräfte des Menschen eingesperrt sind; wenn ich sehe, wie alle Wirksamkeit dahinaus läuft, sich die Befriedigung von Bedürfnissen zu verschaffen, die

113 H. Mayer, *Goethe*, 16.
114 Brief vom 11. Aug. 1781, in: *Goethes Briefe*, Bd. I, 369. – Ihrerseits hat Goethes Mutter ein überaus waches Verständnis für diesen elementaren Wunsch nach einem »Wirkungskreis«, ein Begriff, der in ihren Briefen häufig vorkommt. Noch 1781 erkundigt sie sich, alarmiert durch Bemerkungen von Freunden Goethes, ob der Weimarer »Würkungs-Kreiß«, d. h. die Verwaltungsarbeit im Dienst des Herzogs, den Sohn befriedigt, der aufgrund seines väterlichen Vermögens sich in Frankfurt »ungehindert gute und ruhige Tage verschaffen könte« (an Goethe, 17. Juni 1781, zit. nach H. Amelung [Hrsg.], *Goethe als Persönlichkeit. Berichte und Briefe von Zeitgenossen* [Ergänzungsband der Propyläen-Ausgabe von Goethes Sämtlichen Werken, I/1]. München 1914, 365).

wieder keinen Zweck haben, als unsere arme Existenz zu verlängern [. . .][115].

Die im *Werther* formulierte Gesellschaftskritik hat eine so starke Resonanz wohl auch vor allem deswegen finden können, weil sie nicht nur als antifeudalistisch aufgefaßt werden konnte, sondern weil sie sich zugleich gegen die Gesellschaft als ganzes richtete, gegen die erst im Entstehen begriffene bürgerlich-kapitalistische Gesellschaftsordnung. K. Scherpe interpretiert zu Recht »die ungehemmte Entfaltung der Persönlichkeit, die Kultivierung der Empfindungs- und Genußfähigkeit des Menschen, [den] Drang nach Aktivität«, mithin die »Merkzeichen des in der Sturm-und-Drang-Literatur propagierten Menschlichkeitsideals« als »sezessionistische Tendenzen« der bürgerlichen Intelligenz, als »Literaturrevolution ohne revolutionäre Klasse in einer unter der Feudalherrschaft trotz ihrer Krisensymptome noch relativ stabilen Ständegesellschaft«[116]. Diese sezessionistische Haltung, die die bürgerlichen Intellektuellen in einen

115 Goethe, *Leiden des jungen Werthers,* I. Buch, 22. Mai. – Goethe selbst hat im Alter den gesellschaftlichen Gehalt des *Werther* zurückgenommen. In einem Gespräch mit Eckermann will er *Werthers Leiden* nicht mehr als geschichtlich besonderes, sondern als allgemein menschliches verstehen. G. Lukács, der gerade den gesellschaftskritischen Aspekt des *Werther* herausarbeitet, zitiert die Stelle: »Die vielbesprochene Wertherzeit gehört, wenn man es näher betrachtet, freilich nicht dem Gang der Weltkultur an, sondern dem Lebensgange jedes einzelnen, der mit angeborenem, freiem Natursinn sich in die beschränkten Formen einer veralteten Welt finden und schicken lernen soll. Gehindertes Glück, gehemmte Tätigkeit, unbefriedigte Wünsche sind nicht Gebrechen einer besonderen Zeit, sondern jedes einzelnen Menschen, und es müßte schlimm sein, wenn nicht jeder einmal in seinem Leben eine Epoche haben sollte, wo ihm der ›Werther‹ käme, als wäre er bloß für ihn geschrieben« (in: *Ausgewählte Schriften,* Bd. II, 28).

116 K. R. Scherpe, *Natürlichkeit und Produktivität im Gegensatz zur ›bürgerlichen Gesellschaft‹. Die literarische Opposition des Sturm und Drang: Johann Wolfgang Goethes ›Werther‹,* in: G. Mattenklott/K. R. Scherpe (Hrsg.), *Westberliner Projekt: Grundkurs 18. Jahrhundert,* 195 und 193.

gewissen Gegensatz zu den Interessen ihrer Klasse brachte, hat ihre sozialgeschichtliche Begründung in der privilegierten Stellung des Bildungsbürgertums, wie sie sich vor allem in Preußen herausbildete[117]. Auch auf die Gefahr dieser »literarischen Rebellion ohne Rückhalt in einer revolutionären Klasse« hat Scherpe aufmerksam gemacht; sie liegt in der Tendenz zu einer »die realen gesellschaftlichen Konflikte weiter distanzierenden Ästhetisierung«[118]. Bereits im *Wilhelm Meister* wird diese Gefahr sichtbar. Auch hier ist die freie Entfaltung der Persönlichkeit Maßstab der Gesellschaftskritik. Die Entwicklungsmöglichkeiten des einzelnen sind, dem Roman zufolge, bedingt durch die soziale Herkunft. Die gesellschaftliche Verfassung verpflichtet den Bürger auf Leitwerte wie Nützlichkeit und Zweckmäßigkeit, seine Ausbildung geht auf »einzelne Fähigkeiten«, nicht auf menschliche Totalität.

Es wird schon vorausgesetzt, daß in seinem [sc. des Bürgers] Wesen keine Harmonie sei noch sein dürfe, weil er, um sich auf *eine* Weise *brauchbar* zu machen, alles übrige vernachlässigen muß [. . .] In Deutschland ist nur dem Edelmann eine gewisse allgemeine, wenn ich sagen darf, personelle Ausbildung möglich. Ein Bürger kann sich *Verdienst erwerben* und zur höchsten Not seinen Geist ausbilden; seine Persönlichkeit geht aber verloren, er mag sich stellen, wie er will[119].

Anders als im *Werther*, dessen Held an den gesellschaftlichen Widersprüchen zugrunde geht, enthält der *Wilhelm Meister* so etwas wie das Gegenmodell eines schönen Lebens[120], in dem

117 Vgl. dazu meinen Aufsatz *Romantische Gesellschaftskritik: Tiecks Blonder Eckbert*, in: L. Bredella/Ch. Bürger/R. Kreis, *Von der romantischen Gesellschaftskritik zur Bejahung des Imperialismus. Tieck – Keller – Kipling* (Literatur und Geschichte. Modellanalysen). Frankfurt 1974, 13 ff.

118 K. R. Scherpe, *Natürlichkeit und Produktivität im Gegensatz zur ›bürgerlichen Gesellschaft‹*, 207.

119 Goethe, *Wilhelm Meisters Lehrjahre*, V. Buch, Kap. 3.

120 Vgl. in diesem Zusammenhang auch H. Schlaffer, der die These aufstellt, daß die »bürgerliche Poesie überhaupt aus ihrer Neigung zu vorbürgerlichen, heroischen Idealen und dem gleichzeitigen Widerspruch

Form und Gehalt, Muße und Tätigkeit zu harmonischer Einheit gebracht sind. Möglich ist ein solches Dasein freilich nur einer Klasse, die vom Zwang zur Arbeit freigesetzt ist, denn nur für diese ist ein Typus von zweckfreier, schöner Tätigkeit denkbar. Der Widerspruch der bürgerlichen Gesellschaft, die die Emanzipation des einzelnen zugleich verheißt und – aufgrund der herrschenden Arbeitsverhältnisse – versagen muß, wird auch an dem Umstand deutlich, daß sie ihre Bilder vom schönen Leben in vorbürgerlichen Lebensformen, im Adel sucht. In einem Brief an Frau von Stein, der ihm unversehens zum enthusiastischen Preis aristokratischer Lebensform gerät, gesteht Goethe, wie ihm in der Gestalt der jungen Gräfin von Werthern die bürgerliche Sehnsucht nach dem schönen Dasein zur sinnlich konkreten Erfahrung geworden ist.

Gräfin Werthern-Neunheilingen

zur bürgerlichen Gegenwart zu begreifen« ist (*Der Bürger als Held*, 9). Antike und Adel sind die beiden Paradigma des Bürgertums, sie liefern Bilder von einer besseren Welt, von der aus die bestehende kritisiert werden kann. »Aus der kritischen Reaktion auf die Zerstörung der menschlichen Ganzheit durch Arbeitsteilung entsteht die Idee des ›Menschen‹, der Humanitätsbegriff des 18. Jahrhunderts. Er scheint sich ans Vorbild der Antike zu halten, hat aber – sozial konkreter – die aristokratische Existenz im Sinn« (ebd., 43).

Dieses kleine Wesen hat mich erleuchtet. Diese hat *Welt*, oder vielmehr, sie *hat die Welt*, sie weiß die *Welt zu behandeln*, sie ist wie Quecksilber das sich in einem Augenblick tausendfach teilt und wieder in eine Kugel zusammenläuft. Sicher ihres Werths, ihres Rangs handelt sie zugleich mit einer Delikatesse und Aisance die man sehn muß um sie zu dencken. Sie scheint iedem das seinige zu geben wenn sie auch nichts giebt, sie spendet nicht, wie ich andre gesehn habe, nach Standsgebühr und Würden iedem das eingesiegelte zugedachte Packetgen aus, sie lebt nur unter den Menschen hin, und daraus entsteht eben die schöne Melodie die sie spielt daß sie nicht ieden Ton sondern nur die auserwählten berührt. Sie tracktirts mit einer Leichtigkeit und einer anscheinenden Sorglosigkeit daß man sie für ein Kind halten sollte das nur auf dem Klaviere, ohne auf die Noten zu sehen, herumhuschelt, und doch weis sie immer was und wem sie spielt. Was in ieder Kunst das Genie ist, hat sie in der Kunst des Lebens[121].

Was für Goethe die Vorbildhaftigkeit der aristokratischen Lebensform ausmacht, ist deren ästhetische Grundbestimmung. Die Zweckfreiheit, die die klassische Ästhetik dem Kunstwerk zuordnet, wird hier zum Prinzip eines Daseins, in dem sich Spontaneität und Sorglosigkeit entfalten können. Die Freisetzung von der Zweckrationalität ist die Bedingung für die an der jungen Gräfin faszinierende Sicherheit des Verhaltens, die bei einer Vielfalt von Reaktionsformen, über die sie spontan verfügt, doch immer die Einheit der Person bewahrt (vgl. das Bild vom Quecksilber). Die spielerische Beherrschung der Formen verleiht den Abweichungen und Unregelmäßigkeiten den Rang

121 Goethe an Frau von Stein, 11. März 1781, in: *Goethes Briefe*, Bd. I, 348. – Daß Goethe selbst in einem langen Leben am Hof eine solche »Aisance«, die von ihm gefeierte »Kunst des Lebens« nicht erwirbt, ist vielfach belegt. In zeitgenössischen Berichten ist häufig von Goethes »Steifheit« die Rede, und zwar nicht nur von seiten aristokratischer Kritiker, sondern auch bürgerlicher Freunde (vgl. z. B. die Erinnerungen von K. Frhr. von Lyncker, *Am Weimarischen Hof unter Amalien und Karl August*, hrsg. v. M. Scheller. Berlin 1912, 46 f., oder den Brief von L. F. Huber an Körner vom 24. Aug. 1792, wo er sich über Goethes »zurückstoßende Steifigkeit« beklagt, zit. nach H. Amelung (Hrsg.), *Goethe als Persönlichkeit*, Bd. I, 300).

des Ästhetischen, so wie, der idealistischen Ästhetik zufolge, am vollendeten Kunstwerk die bestimmten Regeln gehorchende Form als Freiheit erscheint. Goethe nun setzt, das geht aus dem Brief mit aller Deutlichkeit hervor, das als reine Form sich darstellende aristokratische Dasein mit realer Persönlichkeitsentfaltung gleich und feiert es als Modell humaner Vollendung. Wenn man zu einer historisch adäquaten Beurteilung des Goetheschen Modells vom schönen Leben kommen will, so wird man es im Kontext mit anderen Konzeptionen betrachten müssen. Wir haben bereits angedeutet, daß das klassisch-humanistische Persönlichkeitsideal sich ableiten läßt aus der Kritik an der sich entfaltenden bürgerlichen Gesellschaft, aus der kritischen Einsicht, derzufolge die Möglichkeiten individueller Entfaltung in allen Bereichen gesellschaftlicher Beziehungen – von den Regeln des Umgangs bis zur Kunstrezeption – durch die soziale Herkunft des einzelnen mit geprägt sind. Über die Bedeutung des Adels für die Herausbildung einer bürgerlichen Kultur hat z. B. auch Garve nachgedacht; er tut dies von einem konsequent bürgerlichen Standpunkt aus: »Ich gehöre auch zu dem Bürgerstande und habe also mein eignes Interesse und meine Gerechtsame bey dieser Untersuchung mit im Spiele«[122]. Als bürgerliches Erkenntnisinteresse erklärt sich daher Garves Versuch, dem Adel das moralische Verdienst an der Herausbildung einer verfeinerten Lebenskultur abzusprechen. Er beurteilt die kulturelle Leistung des Adels nach entschieden bürgerlichen Kriterien:

Es wird nicht ohne Grund von den Großen gesagt, daß sie alle Künste zu wissen scheinen, ohne eine gelernt zu haben. Indem der Kunst*fleiß* ihnen seine Produkte, zuerst und in der größten Menge und Abwechslung, vorweist, weil sie sie am besten *bezahlen* können, bringt er ihnen zugleich Begriffe von unzähligen Dingen bey, die sie zuvor nicht kannten, und bildet

122 Ch. Garve, *Über die Maxime Rochefoucaults: das bürgerliche Air verliehrt sich zuweilen bei der Armee, niemahls am Hofe,* in: ders., *Versuche über verschiedene Gegenstände aus der Moral, der Literatur und dem gesellschaftlichen Leben.* Breslau 1792/1802, Bd. I, 307.

ihren Geschmack durch die mannigfaltigen Vergleichungen, zu denen er sie nöthigt[123].

Das einzige Verdienst des Adels besteht im bloß »mechanischen Nachmachen der Gewohnheiten und Sitten, die man von Jugend auf gesehen hat«, und dies, »wenn sie auch die vortrefflichsten wären, kann keine große *Tugend* seyn, so wie es keine großen *Talente* fordert«[124]. Diese mechanische Nachahmung erstreckt sich auch auf die Aneignung kultureller Gewohnheiten, die ihren produktiven Ursprung dem bürgerlichen »Kunstfleiß« verdanken.
Garves Konzeption des kulturellen Fortschritts hat einen Begriff von Kultur zur Voraussetzung, der diese, anders als Goethe, nicht als reine, zweckfreie Form, sondern als durch Arbeit hervorgebrachte und angeeignete faßt. Goethe setzt schönes (aristokratisches) Dasein als eines, das sich in der Ästhetik der Form erfüllt, unvermittelt gegen bürgerliche Tätigkeit als zweckorientierte Arbeit ohne ästhetische Form. Wenn man auch nicht annehmen wird, daß Goethes Modell vom schönen Leben auf Nachahmung des Adels verpflichten will, so wird man doch zugeben müssen, daß es keine politische Perspektive sichtbar werden läßt. Garve dagegen entwickelt den im Ansatz dialektischen Gedanken, daß ein jahrhundertealtes Vorurteil, demzufolge der Zufall der Geburt die Privilegien eines Standes, des Adels, legitimiert (Garve spricht von »eingebildeter Würde«) den geschichtlichen Fortschritt befördern kann, weil die herausgehobene gesellschaftliche Stellung des Adels die übrigen Stände zur »Nachahmung« aufreizt. Dadurch kommt ein allgemeiner Prozeß gesellschaftlicher Verfeinerung in Gang, der schließlich zur Aufhebung der Standesgrenzen führen muß[125].

123 Ch. Garve, *Über die Moden,* in: ders., *Versuche über verschiedene Gegenstände,* Bd. I, 223 f.; Hervorhebung von mir.

124 Ebd., 275; Hervorhebung von mir.

125 Ch. Garve, *Über die Maxime Rochefoucaults,* in: ders., *Versuche über verschiedene Gegenstände,* Bd. I, 444 ff. – Über die positive Bewertung des

Die Kulturkonzeption Garves ist jedoch noch in anderer Hinsicht interessant: Anders als der Sturm und Drang und als die Weimarer Klassiker ist Garve auch darin der Aufklärung verpflichtet, daß er einen rationalen Begriff von künstlerischer Produktion vertritt. Diese sieht er unter dem Aspekt der Anwendung von Kunstmitteln, der Entwicklung künstlerischer Techniken. In der Entwicklung von Techniken der Bearbeitung von Rohmaterial, in der Produktion von kulturellen Gegenständen erkennt er den historischen Fortschritt der Gesellschaft. Dieses bürgerlich-handwerkliche Ideal führt ihn konsequent auch zu einer Unterscheidung und Bewertung von Rezeptionsgewohnheiten. Er unterscheidet entfremdeten und authentischen Genuß kultureller Objektivationen, wobei er als entfremdet einen Zugang zur Kultur begreift, der sich im Besitz von käuflich erworbenen Kunstdingen erschöpft, während authentischer Genuß nicht ohne die Kenntnis der Gesetze der Produktion ästhetischer Gegenstände denkbar ist: »Mit Gelde, wenn man desselben viel besitzt, kann man sich sogar den Geschmack gewissermaßen erkaufen, indem man [...] die Künstler und Kenner bezahlt, die uns dieselben lehren«[126].

Die ideologische Gleichsetzung von aristokratischer Lebensform und humaner Vollendung, wie sie bei Goethe sich andeutet, findet in der Tatsache eine Erklärung, daß Goethe dem Bereich der Arbeit den der Kultur schroff gegenüberstellt. Den Zeitgenossen ist jedoch ein Begriff von Kultur, der den Bereich der Arbeit einschließt, keineswegs fremd.

In einem Reisebericht gibt z. B. der Weimarer Gymnasialdirektor Böttiger eine ausführliche Schilderung »hamburgischer Kaufmannsgröße in aller ihrer Pracht und Herrlichkeit«. Was Böttiger hervorhebt, ist nicht nur der repräsentative, an aristokratische Lebensformen erinnernde Empfangsstil der Hambur-

Vorurteils durch die französischen Frühaufklärer vgl. P. Bürger, *Studien zur französischen Frühaufklärung*, 36 ff.

126 Ch. Garve, *Über die Maxime Rochefoucaults*, in: ders., *Versuche über verschiedene Gegenstände*, Bd. I, 444.

ger Kaufherren, sondern deren Fähigkeit, produktive Erwerbstätigkeit und literarische Kultur zu vereinigen. Darüber hinaus aber erscheint Böttiger die Tätigkeit des Kaufmanns selbst als nicht entfremdete Arbeit, gerade im Gegensatz zu der im Verlauf der wissenschaftlichen Arbeitsteilung sich immer stärker spezialisierenden und praxisfernen Tätigkeit des Gelehrten und Universitätslehrers, seiner eigenen. Kultur gehört nicht nur zur Freizeit des Kaufmanns, sondern sie ist Teil seiner Arbeit. Diese ist nicht nur durch ihren Bezug zur gesellschaftlichen Praxis ausgezeichnet, sondern eben durch eine gewisse kulturelle Qualität:

> Aber das Comptoir eines Voigt ist freilich gehaltreicher und in so mancher Beziehung lehrreicher als die gelehrteste Universität Deutschlands [. . .] Dabei schwelgt ein hamburger Kaufmann, der sich nur etwas über die Mäklerzunft erhebt, in allen geistigen Genüssen. Wie armselig erscheint der angestaunteste Kathederpolitikus auf der Universität gegen das Oberhaupt eines großen Handelshauses in Hamburg, das seine Agenten in Paris, Basel und London bezahlt und durch sie besser bedient wird als mancher Fürst mit seinem ganzen département étranger und corps diplomatique[127].

Diese knappe Skizze verschiedener Antworten auf dieselbe historisch-gesellschaftliche Situation sollte das Widersprüchliche der Haltung Goethes sichtbar gemacht haben. Das Insistieren auf der Emanzipation des Individuums verbindet ihn mit der bürgerlichen Aufklärung. Daß für ihn jedoch die Verwirklichung von Humanität nur im Rückgriff auf aristokratische Lebensformen denkbar ist, nimmt dem Konzept etwas von seiner vorwärtsweisenden Kraft. Hinzu kommt, daß Goethe Abstand hält vom Kampf der Zeitgenossen gegen die Reste des Feudalismus. Ihm geht es weder um nationale Einheit, noch um politische Freiheit, sondern ausschließlich um individuelle Selbstverwirklichung, um die freie Entfaltung der Persönlichkeit, wobei er sich darüber im klaren ist, daß diese nur wenigen Privilegierten vorbehalten bleibt[128].

127 K. A. Böttiger, *Literarische Zustände und Zeitgenossen,* 24 ff.

128 Diese Tatsache ist jedoch für Goethe nicht zum moralischen oder politischen Problem geworden, vielmehr wird man nicht übersehen kön-

Mit einer durch ein langes Leben festgehaltenen Konsequenz sieht Goethe im Kunstwerk zugleich den Ausdruck einer Individualität und ein Instrument individueller Selbstverwirklichung. Der junge Goethe schreibt 1774 an Jacobi: »Sieh, Lieber, was doch alles Schreibens Anfang und Ende ist, die Reproduktion der Welt um mich durch die innere Welt, die alles packt, verbindet, neu schafft, knetet und in eigner Form, Manier wieder hinstellt, das bleibt ewig Geheimnis«[129]. Und in einem nachgelassenen Aufsatz, dem Eckermann den Titel *Noch ein Wort für junge Dichter* gibt, reflektiert Goethe über seine historische Bedeutung:

Wenn ich aber aussprechen soll, was ich den Deutschen überhaupt, besonders den jungen Dichtern geworden bin, so darf ich mich wohl ihren *Befreier* nennen; denn sie sind an mir gewahr geworden, daß, wie der Mensch von innen heraus leben, der Künstler von innen heraus wirken müsse, indem er, gebärde er sich, wie er will, immer nur sein Individuum zutage fördern wird[130].

Eines der wichtigsten Dokumente für Goethes Kunstkonzeption ist sein Aufsatz über Winckelmann (1805). Nicht um die im Werk Winckelmanns geleistete Wirklichkeitserkenntnis geht es Goethe darin, auch kaum um dessen kunsthistorische Bedeutung; was ihn interessiert, ist vielmehr Winckelmann als Gestalt. Der Titel des Aufsatzes ist durchaus programmatisch zu verstehen. Winckelmanns Gestalt ist für Goethe vorbildhaft,

nen, daß in seinem Denken durchaus antidemokratische und elitäre Momente sich finden; vgl. z. B. folgende *Xenien*: *»Unterschied der Stände:* Auch in der sittlichen Welt ist ein Adel; gemeine Naturen/ Zahlen mit dem, was sie tun, schöne mit dem, was sie sind.« – »Majestät der Menschennatur! dich soll ich beim Haufen/ Suchen? bei wenigen nur hast du von jeher gewohnt,/ Einzelne wenige zählen, die übrigen alle sind blinde/ Nummern, ihr leeres Gewühl hüllet die Treffer bloß ein« (in: *Neudruck der Xenien aus Schillers Musenalmanach für das Jahr 1797*, hrsg. v. H. Holzschuher. Leipzig 1912.

129 Goethe an F. H. Jacobi, 21. Aug. 1774, zit. nach *Goethes Werke* (Hamburger Ausgabe), Bd. 12, 693.

130 Ebd., 360.

weil in ihr die Sehnsucht einer ganzen Epoche nach harmonischer Vollendung der Persönlichkeit Ausdruck findet. »Findet sich hingegen in besonders begabten Menschen jenes gemeinsame Bedürfnis, eifrig zu allem, was die Natur in sie gelegt hat, auch in der äußeren Welt die antwortenden Gegenbilder zu suchen und dadurch das Innere völlig zum Ganzen und Gewissen zu steigern, so kann man versichert sein, daß auch so ein für Welt und Nachwelt höchst erfreuliches Dasein sich ausbilden werde«[131]. Besondere Bewunderung verdient die Leistung Winckelmanns für Goethe, weil dieser sich in doppelter Weise gegen die der Entfaltung der Persönlichkeit feindlichen Tendenzen der Zeit durchsetzen muß: Winckelmann hat aufgrund seiner Herkunft aus den niedrigsten Schichten der Gesellschaft keine zulängliche Schulbildung erhalten[132], und er überwindet in exemplarischer Weise die durch die geschichtliche Entwicklung über die Menschheit notwendig verhängte Zersplitterung der Kräfte, so daß noch einmal ein Abglanz aufscheint von jener vollendeten Humanität, deren Inbegriff für Winckelmann und seine Zeit die griechische Antike darstellt.

Eine solche antike Natur war, insofern man es nur von einem unsrer Zeitgenossen behaupten kann, in Winckelmann wieder erschienen, die gleich anfangs ihr ungeheures Probestück ablegte, daß sie durch dreißig Jahre Niedrigkeit, Unbehagen und Kummer nicht gebändigt, nicht aus dem Wege gerückt, nicht abgestumpft werden konnte. Sobald er nur zu einer ihm gemäßen Freiheit gelangte, erscheint er ganz und abgeschlossen, völlig im antiken Sinne[133].

131 Goethe, *Winckelmann*, in: *Goethes Werke* (Hamburger Ausgabe), Bd. 12, 97.

132 Ebd. – Es scheint mir bezeichnend, daß Goethe, der Momente seiner eigenen Entwicklung in der exemplarischen Gestalt Winckelmanns reflektiert, dessen Schwierigkeit hervorhebt, die gesellschaftlichen Formen einer aristokratisch geprägten Umwelt zu lernen: »Wenn er sich, durch seine frühere Lebensart wenig vorbereitet in der Gesellschaft anfangs nicht ganz bequem befand, so trat ein Gefühl von Würde bald an die Stelle der Erziehung und Gewohnheit, und er lernte sehr schnell sich den Umständen gemäß zu betragen« (ebd., 124).

133 Ebd., 99 f.

Was »glückliches Los der Alten« gewesen ist, daß nämlich die »sämtlichen Eigenschaften« zusammenwirken und »Gefühl und Betrachtung« übereinstimmen können, weil »jene kaum heilbare Trennung in der gesunden Menschenkraft noch nicht vorgegangen« ist, das erreicht Winckelmann durch Anstrengung, durch »zweckmäßigen Gebrauch einzelner Kräfte«[134].
Aber noch in einer anderen Hinsicht hat für Goethe Winckelmann exemplarische Bedeutung, durch die in dessen Gestalt in Erscheinung tretende Einheit von Leben und Werk: »Und so ist alles, was er uns hinterlassen, als ein Lebendiges für die Lebendigen, nicht für die im Buchstaben Toten geschrieben. Seine Werke, verbunden mit seinen Briefen, sind eine Lebensdarstellung, sind ein Leben selbst«[135]. Mit der Winckelmann-Deutung Goethes beginnt eine für die deutsche Literaturgeschichte folgenreiche Entwicklung, der wir in dem Kapitel über zeitgenössische Goethe-Rezeption nachgehen werden. In Goethes Hinwendung zur Persönlichkeit des Produzenten wird ein entscheidendes und meines Erachtens bisher unzureichend berücksichtigtes Moment im Prozeß der Institutionalisierung des autonomen Kunstbegriffs faßbar, nämlich die damit parallel laufende Verschiebung des Rezeptionsinteresses vom Werk auf die Person des Autors. Insofern dieses Interesse an der Person eines Autors eine deutliche Orientierung auf Fragen der Lebenspraxis zeigt, wird man darin ein Moment der Kontinuität bürgerlich-aufklärerischer Literaturvorstellungen sehen dürfen. Allerdings birgt die Hinwendung zur Persönlichkeit des Autors tendenziell die Gefahr, daß das lebenspraktische Interesse, das in der bürgerlich-aufklärerischen Institution Literatur ein moralisch-politisches ist, sich auf die Dimension subjektiver Identitätsbildung verengt. In Goethes Aufsatz ist Winckelmann noch als ein Individuum gefaßt, das sich mit historisch bestimmbaren Widerständen auseinanderzusetzen hat, die spätere Literaturgeschichtsschreibung, die dieses Modell übernimmt, tendiert da-

134 Ebd., 98 f.
135 Ebd., 118.

gegen immer mehr dazu, die Persönlichkeit des Autors aus allen historisch-konkreten Bezügen herauszulösen und ihn so mit der Aura der Einmaligkeit zu umgeben[136].

c) Wirken

Bereits die Zeitgenossen Goethes haben die fallende Kurve von dessen Popularität beschrieben[137]. *Götz* und *Werther* sind »mit einem Enthousiasmus aufgenommen [worden], der bis zur Ausschweifung ging«, schreibt 1789 der Rezensent der *Neuen Bibliothek der schönen Wissenschaften und der freyen Künste* anläßlich des Erscheinens der *Schriften* bei Göschen[138]. Die erste – enthusiastische – Phase der Goethe-Rezeption ist dadurch ausgezeichnet, daß sie breite Schichten der Gesellschaft umfaßt. Dies ändert sich mit dem Erscheinen der ersten klassischen Werke Goethes. Durch Goethes Abwendung vom bürgerlich-aufklärerischen Literaturbegriff erfährt seine Wirkung eine entscheidende Beschränkung: Sie bleibt auf einen kleinen Kreis von Kennern begrenzt:

Was er gegeben hat, das hat er gegeben – und jetzt ist er fürs Publikum so unfruchtbar wie eine Sandwüste – was ihm itzt die Musen schenken, das behält er nur für sich und wenige Freunde und Kenner; denn er ist froh, daß er aus dem Munde der Rezensenten ist. Seine meiste Zeit und Kraft schenkt er itzt den ersten Geschäften des Staats, ist darin ebenso groß, eben so sehr Göthe, als er's in seinen Arbeiten fürs Publikum war, und sucht dadurch denjenigen Dank von einem kleinen Volk und einem edlen Fürsten zu ernten, welchen ihm die größere undankbare Welt, für die er schrieb, schuldig geblieben ist[139].

136 Vgl. dazu Kap. 4, Exkurs dieser Arbeit.

137 Vgl. dazu K. R. Mandelkow (Hrsg.), *Goethe im Urteil seiner Kritiker [. . .]*. München 1975, Bd. I (1773-1832), XXVI ff.

138 In: J. W. Braun, *Goethe im Urtheile seiner Zeitgenossen [. . .]*. Berlin 1884, 2. Abt, Bd. II, 52.

139 von Lose, *Schattenrisse edler Teutschen. Aus dem Tagebuche eines physiognomischen Reisenden*. Halle 1783/84, zit. nach: H. Amelung (Hrsg.), *Goethe als Persönlichkeit*, Bd. I, 243.

Das frühe zeitgenössische Zeugnis – die Schrift, aus der ich zitiere, ist 1783/84 veröffentlicht – über das Schwinden der Popularität Goethes ist in mehrfacher Hinsicht interessant: Darin wird nämlich ein Bezug hergestellt zwischen der Entfremdung Goethes von einer breiteren Öffentlichkeit und dessen Hinwendung zu einem neuen Tätigkeitsbereich (den »Geschäften des Staats«). Das Zitat zeigt darüber hinaus, daß schon zu dieser Zeit Goethe nicht nur aufgrund seiner literarischen Produktion, sondern im gleichen Maße aufgrund seiner gesellschaftlichen Stellung und seiner Anschauungen über den Menschen und die Gesellschaft zum Begriff geworden ist[140]. Goethes Bemühungen, praktisches Handeln und Weltanschauung zur Übereinstimmung zu bringen, werden von den Zeitgenossen als vorbildhaft empfunden, wobei dieses Vorbildhafte durch die in Leben und Werk gleichermaßen sich manifestierende Totalität der Persönlichkeit verbürgt erscheint.

Man wird in der Tat bei der Beurteilung von Goethes Entscheidung für Weimar deren politische Dimension nicht außer acht lassen dürfen. Eine Reihe zeitgenössischer Dokumente legen es nahe, diese mit dem Wunsch Goethes, auf seine Weise zur Durchsetzung gesellschaftlicher Reformen beizutragen, im Zusammenhang zu sehen[141]. Selbst wenn man, wie Hans Mayer,

140 Vgl. dazu unten Kap. 4 (Zeitgenössische Goethe-Rezeption).

141 Vgl. z. B. den Brief Wielands vom 5. Febr. 1776, wo er Lavater Goethes Entscheidung für Weimar verständlich zu machen sucht: »[Goethe] versucht nun das Abenteuer, von welchem ich abgestanden bin, so wie ich sah, daß es für einen Andern aufgehoben sei [...] Wieviel mehr könnte, würde der herrliche Geist tun, wenn er nicht in dies unser Chaos gesunken wäre, aus welchem er doch mit allem seinem Willen, aller seiner Kraft, doch keine leidliche Welt schaffen wird! Aber war ich nicht schon 38 Jahr alt, da ich mich noch durch eine magische Einbildung und die noch stärkere Magie des verführerischen Gedankens, *viel Gutes, im Großen, auf Jahrhunderte* zu tun, an diesen Hof ziehen, in dieses gefahrvolle, mit Précipicen umgebne, und, beim Tageslicht besehn, *doch immer unmögliche* Abenteuer verstricken ließ? Goethe ist erst 26 Jahre alt: wie sollt' er, mit dem Gefühl *solcher* Kräfte, einer *noch* größern Neigung widerstehen können? Denn sein

das »geschichtlich Überholte« der Goetheschen Reformvorstellungen als »Geist vom Fürstenspiegel und des höfisch-aufklärerischen Gleichgewichts« kritisiert, und die Unfähigkeit Goethes, die Amerikanische Unabhängigkeitsbewegung und die Französische Revolution »als Phänomene einer Emanzipation der bürgerlichen Klasse, seiner eigenen mithin, zu deuten«, bedauert[142], selbst dann wird man noch die moralische Leistung eines Autors anerkennen müssen, der seine gesellschaftliche Wirksamkeit mit einer jahrelang währenden Lähmung seiner künstlerischen Produktivität erkauft.

Im Dienst des Weimarer Herzogs, wo er während der ersten zehn Jahre seiner Tätigkeit als Minister kaum eine Sitzung des Staatsrats versäumt[143], setzt Goethe sich intensiv, unauffällig und unermüdlich für Einzelreformen ein, und er nennt dies das »Tagewerk, das mir aufgetragen ist«[144]. In seinen Briefen aus den ersten Weimarer Jahren spricht Goethe, je nach dem Adressaten, mit dem Pathos der Humanitätsphilosophie (an Lavater) oder in der noch fortwirkenden Sprache der Geniezeit (an Merck) häufig von seinen täglichen Versuchen, »Mängel zu

ascendant über unsre Fürstenkinder, alt und jung, ist unglaublich« (zit. nach W. Bode [Hrsg.], *Goethe in vertraulichen Briefen seiner Zeitgenossen,* 169 f.).

142 Vgl. dazu H. Mayer, *Goethe,* 43 ff.

143 Vgl. dazu H. Bruford, *Kultur und Gesellschaft im klassischen Weimar,* 97 ff.

144 Goethe an Lavater, 21. Sept. 1780, in: *Goethes Briefe,* Bd. I, 324. – An einem Autor wie Goethe, der mit zunehmendem Alter eine gewisse Selbststilisierung pflegt, mag es verwundern, daß er Freunden verwehrt, über das Ausmaß an Zeit, Energie und Intelligenz, das er an seinen Dienst wendet, zu sprechen: »Daß ich bisher so treu und fleißig im Stillen fortgearbeitet habe, hilft mir unendlich; ich habe nun anschauliche Begriffe fast von allen nothwendigen Dingen und kleinen Verhältnissen, und komme so leicht durch. Du kannst denken, daß ich über diese Dinge mit Niemandem spreche und also bitt ich Dich auch keinen Gebrauch hiervon, selbst zu meinem Vortheile, zu machen« (an Knebel, 27. Juli 1782, in: *Briefwechsel zwischen Goethe und Knebel [1774-1832].* Leipzig 1851, 35).

kontrebalanzieren«[145]: »Es ist ein wunderbaar Ding ums Regiment dieser Welt«, schreibt er an den Frankfurter Jugendfreund Merck, der seine Entscheidung für Weimar zunächst mit Mißtrauen aufgenommen hatte, »so einen politisch moralischen Grindkopf nur halbe wege zu säubern und in Ordnung zu halten«[146].

Wie vor ihm Wieland, muß auch Goethe jedoch rasch das Unangemessene, Illusorische seines Projekts der Fürstenerziehung erkennen. In einer Epoche bürgerlicher Revolutionen läßt sich aus dem »Chaos« eines absolutistischen Kleinstaats keine »leidliche Welt« schaffen[147]. »In der Jugend traut man sich zu, dass man den Menschen Palläste bauen könne und wenn's um und an kömmt, so hat man alle Hände voll zu thun um ihren Mist beiseite bringen zu können. Es gehört immer viel Resignation zu diesem ekeln Geschäft, indessen muss es auch sein«[148]. Der resignative Ton des Briefes ist für Goethes Korrespondenz aus dieser Zeit charakteristisch[149]. Neben der Resignation sind

145 *Goethes Tagebuch aus den Jahren 1776-1782*, hrsg. v. R. Keil. Leipzig 1875, 169 (Eintragung vom 14. Dez. 1778).

146 Goethe an Merck, 5. Jan. 1777, in: *Goethes Briefe*, Bd. I, 231.

147 Vgl. den oben zitierten Brief Wielands an Lavater vom 5. Febr. 1776.

148 Goethe an Lavater, Febr. 1780, in: *Goethes Briefe*, Bd. I, 297; ideologische Verklärung erfährt das Projekt noch 1783 in dem allerdings erst 1815 veröffentlichten Gedicht *Ilmenau*, das das idyllische Leben eines landesväterlich regierten kleinen Volkes preist (vgl. *Goethes Werke* [Hamburger Ausgabe], Bd. I, 112).

149 Diese Resignation teilt Goethe mit Knebel, dem Erzieher des Prinzen Konstantin (des Bruders von Karl August). Knebel zieht allerdings früher und entschiedener die Konsequenz aus seiner Einsicht in die Sinnlosigkeit seiner Anstrengungen, indem er sich aus dem Staatsdienst zurückzieht. In seinen *Briefen populären Inhalts* (1787) kritisiert er überaus scharfsichtig die gesellschaftliche Rolle derjenigen bürgerlichen Intelligenz, die von der »Gnade des Fürsten« lebt: »Sie suchen sich freilich, dem Gebrauche nach, mit Charaktern und Titeln bemänteln zu lassen, um ihrem äußerlichen Dasein einen Schein zu geben, eigentlich aber helfen sie zu nichts, und sind allermeist, was noch schlimmer ist, überhaupt unbrauchbar, weil sie diese

es vor allem zwei Begriffe, die in Briefen Goethes an vertraute Freunde, denen er von seiner Tätigkeit berichtet, leitmotivisch wiederkehren: Götter und Entfremdung.

Die Götter sind diejenige Instanz, vor der Goethe sich der Unversehrtheit der eigenen Individualität versichert. Zwar geht es ihm um Einsicht in die gesellschaftlichen Zustände, die er in dem kleinen Herzogtum aus der Nähe beobachten kann, aber es ist ihm ebenso wichtig, daß er Distanz dazu bewahrt, und diese Distanz garantieren ihm »die Götter«, die wohl nichts anderes bedeuten als die Projektion der Selbstbewußtheit des bürgerlichen Individuums. So schreibt Goethe in sein Tagebuch, im Sommer 1779: »Das Elend wird mir nach und nach so prosaisch wie ein Caminfeuer [. . .] Bey meinem Streben und Streiten und Bemühen bitte ich Euch nicht zu lachen, zuschauende Götter! Allenfalls lächeln mögt Ihr und mir beystehen«[150]. Merck gegenüber versichert er, daß er »mitten in der tollen Welt« sehr in sich »zurückgezogen« zu leben imstande ist[151], und Frau von Stein gegenüber bedient er sich der folgenden, in vertraulichen Äußerungen häufig wiederkehrenden Formel: »Gleichmut und Reinheit erhalten mir die Götter aufs schönste«[152].

Diese Haltung der Distanz, des Gleichmuts, als eine Art von Selbstschutz entwickelt in einer Position, die ihn die Mängel der gesellschaftlichen Verfassung ebenso klar erkennen läßt wie die

äußerlichen Merkzeichen für einen Stand halten, durch den man berechtigt sei, an den Ehren und Vortheilen der Gesellschaft einen unverhältnismäßigen, nicht geringen Antheil zu nehmen« (in: *K. L. von Knebels literarischer Nachlaß und Briefwechsel*, hrsg. v. K. A. Varnhagen von Ense/Th. Mundt. Leipzig 1835, Bd. III, 181).

150 *Goethes Tagebuch aus den Jahren 1776-1782*, hrsg. v. R. Keil, 193 f. (Eintragung vom 25. Juli 1779).

151 Goethe an Merck, 5. Jan. 1777, in: *Goethes Briefe*, Bd. I, 231.

152 Goethe an Frau von Stein, 17. Mai 1778, in: *Goethes Briefe*, Bd. I, 250; vgl. auch *Goethes Tagebuch aus den Jahren 1776-1782:* »Du [sc. heiliges Schicksal] hast mir Dach und Beschränktheit vom Haupte gezogen wie eine Nachtmütze, laß mich nun auch frisch und zusammengenommen der Reinheit genießen« (130; Eintragung vom Nov. 1777).

Sinnlosigkeit reformerischer Tätigkeit, ist wohl einer der Gründe für jene seltsam teilnahmslose Sehweise Goethes, die einen Leser der Gegenwart bisweilen zu schockieren vermag (und die von seiten germanistischer Interpreten als Goethesche Objektivität gefeiert wird). Wenn Goethe zu Fuß oder zu Pferd als »Maler Weber«, incognito, das kleine Herzogtum durchstreift, konzentriert er sich auf die reine Anschauung[153]. Durch das Studium der Menschen in den verschiedenen Ständen will er zu »anschaulichen Begriffen« gelangen[154]. In seiner »Verkappung«[155] lernt Goethe das materielle und geistige Elend der Land- und Manufakturarbeiter kennen. Durch eigene Beobachtungen weiß er, daß die herzogliche Rechtsprechung die ausweglose Lage der Unterprivilegierten noch eher verschärft[156]. Und es gibt von ihm den berühmten Satz, in dem er sein Verhältnis zum vierten Stand beschreibt: »Wie sehr ich wieder, auf diesem dunckeln Zug, Liebe zu der Classe von Menschen gekriegt habe! die man die niedere nennt! die aber gewiß für

153 Vgl. dazu den Brief Goethes an Frau von Stein vom 6. Dez. 1777: »Mir ist's eine sonderbare Empfindung, unbekannt in der Welt herumzuziehen, es ist mir als wenn ich mein Verhältnis zu den Menschen und den Sachen weit wahrer fühlte. Ich heise Weber, bin ein Mahler, habe iura studiert, oder ein Reisender überhaupt, betrage mich sehr höflich gegen iedermann, und bin überall wohl aufgenommen [. . .] Eine reine Ruh und Sicherheit umgibt mich« (in: *Goethes Briefe,* Bd. I, 243). Dieses Bedürfnis, aus der Distanz zu beobachten, ohne sich mit den Personen und Zuständen identifizieren zu müssen, ist für Goethes Verhältnis zu Fragen der Geschichte und der Gesellschaft charakteristisch. Kurz vor seiner Rückkehr aus Italien schlägt er Karl August vor, er wolle das Herzogtum »mit ganz frischen Augen« bereisen, sich ein »neues Bild« machen, um sich »zu jeder Art von Dienst gleichsam aufs neue zu qualifizieren« (Goethe an Karl August, 11. Aug. 1787, in: *Goethes Briefe,* Bd. II, 63).

154 Vgl. Goethe an Knebel, 17. April 1782 und 27. Juli 1782, in: *Briefwechsel zwischen Goethe und Knebel,* 29 und 35.

155 Goethe an Frau von Stein, 9. Dez. 1777, in: *Goethes Briefe,* Bd. I, 244.

156 Vgl. Goethes Bericht über einen Gerichtstag in dem Brief an Frau von Stein vom 9. Sept. 1780, in: *Goethes Briefe an Frau von Stein,* Bd. II, 37.

Gott die höchste ist«[157]. Die Stelle ist freilich für Goethe nicht typisch, wichtiger aber ist es zu sehen, daß Goethe auch hier aus der Distanz des Schauenden registriert. Wo die Realität ihm zu nahe rücken will und droht, seine emotionale Anteilnahme zu wecken, stellt er bewußt die Distanz wieder her. Besonders in den Briefen an Frau von Stein entwickelt er seine Strategie, die »auf ihn losdringende, wirkliche Welt«, wenn sie ihm zu »unbequem und störend« wird[158], von sich abzuhalten: »Wir [sc. Goethe und Karl August] stiegen, ohne Teufel oder Söhne Gottes zu seyn, auf hohe Berge, und die Zinne des Tempels, da zu schauen die Reiche der Welt und ihre Mühseeligkeit [. . .] und wurden von einer solchen Verklärung umgeben, daß die vergangene und zukünftige Noth des Lebens und seine Mühe wie Schlacken uns zu Füßen lag«[159]. Die auf biblische Metaphorik zurückgreifende konkrete Bildlichkeit Goethes enthüllt das Gewaltsame seiner Bemühung, die Wirklichkeit auf den Status von Anschauungsmaterial zu reduzieren.

Goethe entwickelt bewußt diese Fähigkeit, der Realität gegenüber in der Distanz des Betrachters zu verharren, weil die Praxisbereiche Kunst, Beruf und Politik für ihn nicht als Einheit vorstellbar sind. Was er einzig zu bewahren strebt, ist die Einheit seiner Individualität. Es ist ihm wichtig zu wissen, daß trotz der ihn bedrängenden Geschäfte sein »inneres Leben unverrücklich seinen Gang [geht]«[160]. Eben dies meint auch der Begriff der Reinheit, den er im Briefwechsel häufig gebraucht. Das Bedürfnis Goethes nach Selbstverwirklichung ist so stark, daß er bereit ist, sie mit dem Verlust authentischer zwischenmenschlicher Beziehungen zu bezahlen[161]. Die von Goethe

157 Goethe an Frau von Stein, 4. Dez. 1777, in: *Goethes Briefe,* Bd. I, 242.

158 *Tag- und Jahreshefte zum Jahr 1780,* in: *Goethes Werke,* hrsg. v. K. Heinemann. Leipzig/Wien, o. J., Bd. XVI, 11.

159 Goethe an Frau von Stein, 21. Sept. 1780, in: *Goethes Briefe,* Bd. I, 322 f.

160 Goethe an Frau von Stein, 2. März 1779, in: ebd., Bd. I, 263.

161 Vgl. dazu auch die Fortsetzung des oben zitierten Briefes an Frau von

gelebte starre Trennung verschiedener Lebensbereiche isoliert ihn in zunehmendem Maße gegenüber den Menschen seiner Umgebung. »Fortdauernde reine Entfremdung von den Menschen«, notiert Goethe als Resultat seiner gesellschaftlichen Wirksamkeit in sein Tagebuch, bereits Anfang 1778[162]. Diese Selbstbeobachtung Goethes weist auf ein Künstlerbewußtsein, das sein Verhältnis zur Gesellschaft als problematisches erlebt. Wir werden im folgenden Kapitel untersuchen, welche Bedeutung die hier nur angedeutete Trennung von Kunst und Lebenspraxis (im Falle Goethes konkret: von Kunstproduktion und Berufspraxis), die Goethe im Begriff der Entfremdung reflektiert, für die Entwicklung der Institution Kunst in der bürgerlichen Gesellschaft hat.

Stein vom 17. Mai 1778: »Gleichmut und Reinheit erhalten mir die Götter aufs schönste, aber dagegen welckt die Blüte des Vertrauens der Offenheit, der hingebenden Liebe täglich mehr« (in: *Goethes Briefe*, Bd. I, 250). Dies Bedürfnis hat in einer Formulierung aus Goethes Tagebuch einen fast pathologischen Zug: »Möge die Idee des Reinen die sich bis auf den Bissen erstreckt den ich in den Mund nehme, immer lichter in mir werden« (*Goethes Tagebuch aus den Jahren 1776-1782*, 198).

162 *Goethes Tagebuch aus den Jahren 1776-1782*, 150; vgl. auch ebd., 128.

4. Zeitgenössische Goethe-Rezeption. Zum Verhältnis von Kunst und Lebenspraxis in der bürgerlichen Gesellschaft

Im Winter 1795, in einer Phase engster Zusammenarbeit mit Goethe, schreibt Schiller an Herder einen Brief, in dem er die Grundzüge der klassischen Kunstdoktrin entwickelt.

Es ist eine sehr interessante Frage, die Sie in Ihrem Gespräche aufwerfen, aber auf großen Widerspruch dürften Sie sich wohl gefaßt machen [. . .] Gibt man Ihnen die Voraussetzung zu, daß die Poesie aus dem Leben, aus der Zeit, aus dem Wirklichen hervorgehen, damit eins ausmachen und darein zurückfließen muß und (in unseren Umständen) kann, so haben Sie gewonnen [. . .] Aber gerade jene Voraussetzung leugne ich. Es läßt sich, wie ich denke, beweisen, daß unser Denken und Treiben, unser bürgerliches, politisches, religiöses, wissenschaftliches Leben und Wirken wie die Prosa der Poesie entgegengesetzt ist. Diese Übermacht der Prosa in dem Ganzen unsres Zustandes ist, meines Bedünkens, so groß und so entschieden, daß der poetische Geist, anstatt darüber Meister zu werden, notwendig davon angesteckt und also zugrunde gerichtet werden müßte. Daher weiß ich für den poetischen Genius kein Heil, als daß er sich aus dem Gebiet der wirklichen Welt zurückzieht und anstatt jener Koalition, die ihm gefährlich sein würde, auf die strengste Separation sein Bestreben richtet. Daher scheint es mir gerade ein Gewinn für ihn zu sein, daß er seine eigene Welt formieret und durch die griechischen Mythen der Verwandte eines fernen, fremden und idealischen Zeitalters bleibt, da ihn die Wirklichkeit nur beschmutzen würde[163].

Der Brief läßt erkennen, daß es zwischen Herder auf der einen und Schiller und Goethe auf der anderen Seite Auseinandersetzungen gegeben hat um die Bestimmung der Funktion der Kunst. Herder hält fest an den bürgerlich-aufklärerischen Vorstellungen über Literatur, die er nach ihrer Wirkung auf die Gesellschaft beurteilt und als aktiven Teil gesellschaftlicher

163 Schiller an Herder, 4. Nov. 1795, in: *Ausgewählte Briefe*, hrsg. v. E. Kühnemann, 108 f.

Praxis versteht. Konsequent verurteilt er daher die Doktrin von der Autonomie der Kunst, deren irrationales Moment – die Gefahr einer Sakralisierung der Kunst – er früh erkennt. Bereits 1781 schreibt er an Hamann: »Kunst, Kunst ist jetzt die Losung, der Alles zu Füßen liegt: süßer mystischer Opiumtraum unverstandner Ideen und Gefühle«[164]. Schillers geschichtsphilosophische Reflexion entwickelt einen Begriff der Kunst aus der Kritik der Gegenwart. Die Gesellschaft der Gegenwart erfährt darin eine globale Verurteilung (»die Übermacht der Prosa *in dem Ganzen* unseres Zustandes«). Gegen die »beschmutzende Wirklichkeit« setzt Schiller die Idealität einer sich über die prosaische Gegenwart erhebenden Poesie. In dem Brief an Herder wird nicht deutlich, welche konkreten Momente der gesellschaftlichen Verfassung Schillers Kritik herausfordern. Daß er abzielt auf die Kritik derjenigen Phänomene, die die moderne Gesellschaftstheorie im Begriff der Entfremdung zusammenfaßt, lassen die *Briefe über die ästhetische Erziehung des Menschen* erkennen. Für Herder wie für Schiller geht es letztlich um praktisch folgenreiche Kritik, d. h. um die Überwindung des gesellschaftlich produzierten Zustands der Entfremdung. Die Rolle, die Herder dabei der Literatur zuspricht, ist eine aktive: Indem die Kunst die Mängel der gegenwärtigen Gesellschaftsverfassung aufdeckt, vermag sie beizutragen zur Aufklärung der Rezipienten. Schiller dagegen faßt die Kunst als abstraktes Gegenbild der bestehenden Gesellschaft, von der sie sich abtrennen muß, wenn sie ihrem gesellschaftlichen Auftrag treu bleiben will. Nur indem sie sich ganz von der Wirklichkeit ablöst, indem sie jeden inhaltlichen Bezug zur Gesellschaft der Gegenwart leugnet, kann sie zum Instrument der Verwirklichung einer humanen Gesellschaft werden. Vermittels der totalen Negation des Bestehenden, als *autonome,* vermag die Kunst das Bild einer besseren Gesellschaft zu bewahren[165]. Was Schil-

164 Herder an Hamann, März 1781, in: W. Bode (Hrsg.), *Goethe in vertraulichen Briefen seiner Zeitgenossen*, 281.

165 Man wird daher Schillers Brief an Herder auch nicht undialektisch als

ler als geschichtsphilosophische Spekulation formuliert, vermag Goethe auf der Ebene konkreter Lebenspraxis zu reflektieren. In einem überaus aufschlußreichen Brief an Knebel bekennt Goethe sich zur Trennung von Kunst und Lebenspraxis als dem organisierenden Prinzip seiner Lebensführung und literarischen Produktion. Er schreibt:

Ich habe mein politisches und gesellschaftliches Leben ganz von meinem moralischen und poetischen getrennt (äußerlich versteht sich), und so befinde ich mich am besten [. . .] Der Herzog hat seine Existenz im Hetzen und Jagen. Der Schlendrian der Geschäfte geht ordentlich, er nimmt einen willigen und leidlichen Teil dran und läßt sich hie und da ein Gutes angelegen sein, pflanzt und reißt aus pp. Die Herzogin ist stille, lebt das Hofleben, beide seh ich selten.

Und so fange ich an, mir selber wieder zu leben und mich wieder zu erkennen. Der Wahn, die schönen Körner, die in meinem und meiner Freunde Dasein reifen, müßten auf diesen Boden gesät und jene himmlischen Juwelen könnten in die irdischen Kronen dieser Fürsten gefaßt werden, hat mich ganz verlassen, und ich finde mein jugendliches Glück wiederhergestellt. Wie ich mir in meinem väterlichen Hause nicht einfallen ließ, die Erscheinungen der Geister und die juristische Praxis zu verbinden, ebenso getrennt laß ich jetzt den Geheimderat und mein andres Selbst, ohne das ein Geheimderat sehr gut bestehen kann. Nur im Innersten meiner Pläne und Vorsätze und Unternehmungen bleib ich mir geheimnisvoll selbst getreu und knüpfe so wieder mein gesellschaftliches, politisches, moralisches und poetisches Leben in einem verborgenen Knoten zusammen. Sapienti sat[166].

Beispiel »jener a- oder antipolitischen« »Weimarer Hofklassik« abtun dürfen wie H.-W. Jäger das tut (*Politische Kategorien in Poetik und Rhetorik der zweiten Hälfte des 18. Jahrhunderts* [Texte Metzler, 10]. Stuttgart 1970, 28). Differenzierter sieht J. Schulte-Sasse die Position Schillers: »[Die Kunst] soll als nicht-entfremdete Ganzheit in die Wirklichkeit hineinwirken, indem sie historische Subjekte zur harmonischen Ausbildung ihrer Fähigkeiten anhält« (*Autonomie als Wert. Zur historischen und rezeptionsästhetischen Kritik eines ideologisierten Begriffs*, in: G. Grimm [Hrsg.], *Literatur und Leser [. . .]*. Stuttgart 1975, 109).

166 Goethe an Knebel, 21. Nov. 1782, in: *Goethes Briefe*, Bd. I, 416. – Die Aufspaltung von Moral und Politik wird von R. Koselleck als subversive

Das Zitat vermag deutlich zu machen, daß Goethe die Praxisbereiche Geselligkeit, Moral, Politik, Beruf und Kunst streng voneinander absondert[167]. Auch die Kunst begreift Goethe als

Strategie der Freimaurer und Illuminatenorden gedeutet. »In dem Augenblick, als die dualistisch abgesonderte herrschende Politik dem moralischen Richterspruch unterworfen wird, verwandelt sich das moralische Urteil in ein Politicum: in politische Kritik« (*Kritik und Krise. Ein Beitrag zur Pathogenese der bürgerlichen Welt.* ²Freiburg/München 1969, 84). Das Geheimnis der Logen versteht Koselleck aus der Notwendigkeit, deren politische Zielsetzung – Schaffung eines staatsfreien Raums, in dem die bürgerlichen Freiheiten bereits verwirklicht sind, mitten im absolutistischen Staat – zu verschleiern. Man wird jedoch kaum in der Formel »sapienti sat« am Schluß des zitierten Briefes einen Hinweis auf Goethes Sympathie mit der Freimaurerei sehen dürfen. Seine Haltung besonders gegenüber den Illuminaten ist vielmehr höchst widerspruchsvoll. So sehr er die moralische Zielsetzung der Maurer bejaht, so scharf lehnt er sie ab, wenn er weitergehende politische Zielsetzungen zu erkennen glaubt. So rät er mit Erfolg dem Herzog in einem sehr deutlich formulierten Gutachten davon ab, der Eröffnung einer Loge in Jena zuzustimmen, mit Argumenten, wie sie von der reaktionären Jesuitenfraktion vorgetragen werden, deren Aktivitäten in Bayern zur Entfernung von Aufklärern aus den öffentlichen Bildungsinstitutionen führen: »Die Freimaurerei macht durchaus statum in statu. Wo sie einmal eingeführt ist, wird das Gouvernement sie zu beherrschen und unschädlich zu machen suchen. Sie einzuführen, wo sie nicht war, ist niemals rätlich« (zit. nach H. Wernekke, *Goethe und die königliche Kunst.* Leipzig 1905, 31; vgl. auch 34 f.). Da Goethe gleichzeitig die Wiedereröffnung der Weimarer Loge »Anna Amalia« empfiehlt, die zwanzig Jahre zuvor kurz nach Goethes Beitritt geschlossen worden war, muß man fast annehmen, daß es seine Absicht gewesen ist, die Arbeit der Logen auf die eine oder andere Weise »unschädlich« zu machen. Wenn man die besonders im *Groß-Cophta* vorgetragene Anti-Logen-Propaganda sich vergegenwärtigt, so wird man behaupten können, daß vor allem der philosophische Materialismus der Illuminaten Goethes heftige Abwehr provoziert. Die Illuminaten pflegen eine sonst in Deutschland nicht rezipierte radikale Tradition der französischen Aufklärungsphilosophie, die Schriften von Helvétius und d'Holbach (vgl. dazu R. van Dülmen, *Der Geheimbund der Illuminaten [. . .].* Stuttgart 1975, 26 und 135).

167 Goethes Tendenz, das Prinzip der Trennung von Kunst und Lebens-

*Teil*bereich des Lebens. Die These H. Freiers, der der idealistischen Ästhetik zuschreibt, »sie habe die Autonomie der Kunst [. . .] als Entfremdungsphänomen konzipiert«, erfährt durch das Goethe-Zitat eine gewisse Unterstützung[168]. Denn in der Tat verzichtet Goethe darauf, in der Kunst die getrennten Bereiche zur Einheit zu bringen. Der Ort der Synthese ist vielmehr die subjektive Innerlichkeit des Künstlers[169]. Die Synthese der getrennten Lebensbereiche ereignet sich in einem fast mystischen Raum, im Arkanbereich schöpferischer Individualität. Damit bleibt sie jedoch rationaler Erfassung weitgehend entzogen. In dem Knebelbrief ist das Geheimnis der künstlerischen Subjektivität nicht nur wiederholt behauptet (»bleib ich

praxis in konkreten Lebenssituationen anzuwenden, ist bezeugt. Wenn die Voraussetzung des Kunstgenusses die »freie Phantasie« ist, so zieht Goethe aus dem Kantischen Postulat die praktische Konsequenz, daß man der gesellschaftlichen und politischen Wirklichkeit keinen Einfluß auf die geselligen und künstlerischen Aktivitäten einräumen dürfe. So fordert er im Kriegsjahr 1806, im Salon der Johanna von Schopenhauer, in dem er fast täglich verkehrt und dessen gesellige Formen er bestimmt, immer wieder dazu auf, »den Krieg von sich abzuhalten«. Er will darüber hinaus eine gerade von den politischen Ereignissen abstrahierende Rezeption von *Wallensteins Lager* – zweifellos gegen Schillers Intention – durchsetzen (vgl. dazu *Damals in Weimar. Erinnerungen und Briefe von und an Johanna Schopenhauer*, hrsg. v. H. H. Houben. Leipzig 1924, 34).

168 H. Freier, *Ästhetik und Autonomie. Ein Beitrag zur idealistischen Entfremdungskritik*, in: *Deutsches Bürgertum und literarische Intelligenz 1750-1800* (Literaturwissenschaft und Sozialwissenschaften, 3). Stuttgart 1974, 338. Freier geht von einer Stelle aus Hegels *Differenzschrift* aus: »Je weiter die Bildung gedeiht, je mannigfaltiger die Entwicklung der Äußerungen des Lebens wird, in welche die Entzweiung sich verschlingen kann, desto größer wird die Macht der Entzweiung, desto fester ihre klimatische Heiligkeit desto fremder dem Ganzen der Bildung und bedeutungsloser die Bestrebungen des Lebens, sich zur Harmonie wiederzugebären« (ebd., 336).

169 Damit redet Goethe einem wichtigen Bestandteil bürgerlicher Ideologie das Wort: derselbe Mensch, der als Berufstätiger ein entfremdetes Dasein führt, soll in der Freizeit doch als »Persönlichkeit« ganz sein können.

mir geheimnisvoll selbst getreu«, »knüpfe in [. . .] einem verborgenen Knoten zusammen«), sondern es wird auch noch gegen die Zudringlichkeit der Nichteingeweihten abgeschirmt (»Sapienti sat«). Explizit macht der Brief auch die Tatsache, daß die Synthese, die in der Innerlichkeit der Künstlerpersönlichkeit gelingt, im Werk nicht zur Darstellung kommt. Es erfolgen nur kryptische Verweisungen auf das Bedeutungsvolle der künstlerischen Produktion – bedeutungsvoll gerade in dem Maße, wie es sich inhaltlicher Deutung entzieht. Diese Kunstauffassung führt konsequent zu einer Verlagerung des Rezeptionsinteresses: Wenn der *Sinn* nicht mehr im Werk aufgesucht werden kann, muß man sich dem Studium der Person des Autors und seines Lebens zuwenden. Es kommt zu jener Auratisierung der Künstlerpersönlichkeit, zu jener hypostasierten Einheit von Leben und Werk des Künstlers, für die Goethes Winckelmann-Aufsatz uns ein Beispiel gewesen ist[170].

Der Gegensatz zweier Rezeptionshaltungen kommt exemplarisch in dem Reisebericht des Engländers H. C. Robinson zum Ausdruck:

> Ich hatte gegen Seume [sc. seinen damaligen Reisebegleiter] geäußert, daß ich mit Wieland zu *sprechen,* Goethe aber nur *anzuschauen* wünschte – und dieser Wunsch ging buchstäblich in Erfüllung. Mein Begriff von seiner Größe war ein so großer, daß ich glaube, hätte sich auch die Gelegenheit dargeboten, ich würde doch unfähig gewesen sein, in eine Unterhaltung mit ihm einzugehen; aber, wie es sich gerade fügte, so war es mir gestattet, ihn nur stillschweigend anstaunen zu dürfen[171].

170 Vgl. dazu auch die Arbeit von Th. Neumann, *Der Künstler in der bürgerlichen Gesellschaft. Entwurf einer Kunstsoziologie am Beispiel der Künstlerästhetik Friedrich Schillers* (Soz. Gegenwartsfragen, N. F., 27). Stuttgart 1969, passim. Neumann fragt nach den durch das Aufkommen des literarischen Markts und das Auftreten des »freien« Schriftstellers hervorgerufenen historischen Veränderungen, »nach dem Zusammenhang der problematischen künstlerischen Subjektivität mit der autonomen Kunst« (1).

171 H. C. Robinson, *Ein Engländer über deutsches Geistesleben im ersten Drittel dieses Jahrhunderts,* hrsg. v. K. Eitner. Weimar 1871, 194.

Interessant ist die unterschiedliche Behandlung der Schriftstellerpersönlichkeiten. Hier konkurrieren in der Darstellung des einen Zeitgenossen zwei Literaturbegriffe miteinander: Robinson wünscht mit Wieland über dessen Arbeiten zu diskutieren, während er Goethe gegenüber in die Haltung des kontemplativen Verehrers einer bedeutenden Persönlichkeit versinkt. Die Bemerkung des reisenden Engländers gibt die deutschen Literaturverhältnisse um die Wende zum 19. Jahrhundert ziemlich exakt wieder. Wieland gilt als der große Schriftsteller der Aufklärung, dessen Schriften zur gesellschaftlichen Wirklichkeit in einem leicht zu durchschauenden Bezug stehen. Wieland ist von den Autoren der Epoche der einzige, der sich einer gewissen Popularität erfreuen kann[172]. In den Werken des klassischen Goethe tritt die Kunst als das ganz andere in einen schroffen Gegensatz zur bürgerlichen Alltagswelt. Diskussion und Kontemplation sind die beiden Rezeptionshaltungen, die den verschiedenen, durch die Pole Wieland und Goethe repräsentierten Institutionalisierungen der Literatur entsprechen.
Einen noch nicht durch die Auratisierung der Künstlerpersönlichkeit geprägten Typus der Rezeption vertreten die Jenaer Freien Männer. In diesem seit 1794 in Jena sich zusammenschließenden Freundschaftsbund von Schülern Fichtes wird

172 Wielands *Teutscher Merkur* und seine Romane, wiewohl diese letzteren natürlich nicht die Ausleihhäufigkeit der zeitgenössischen Trivialromane erreichen, gehören doch zu den Standardwerken der Lesegesellschaften um die Wende zum 19. Jahrhundert. Wieland kommt dem Bedürfnis der zeitgenössischen Leser nach Aufklärung über Fragen der Moral, Politik und Gesellschaft nach, so daß wir in ihm wie in keinem anderen Schriftsteller der Epoche die »ursprüngliche Einheit von Literatur und bürgerlichem Leben fassen« (vgl. dazu M. Prüsener, *Lesegesellschaften im 18. Jahrhundert [. . .]*, in: Archiv f. Gesch. d. Buchwesens 13 [1972], 528; vgl. auch ebd., 461, 465 ff.). – In der Gegenwart hat sich das Verhältnis eher umgekehrt: Wieland ist aus dem öffentlichen Bewußtsein wie aus dem etablierten Kanon der Bildungsinstitutionen so gut wie verschwunden, während Goethe und Schiller die Literatur der deutschen Klassik repräsentieren.

deutlich, daß die Literaturrezeption der Epoche noch zum Teil bestimmt ist durch das lebenspraktische Interesse, das sich auf die Gehalte der Einzelwerke richtet. Den Jenaer Freunden geht es um die Ausbildung der eigenen Persönlichkeit und um eine gesellschaftliche Praxis, die sich als Verwirklichung der zeitgenössischen Humanitätsphilosophie versteht. Unter den Freunden finden sich kaum Schriftsteller von Rang, aber Lehrer, Ärzte und Juristen, die alle das mit ihrem Beruf sich verbindende soziale Engagement ernst nehmen. Im Protokoll der Freien Männer, wie die Freunde, wohl in Abgrenzung gegenüber den Freimaurerlogen sich nennen, ist festgehalten, was sie, neben eigenen Vorträgen über praktische Philosophie, an zeitgenössischer Literatur rezipieren: Goethes *Iphigenie, Tasso, Wilhelm Meister*, Herders Humanitätsbriefe, Lessings *Nathan*, Schillers philosophische Gedichte[173]. Wirken, wirksam sein – das sind die Leitbegriffe der Freunde, dieselben, die sich auch, wie wir noch sehen werden[174], im Briefwechsel der Rahel Varnhagen finden und in den Briefen von Goethe selbst. Die von den Freunden getroffene Auswahl aus der literarischen Produktion der Epoche läßt deutlich deren Kriterien erkennen: Die Freien Männer trennen nicht zwischen philosophischer und im engeren Sinn ästhetischer Literatur; woran sie einzig interessiert scheinen, ist die praktische Funktion der Literatur. Was sie von der Literatur erwarten, ist zwar nicht, daß diese ihnen unmittelbar praktische Handlungsanweisungen gibt, wohl aber, daß sie eine Gestimmtheit in ihnen erzeugt, die ihrem humanitären Enthusiasmus förderlich ist. Aus der Identifikation mit moralisch vorbildlichen (fiktiven) Figuren bzw. philosophischen Entwürfen wollen die Freunde Impulse gewinnen für die Verwirklichung ihres Ideals vom tätigen Leben.

Fichte selbst skizziert in seinen Vorlesungen von 1804/05 eine

173 Vgl. dazu P. Raabe, *Das Protokollbuch der Gesellschaft der freien Männer in Jena 1794-1799*, in: *Festgabe für Eduard Berend*, hrsg. v. H. W. Seiffert/B. Zeller. Weimar 1959, 336-383.

174 Vgl. dazu unten, S. 96 f.

Kritik der von ihm beobachteten Veränderung der Rezeptionsgewohnheiten, die er auf die massenweise Verbreitung literarischer Produkte zurückführt. Mit dem Begriff des »reinen Lesers« kritisiert er den affirmativen Charakter einer passiven Lesekultur und fordert die Rückkehr zur mündlichen Kommunikation, um eine authentische Rezeptionshaltung wiederzugewinnen, wobei authentisch für Fichte gleichbedeutend ist mit praxisbezogen[175]. Die Vereinigung der Jenaer Freunde ist nichts anderes als der Versuch, aus den theoretischen Reflexionen des Lehrers praktische Konsequenzen zu ziehen. Man wird sagen dürfen, daß Fichte und mit ihm seine Schüler an einem bürgerlich-aufklärerischen Literaturbegriff festhalten.

Der Versuch der Jenaer Freunde, das Humanitätsideal der Epoche ins Praktische zu wenden und so eine eigenständige Synthese von bürgerlich-aufklärerischer Literaturauffassung und Weimarer Humanitätsbegriff zu erarbeiten, scheitert schließlich, weil reale Möglichkeiten praktischen Wirkens angesichts der gesellschaftlichen Verhältnisse der Epoche sich nur in beschränktem Maße ergeben. So ist es denn auch nicht erstaunlich, daß dieser Rezeptionstypus, soviel ich sehe, keine Nachfolge gefunden hat. Anders verhält es sich mit einer Rezeptionsweise, bei der der praktische Anspruch ganz auf die Persönlichkeit des Rezipienten zurückgenommen ist.

Die Reduktion der gesellschaftlichen Wirkung Goethes auf die moralische Vorbildhaftigkeit der realen Gestalt ist schon für die frühe Weimarer Zeit zu belegen. Die Schriftstellerin Friederike Brun nennt Goethe »eins der seltensten Exemplare der Menschheit«. »Denken Sie auf mein Wort gut von Goethen, *dem Menschen*«, ruft sie in einem ihrer Briefe aus, nach einem Besuch in Weimar[176]. In moralphilosophischen Fragen beruft

175 Vgl. dazu Fichte, *Die Grundzüge des gegenwärtigen Zeitalters. Vorlesungen 1804/05*, in: ders., *Werke. Auswahl in sechs Bänden*, hrsg. v. F. Medicus. Leipzig 1911, Bd. IV (Philos. Bibl., 130), 484 ff.

176 Friederike Brun an Ch. H. Pfaff, 26. Juli 1795, zit. nach H. Amelung (Hrsg.), *Goethe als Persönlichkeit*, Bd. I, 330.

man sich bereits damals auf Sentenzen und Anschauungen des *Menschen* Goethe. So verweist Knebel seine Schwester, die das Problem der Bestimmung des Menschen mit ihm erörtern will, auf Goethe:

Daß wir nicht überall ganz glücklich sind, Du Liebe, Das ist nicht zu vermeiden. Erlaube mir, daß ich in Dem, was ich Dir sagen will, mir Goethens Weisheit etwas zu Hilfe rufe! Er hat sie mir zwar weniger gesagt als angedeutet, aber ich verstehe ganz, daß es seine rechte Meinung sei, und sie wird sich auch Dir als eine richtige und wahrheitsvolle schon jetzt andeuten und stets mehr aufklären[177].

Das Zitat vermag deutlich zu machen, wie von den Zeitgenossen Goethe als auratische Dichterpersönlichkeit zugleich erfahren und aufgebaut wird. Interessant ist es auch unter einem anderen Aspekt: Die Weisheit, in deren Besitz Goethe sein soll, ist nicht allen unmittelbar zugänglich, der Hüter der Weisheit teilt sein Wissen nicht jedem mit, er will »verstanden« sein. Seine Weisheit ist ein Arkanum, das sich nur dem Auserwählten, und auch ihm nur stufenweise erschließt. (Von hier bezieht die traditionelle Germanistik ihre Legitimation zur Interpretation. Die Praxis der Werkexegese ist Teil einer Institutionalisierung von Literatur, die diese als geheimnisvolle Emanation einer auratischen Künstlerexistenz begreift.)

In der Tat verstehen die zeitgenössischen Goetheverehrer das Werk als eine rationaler Erfassung entzogene Hervorbringung, so z. B. C. G. Carus: »Das Geheimnis, welches im Verhältnis Göthe's zu seinen Werken sich verbirgt; es heißt: die *organische Notwendigkeit ihrer Hervorbringung*«[178]. Der Auratisierung der Werke entspricht der Rezipient durch eine Haltung, die ihn für den Augenblick der Rezeption aus den alltäglichen Beziehungen absondert. Die Inszenierung, die der Herstellung einer angemessenen Stimmung dienen soll, schildert Schiller in einem Brief an Humboldt: »Wenn Sie diesen Brief erhalten, liebster

177 Knebel an seine Schwester Henriette, 28. Nov. 1784, in: W. Bode (Hrsg.), *Goethe in vertraulichen Briefen seiner Zeitgenossen,* 323.

178 C. G. Carus, *Goethe. Zu dessen näherem Verständnis.* Leipzig 1843, 160.

Freund, so entfernen Sie alles, was profan ist, und lesen in geweihter Stille dieses Gedicht. Haben Sie es gelesen, so schließen Sie sich mit der Li [sc. Karoline von Humboldt] ein und lesen es ihr vor«[179].

Der kontemplative Zug dieser historisch neuen Rezeptionshaltung gilt jedoch vornehmlich der Person des Autors. Und es gibt bereits am Ende des 18. Jahrhunderts einen oft peinlich anmutenden Goethe-Kult[180], der sich in der passiven Verehrung eines zum »Lehrer der Lebensweisheit« hochstilisierten Schriftstellers erschöpft[181]. Goethe selbst muß diesen Kult mit seiner Person zumindest geduldet, wenn nicht gefördert haben, anders läßt sich nicht die Tatsache erklären, daß eine Dame der Weimarer Gesellschaft einen Bericht für ihn schreibt über ihre Begegnung mit Lili Schönemann, Goethes Verlobter aus der Frankfurter Zeit. In dem Bericht wird der Versuch unternommen, jene veredelnde Wirkung der *Persönlichkeit* Goethes bereits in dem jungen Autor zu entdecken. Lili erscheint in dem Bericht als Verkörperung der *Iphigenie*, wobei das in ihrer Gestalt zur Anschauung gebrachte »Ideal edelster Weiblichkeit« als Resultat eines von Goethe initiierten Prozesses sittlicher Vollendung dargestellt wird. Von Lili selbst wird erzählt, daß sie Goethe als den »Schöpfer ihrer moralischen Existenz«, dem sie ihre »geistige Ausbildung [verdankt]«, verehrt. »Sie müsse sich daher als sein Geschöpf betrachten und bis zum letzten Hauch ihres Lebens mit religiöser Verehrung an seinem Bilde hangen«[182].

179 Schiller an W. von Humboldt, 9. Aug. 1795, in: *Ausgewählte Briefe*, hrsg. v. E. Kühnemann, 95.

180 Der Goethe-Kult gehört zu dem Syndrom dessen, was G. von Graevenitz als »bürgerliche Repräsentation«, die ihm als »ein Charakteristikum gerade literarischer Öffentlichkeit« in Deutschland gilt, beschreibt (*Innerlichkeit und Öffentlichkeit. Aspekte deutscher ›bürgerlicher‹ Literatur im frühen 18. Jahrhundert*, in: Deutsche Vierteljahrsschrift, Sonderheft *18. Jahrhundert* 49 [1975], 79 f.).

181 Vgl. zu dem Begriff W. Bode (Hrsg.), *Goethe in vertraulichen Briefen seiner Zeitgenossen*, 323.

182 Zit. nach H. Amelung (Hrsg.), *Goethe als Persönlichkeit*, Bd. I, 133.

Die dem Goethe-Kult inhärenten elitären Momente werden manifest in der Antwort einer Gruppe von Jenaer Studenten auf eine Goethe-Huldigung A. W. Schlegels. Goethe-Verehrung wird von den Studenten gleichgesetzt mit Bildung überhaupt. Die Partizipation am Goethe-Kult funktioniert als Selektionskriterium[183].

Der Kult, der mit der Person Goethes getrieben wird, findet jedoch schon früh auch Kritiker. Was diese zeitgenössischen Kritiker daran abstößt, ist einmal das Moment der Inszenierung, die Selbststilisierung Goethes zum Weisheitslehrer, zum andern die dadurch provozierte Rezeptionshaltung, die gleichberechtigte Diskussionspartner auf die Rolle passiv Aufnehmender reduziert. Kritisiert wird also bereits die bis in unsere Gegenwart hineinreichende Rezeptionsweise, die in dem Maße, wie aus den Einzelwerken im Verlauf der Entwicklung der Institution Kunst in der bürgerlichen Gesellschaft der gesellschaftliche Gehalt sich verflüchtigt, diese mit der Aura quasi religiöser Verehrung umgibt, eine Rezeptionshaltung, für die gerade die Gesellschaftsferne des Kunstwerks, seine Herausgehobenheit aus der Lebenspraxis, zum Inhalt wird. Die folgende Schilderung eines zeitgenössischen Beobachters erinnert daher nicht zufällig an die Praxis des George-Kreises am Ende des 19. Jahrhunderts:

183 Vgl. dazu folgendes Gedicht der Studenten: »Die Goethen nicht erkennen, sind nur Gothen./ Sind jene Wesen Menschen wol zu nennen,/ Die ihn, den Götterboten, nicht erkennen?/ Nein! Ihnen sei der Name Mensch verboten!/ Sie athmen! Doch ich werf sie zu den Todten;/ Denn ohne Leben, Geist und Seele rennen/ Sie durch die Welt, als ob sie darauf sännen,/ Hochsinn zu bannen – niedrige Zeloten!/ Erstirbt des Herzens Glut, was ist dann Leben!/ Was kann in uns den Geist so hoch erheben,/ Daß dem Alltäglichen wir uns entheben/ Und mächt'gen Schwungs zur Gottheit schweben? –/ So brünstig, Goethe, wie den Baum die Reben,/ Muß jedes Herz Dich zu umschließen streben« (zit. nach: H. Schmidt, *Erinnerungen eines weimarischen Veteranen aus dem geselligen, literarischen und Theater-Leben.* Leipzig 1856, 47).

Empfangszimmer im Hause Goethe

Ich fand eine sehr zahlreiche Versammlung von fast allen Professoren und einigen Studenten [sc. von Jena] beisammen. Im Prunkzimmer stand Goethe mit ernster, stolzer Miene, vor dem Spiegeltische, auf beiden Seiten von Kerzen und vorn vom Kronleuchter beleuchtet, prunkend da, und um ihn eine Halbrunde von mehreren Reihen ehrfurchtsvoll Lauschender[184].

Einige wesentliche Momente, die, wie G. Mattenklott gezeigt hat, für die Konstitution des George-Kults bestimmend sind, finden sich bereits in dem zitierten Bericht über das »Schauspiel« einer Abendgesellschaft mit Goethe: die auratische Herausstellung der Dichterfigur, die Einheit von Person und Werk. »George [suggeriert] eine Einheit von Mann und Werk durch die zur Schau getragene Muße des feudalen Dichterfürsten,

184 Die Fortsetzung dieses vom 15. Sept. 1796 datierten Berichts lautet: »Bei dem Gefühl, mit dem ich soeben die Xenien gelesen, widerte mich dieses Schauspiel an« (*Garlieb Merkel über Deutschland zur Schiller-Goethe-Zeit [1797-1806]*, hrsg. v. J. Eckardt. Berlin 1887; zit. nach H. Amelung [Hrsg.], *Goethe als Persönlichkeit*, Bd. I, 332 f.).

Goethe mit den Attributen der Bühne

durch die äußere Unabhängigkeit des Mannes von Arbeit und Lohn, die innere geistige Autonomie des Werks; man weiß da gar nicht, was kostbarer ist: der Produzent oder das Produkt«[185]. Selbst das Moment des »Feudalen« würde man in der

185 G. Mattenklott, *Bilderdienst. Ästhetische Opposition bei Beardsley und George*. München 1970, 192.

Goetheschen Selbstinszenierung nachweisen können; man vergegenwärtige sich nur die kaum mehr großbürgerlich zu nennende Ausstattung seines Hauses am Frauenplan[186] oder die Art, wie er sich als Schauspieldirektor feiern läßt[187]. Der repräsentative Lebensstil im Hause Goethes weckt bei den Zeitgenossen explizit »feudale« Konnotationen. Mit einiger Verwunderung konstatiert z. B. Henrik Steffens, wie ein Vorfall, der sich während eines von Goethe gegebenen Diners ereignet und dessen Zeuge er geworden ist, zum Gegenstand des öffentlichen Interesses in Weimar wird. Goethe hatte auf einen lyrischen Vortrag des Romantikers Zacharias Werner mit Verärgerung reagiert, und das Stadtgespräch umgibt diesen nun mit der Tragik eines in die Verbannung geschickten Höflings:

Ein bedeutendes und gefahrdrohendes politisches Ereignis konnte keine größere Aufregung hervorrufen. Ich glaubte mich an den Hof Ludwigs des Vierzehnten versetzt, Goethes Haus erschien mir als der Palast eines mächtigen Königs, dessen zornige Äußerung, von den bedeutendsten Folgen, die ganze Umgebung besorgt machte und in heftige Bewegung versetzte. Auch Werner, der unglückliche Gegenstand der großen Ungnade,

186 Auch die Kritik an Goethes repräsentativem Lebensstil ist vielfältig bezeugt: Gleim bezeichnet Goethe als »kalt« und »hofmännisch« (in: *Von und an Herder. Ungedruckte Briefe aus Herders Nachlaß*, hrsg. v. F. G. von Herder. Leipzig 1861, Bd. I, 100), andere Dokumente in: W. Hoyer, *Goethes Leben dokumentarisch*. Leipzig 1960, z. B. Bd. II, 167, 224, 400 f., 406.

187 Vgl. z. B. den Bericht von Christiane Vulpius: »Wir [sc. Goethe und Christiane] waren auf dem Balkon in einer sehr schönen Loge, und wie das Vorspiel zu Ende war, so ruften die Studenten: Es lebe der größte Meister der Kunst, Goethe! Er hatte sich ganz hinten hin gesetzt; aber er stand auf, und er mußte vor und sich bedanken. – Nach der Komödie [sc. im Theater in Lauchstädt] war Illumination und dem Geheimen Rat sein Bild illuminiert und sein Name brennt [sc. als Transparent], und wir speisten mit im Salon, wo auch alles illuminiert war und der ganze Saal mit Blumen-Girlanden geschmückt« (zit. nach W. Hoyer, *Goethes Leben dokumentarisch*, Bd. II, 213).

erschien, und man zeigte ihm die größte, wenngleich mit einiger Scheu und Furcht verbundene Teilnahme[188].

Der Goethe gegenüber wohlwollende Bericht von Steffens gibt überdies einen Hinweis auf das Verhalten Goethes, der sorgfältig an der Inszenierung der eigenen Persönlichkeit arbeitet und die Berichterstattung der Presse über die Vorgänge in seinem Hause zu kontrollieren versucht[189].

Der Kult, den Rahel Varnhagen von Ense mit der Gestalt Goethes treibt, geht weit über das Maß an Verehrung hinaus, das ein Literaturkenner und -liebhaber einem zeitgenössischen Künstler entgegenbringen kann. Er reicht hinein bis in die Organisationsformen ihres Alltags und ihre Wahrnehmungs- und Empfindungsfähigkeiten. Leben und Werk Goethes erlebt Rahel als Einheit. Die Wirkungsmächtigkeit der realen Gestalt Goethes überlagert für sie jedoch die Aussage seines Werkes derart, daß sie die Auseinandersetzung mit dem Gehalt einzelner Werke weniger interessiert als die intuitive Erfassung der als Totalität erlebten historischen Gestalt.

Goethe ist für Rahel »das Ideale durch wirkliche Mittel dargestellt; das Leben selbst«[190]. Was die Romantikerin hier anspricht, gehört zum Syndrom der Auratisierung von Autor und Werk, nämlich die Hypostasierung der Künstlerexistenz zum Kunstwerk: »Dieser Dichter ist zugleich selbst als Mensch ein vieldeutiges, tiefsinniges und vollendetes Kunstwerk geworden«, heißt es bei Tieck[191]. Und Carus versteht Goethes Werke

188 H. Steffens, *Lebenserinnerungen aus dem Kreis der Romantik*, hrsg. v. F. Gundelfinger. Jena 1908, 302.

189 Goethes Sekretär bittet Steffens, über die Szene mit Zacharias Werner, die die Aura der Gelassenheit, mit der Goethe sich zu umgeben liebte, hätte zerstören können, Stillschweigen zu bewahren und vor allem sie nicht zum »Gegenstand der Tagesblätter« zu machen (vgl. besonders ebd., 301).

190 Rahel an K. A. Varnhagen von Ense, 30. Okt. 1808, in: *Briefwechsel zwischen Varnhagen und Rahel.* 6 Bde, Leipzig 1874/75. Bd. I, 88.

191 Tieck, *Goethe und seine Zeit,* zit. nach K. R. Mandelkow (Hrsg.), *Goethe im Urteil seiner Kritiker,* Bd. I, 414. Vgl. noch K. A. Varnhagen von

als »zum Vollständigen anstrebende Widerspiegelung seines gesamten Wesens«[192].
Rahel selbst bezeichnet ihr Verhältnis zu Goethe als eine »chronische Krankheit«[193]. Und in der Tat reagiert sie nahezu hysterisch, als sie Goethe zum erstenmal begegnet[194]. Diese Selbstkritik verweist auf das uns heute, von den Folgen her als historisch unangemessen durchschaubare irrationale Moment des Goethe-Kults. In der Weimarer Kunstauffassung hat jedoch Rahels Rezeptionshaltung durchaus eine Entsprechung. Die Zeitgenossen haben daher zu Recht in Rahels Verhältnis zu Goethe, in dem von ihr gelebten Goethe-Kult eine historisch mögliche, wo nicht vorbildliche Reaktionsform auf das Phänomen Goethe gesehen.

Was nun keine Darstellung [sc. in eigener literarischer Produktion] finden konnte, *personifizierte* sie auf wahrhaft weibliche Weise in zwei männlichen Gestalten, und sie trug alles, was die innern Lebensansichten betraf, auf Goethe, alles, was das höhere Wissen berührte, auf Fichte über. Ihre unbedingte Verehrung dieser Heroen der Zeit entsprang nicht etwa aus einem objektiven Studium ihrer Bedeutung in der Zeit, *sie schloß sich und ihr ganzes Leben an diese Personen an*; sie erkannte sich in ihnen, wie die treue Frau sich in dem Gatten erkennt[195].

Es wäre daher zu einfach, wollten wir – heute – die Goethe-Verehrung Rahels, die sie einmal in einem Brief in der Formel

Ense, der Goethes »Leben, Studieren und Dichten als ein Ineinanderfließendes« begreift (*Rezension über den »Briefwechsel zwischen Schiller und Goethe in den Jahren 1794 bis 1805 [. . .]«*, zit. nach K. R. Mandelkow, *Goethe im Urteil seiner Kritiker*, Bd. I, 440.

192 C. G. Carus, *Goethe*, 162 f.

193 Rahel an Varnhagen, 8. Sept. 1815, Bd. IV, 325.

194 Goethe fährt im Wagen an Rahel vorüber, sie erkennt ihn, schreit, läuft hinter seinem Wagen her, ist »so roth wie Scharlach, und auch blaß«, »Kniee und Glieder [zitterten] mir mehr als eine halbe Stunde. Und laut, und wie rasend, dankte ich Gott in seine Abendsonne laut hinein [. . .] Meine lieben Augen *sahen* ihn: ich *liebe* sie« (Rahel an Varnhagen, 20. Aug. 1815, Bd. IV, 266 f.).

195 H. Steffens, *Lebenserinnerungen aus dem Kreis der Romantik*, 373 f.

zusammengefaßt hat »Es lebe Goethe *ewig!* und bei *aller* Gelegenheit«[196], mit dem Argument abtun, es handle sich um jenes verlogene Pathos, das sich bis heute in den gestanzten Sätzen der Festredner erhalten hat.

Goethe bedeutet für Rahel und ihren Kreis so etwas wie der Stifter einer »höheren Lebensführung«, einer säkularisierten Religion der Humanität. »Wahr sein, und mild werden«, »Nachsicht und Wohlwollen gegen einander auszuüben und gegenseitig unserem Gemüth und unserer Person in der unbedingtesten Freiheit willfahren zu lassen«[197], »Priester zu sein dem Schönen und Menschlichen«[198], »gut sein«[199] – das sind die Leitwerte einer Humanitätsreligion, die nach dem Prinzip der *imitatio* funktioniert: »Hülfreich, edel und gut! Wie's Goethe gebeut«[200]. Auch die Beziehungen der Anhänger des Goethe-Kults bestimmen sich nach dem Verhältnis von Lehrer und Schülern. So betrachtet Varnhagen sich als »Reichsverweser Deiner [sc. Rahels] Gesinnungen«[201]. An dem von Goethe bzw. Rahel gesetzten Ideal der Humanität wird die Qualität zwischenmenschlichen Handelns und subjektiver Empfindungen gemessen: »Wie entzückt [. . .] diese Bewunderung von Goethen, was Du über ihn sagst, mein Herz; es ist mir der höchste Bürge, der größte Beweis, daß Du mich liebst. O! man kann nicht lieben, ohne Goethe zu lieben«[202]. Für die Anhänger des Goethe-Kults ist Goethe Freund, Meister, Bürge, weil er artikulieren kann, was Rahel nur vage empfindet, und weil er die unzusammenhängende, sinnlos scheinende Abfolge der ein Menschenleben ausmachenden Ereignisse in sinnhafte Form

196 Rahel an Varnhagen, 13. 12. 1813; Bd. III, 239.
197 Rahel an Varnhagen, 20. 6. 1808; Bd. I, 9 f.
198 Varnhagen an Rahel, 20. 11. 1808; Bd. I, 132.
199 Rahel an Varnhagen, 3. 9. 1813; Bd. III, 157.
200 Rahel an Varnhagen, 8. 3. 1812; Bd. II, 266.
201 Varnhagen an Rahel, 18. 5. 1813; Bd. III, 80.
202 Rahel an Varnhagen, 30. Okt. 1808, Bd. I, 88; vgl. auch Varnhagen an Rahel, 18. Mai 1808, Bd. I, 80.

zusammenfügen kann, d. h. weil er deutend einzugreifen versteht in die Fülle des Daseins[203].
Leitbegriffe wie hell, klar, kräftig kehren in den Briefen Rahels häufig wieder[204], sie sind zu verstehen als moralische Kategorien. Für die »Weihegenossen« und »Weihesuchenden« hat die Existenz Goethes – »unabhängig von dem Inhalte«, den die Erschließung der einzelnen Werke zutage fördern könnte – die Bedeutung einer zur Nachahmung herausfordernden ethischen Leistung. Insofern sie auf ein »Ganzes der Literatur und des Lebens« verweist, ist diese Existenz eine »reiche, tiefgehende, erhebende und anmutige Unterweisung und Beispielkräftigung«[205]. Mit Folgerichtigkeit stellen denn auch Rahel und Varnhagen Schriften heraus, die mehr für die Erfassung des Lebens als der künstlerischen Verfahrensweisen ihrer Autoren von Bedeutung sind, z. B. den Briefwechsel zwischen Schiller und Goethe: »Diese Blätter [sc. der Briefwechsel zwischen Schiller und Goethe] demnach sind schon von Anfang Bruchstücke, welche jedoch die Kraft haben, auf ein Ganzes, dem sie gehören, den Leser zurückzuführen, und ihm die Aufgabe, das Verdienst und die Belohnung stellen, die schöne, belebte Gestalt dieses Ganzen nach der Wahrheit aufzufassen«[206] – und das heißt auf die organische Einheit von Leben und Werk Goethes zu beziehen.
Die hier angesprochene Rezeptionsweise enthüllt ihren elitären Charakter, wenn Varnhagen darauf insistiert, daß das Verfahren, wonach der Rezipient aus sich heraus mit Hilfe der ihm jeweils zum Anstoß dienenden »Bruchstücke« die Bedeutungstotalität der künstlerischen Erscheinung herstellen muß, »nur

203 Vgl. Rahel an Varnhagen, 22. Juli 1808, Bd. I, 17.
204 Vgl. z. B. Rahel an Varnhagen, 22. Juli 1808, Bd. I, 17; vgl. auch Varnhagen an Rahel, 13. Sept. 1814, Bd. IV, 66.
205 K. A. Varnhagen von Ense, *Rezension über den »Briefwechsel zwischen Schiller und Goethe«*, zit. nach K. R. Mandelkow (Hrsg.), *Goethe im Urteil seiner Kritiker*, Bd. I, 435 und 436.
206 Ebd., 429.

auf würdige Leser rechnet«[207]. Ausdrücklich weist er ein Vorgehen zurück, das auf die rationale Erfassung des Werks sich richtet (Textanalyse, Rekonstruktion der Entstehungsbedingungen, Textkritik), um den Rezeptionsvorgang selbst in den Rang einer schöpferischen Tätigkeit zu erheben. Für beides, die Hypostasierung des Rezeptionsvorgangs zum quasi schöpferischen Akt und die elitäre Einstellung, die die Rezipienten nach ihrem intellektuellen Rang und dem Grad ihrer Ausbildung unterscheidet in eine Elite von Gebildeten und die vom Bildungsprozeß ausgeschlossene Masse, kann Varnhagen sich auf die Weimarer Klassiker selbst berufen. An den Anfang seiner Rezension über den Schiller-Goethe-Briefwechsel stellt er folgendes Schiller-Zitat: »Das Resultat eines solchen Buches muß immer die eigene, freie, nur nicht willkürliche Produktion des Lesers sein; es muß eine Art von Belohnung bleiben, die nur dem Würdigen zuteil wird, indem sie dem Unwürdigen sich entzieht«[208]. Hier zeigt sich, daß die Verschiebung des Rezeptionsinteresses vom Werk auf die Person des Autors und die damit verbundene kontemplative Rezeptionshaltung durchaus gesellschaftliche Implikationen hat. Sie hat nämlich die Funktion, die ursprüngliche Einheit der literarischen Öffentlichkeit, die auf der Wechselwirkung von Literatur und Gesellschaft beruhte, aufzusprengen und mittels der hier angedeuteten Selektionsverfahren eine Elite von Rezipienten besonderer Art herauszuheben.

Rahels subjektives Wertbewußtsein gründet in ihrem Goethe-Erlebnis, dessen historischer Dimension sie sich zu vergewissern sucht, indem sie Goethe mit historisch bedeutsamen Gestalten der Vergangenheit in Beziehung setzt: Wie Moses, Christus, Sokrates erlebt sie Goethe als Weisheitslehrer, dessen Aufgabe darin besteht, das »Volk umzubilden«, es vorzubereiten für die jeweils historisch notwendig gewordenen Revolutio-

207 Ebd.
208 Ebd.

nen institutioneller Normensysteme[209]. Rahels Lieblingsbuch ist daher der *Wilhelm Meister*:

> Mit einem Zauberschlag hat Goethe durch dies Buch die ganze Prosa unseres infamen kleinen Lebens festgehalten: und uns noch anständig genug vorgehalten. Daran hielten wir, als er uns schilderte; und an Theater mußte er, an Kunst, und auch an Schwindelei den Bürger verweisen, der sein Elend fühlte: und sich nicht wie Werther tödten wollte; den Adel wie er ist[210].

Man ist zunächst versucht, Rahels Interpretation als eine zu deuten, die das eigene bürgerliche Selbstbewußtsein in der Auseinandersetzung mit dem Kunstwerk zu befestigen sucht. In der Tat scheint Rahel das realistische Prinzip des Romans darin zu erkennen, daß Goethe den Adel, um ihn zu kritisieren, so darstellt, »wie er ist«; zur Darstellung des »Bürgers« jedoch bedarf er illusionärer Konstruktionen: Einzig die Flucht aus der bürgerlichen Welt in die Kunst erlaubt dem Bürger, sich als »Mensch« zu fühlen. Die Wirklichkeit des bürgerlichen Daseins lehnt Rahel, wie Goethe, ab, weil sie das Individuum in seinen Entfaltungsmöglichkeiten einschränkt und es auf einen Zustand reduziert, in dem es sein »Elend« gerade noch zu fühlen imstande ist. Aus der Eingeschränktheit der bürgerlichen Existenz zieht Rahel, wie Goethe, keine politischen Folgerungen. Zwar entwickelt sie einen Begriff der Gleichheit aller Menschen, als gegründet auf der Fähigkeit, sich zum moralischen Subjekt auszubilden, und sie will Rangunterschiede nur im Hinblick auf die humane Qualität des einzelnen, nicht als solche der Geburt anerkennen. Ihre Vorstellungen vom Wert eines Menschen bleiben jedoch letztlich gebunden an aristokratische Leitbegriffe, ebenso wie ihr Begriff des Menschen von ihrem mit einer gewissen Ausschließlichkeit vorgetragenen Elitebewußtsein geprägt ist. So will Rahel zu dem »kleinen Geschlechte der eigentlichen Fürsten, die es auch im Stande der Dienstbarkeit

209 Vgl. dazu Rahel an Varnhagen, 19. 7. 1815; Bd. IV, 215.
210 Rahel an Varnhagen, 20. 12. 1808; Bd. I, 216.

sind«, gezählt werden[211]. Wenn auch die nicht explizit gemachte Wert-Opposition »eigentlich – nicht eigentlich« suggeriert, daß Rahel menschliche Vollendung über soziale Unterschiede stellen will[212], so ist doch die Orientierung an adligen Wertvorstellungen hier ebensowenig zu übersehen wie das Elitebewußtsein, das sich in dem einschränkenden Adjektiv »klein« zu erkennen gibt. Indem sie den Besuch, den Goethe ihr macht, mit emphatischen und doch wohl enthüllenden Begriffen wie »Adelsdiplom«, »Ritterschlag« beschreibt[213], verrät Rahel, daß sie das Bewußtsein der eigenen Auserwähltheit aus der Begegnung mit dem *Menschen* Goethe herleitet, aus der hypostasierten und in der konkreten Erfahrung beglaubigten Einheit von Leben und Werk Goethes. In dem Gefühl, Mitglied einer am Begriff der Humanität, der harmonisch ausgebildeten Persönlichkeit orientierten Elite zu sein, erhält sie die durch Jahrzehnte aufrechterhaltene, immer neu imaginierte und beschriebene Vorstellung, mit dem Dasein Goethes insgeheim verbunden zu sein[214]. Die Intensität einer an der Person des Künstlers festgemachten Rezeptionsweise erhellt aus Rahels Reaktion auf Goethes Besuch: »Kein Olympier könnte mich mehr ehren, mir von meiner Ehre mehr bringen«[215]. In doppelter Weise scheint hier die Orientierung an adligen Wertvorstellungen durch, einmal im Begriff der Ehre, zum andern in dem Bedürfnis Rahels, das subjektive Gefühl des eigenen Wertes durch ein äußeres Zeichen bestätigt zu sehen. Ein solches Zeichen ist für sie die öffentliche Anerkennung durch Goethe.

211 Varnhagen an Rahel, 13. 7. 1815; Bd. IV, 166.

212 In der zweiten Hälfte des 18. Jahrhunderts hatten die von Rahel nur mehr metaphorisch verwendeten Begriffe zum Adel des Herzens noch durchaus politisch emanzipatorische Funktion, vgl. dazu J. Schulte-Sasse, *Literarische Struktur und historisch-sozialer Kontext. Zum Beispiel Lessings »Emilia Galotti«*, 22 ff.

213 Rahel an Varnhagen, 8. Sept. 1815, Bd. IV, 325 und 377.

214 Vgl. z. B. Rahel an Varnhagen, 20. Aug. 1815, Bd. IV, 266.

215 Rahel an Varnhagen, 8. Sept. 1815, Bd. IV., 327.

Man wird also feststellen können, daß im Prozeß der endgültigen Durchsetzung der bürgerlich-kapitalistischen Gesellschaft, der am Ende des 18. Jahrhunderts einsetzt, die bürgerlich-aufklärerische Institution Literatur zerfällt und eine neue entsteht, in der das lebenspraktische Interesse an Literatur, auf die Dimensionen subjektiver Identitätsbildung verengt, als Interesse an der Person des Autors fortlebt, während gleichzeitig die literarischen Werke als autonome aus allen lebenspraktischen Bezügen herausgelöst werden. Die Institution Literatur in der bürgerlichen Gesellschaft ist also nicht ausschließlich vom Funktionsmodus autonomer Werke her faßbar – wie dies z. B. Peter Bürger in seiner *Theorie der Avantgarde* noch tut –, man wird vielmehr von einem Nebeneinander von Autonomiestatus der Werke (der deren relative Folgenlosigkeit bedingt) und praktisch-folgenreicher (nämlich für die Sozialisation des bürgerlichen Individuums folgenreicher)[216] Rezeption einer unter dem Vorrang der Autorpersönlichkeit vorgenommenen auratisierten Leben-Werk-Einheit auszugehen haben.

Eine Analyse der Lebenserinnerungen des dänischen Naturforschers und romantischen Philosophen Henrik Steffens sieht sich mit einem Problem konfrontiert, das die Formulierung konkreter Ergebnisse zunächst zu erschweren scheint: Wir haben es mit einem Dokument zu tun, das bereits durch eine bestimmte Gattungstradition geprägt ist, so daß die Unterscheidung zwischen individuellem Beitrag und Festlegung durch die Tradition schwierig ist. Die Lebenserinnerungen von Steffens repräsentieren einen Fall fast mimetischer Aneignung eines Werks der Vergangenheit, gemeint ist Goethes *Dichtung und Wahrheit.* Das zeigt sich vor allem an der Art, wie Steffens frühe Leseerfahrungen darstellt; was für Goethe Klopstock war, ist für ihn Goethe. Man wird sagen dürfen, daß gerade dieser Typus der Aneignung Aufschluß gibt über das von uns untersuchte Phänomen der Goethe-Rezeption.

Von der Rezeption literarischer Werke erwartet Steffens eine

216 Vgl. dazu H. Sanders, *Institution Kunst und Theorie des Romans.*

Wirkung auf seine Lebenspraxis, mit anderen Worten, er bewahrt eine an der bürgerlich-aufklärerischen Institution Kunst orientierte Rezeptionshaltung. Hier wiederum ist der Grund zu suchen für die von ihm implizit vorgenommene Wertung der literarischen Produktion Goethes, dessen Frühwerk er über die Erzeugnisse der klassischen Periode stellt[217]. Goethes Jugendschriften wirken auf den jungen Steffens mit der Gewalt von Erweckungsschriften, sie ermöglichen ihm daher auch keine »objektive Beurteilung«, allenfalls vermag er den Eindruck, den sie auf ihn machen, festzuhalten[218].

Ein neuer Grundton meines ganzen Daseins war angeschlagen [sc. durch die Lektüre des *Faust*] und bebte leise, in gewaltigen Schwingungen in meinem Innern nach. Noch immer gibt es Stellen im Faust, die, wenn sie mir unwillkürlich entgegentreten, mich überwältigen und mich mit der Macht eines ganzen Lebens ergreifen. Es war die innerste, die erste, tiefste Erschütterung des jugendlichen Gemütes, die mannigfach variiert angeschlagen wurde und als ein geheimer Klagegesang eines schuldbewußten Daseins immer von neuem aus dem Innersten sich hören ließ. Daß aber Goethes Faust meiner ganzen religiösen Gesinnung eine Wendung gab, die von der bisherigen unschuldigen sehr verschieden war, ist leicht einzusehen[219].

Steffens beobachtet seine eignen Reaktionsformen; feststellend, daß die »Gefühle«, die sich bei der Lektüre von Goethes Frühwerk in ihm einstellen, *»alle Momente des Lebens* und des Denkens [berühren]«[220], sucht er nach einer historischen Erklärung für die identifikatorische Rezeptionsweise, die sich ihm spontan anbietet und die er als typisch für seine Generation (Steffens ist 1773 geboren) begreift.

217 Diese Einschätzung teilt Steffens mit Tieck; vgl. dazu *Goethe und seine Zeit*, in: K. R. Mandelkow (Hrsg.), *Goethe im Urteil seiner Kritiker*, Bd. I, 412.
218 Vgl. dazu H. Steffens, *Lebenserinnerungen aus dem Kreis der Romantik*, 59.
219 Ebd., 7.
220 Ebd., 24; Hervorhebung von mir.

Die Tatsache nun, daß seine eigene Rezeptionshaltung und damit zugleich die der jungen bürgerlichen Intellektuellen seiner Generation ihm zum Problem wird, das einer historisch-gesellschaftlichen Erklärung bedarf, zeigt, daß das Verhältnis von Kunst und Leben bereits als ein problematisches erfahren wird. Steffens sucht die Wirkung Goethes auf seine Epoche zu erklären aus der sozialpsychologischen Situation seiner Generation. Er erkennt in den Denk- und Verhaltensstrukturen seiner Zeitgenossen einen Widerspruch, den er »geschichtlich notwendig« nennt[221]. »Während dieser Zeit trat die Jugend in einer starken Opposition gegen die sozialen Verhältnisse hervor. Ein unklares Ideal schwebte dem Jünglinge als das innerste Wesen seines Daseins vor. Aber indem er es für unerreichbar erklärte, vernichtete er in der Tat sein eigenes Dasein, indem er es als ein nicht darzustellendes aufzufassen suchte«[222]. Diese zielverschobene Opposition zerfällt nach Steffens in zwei gleichermaßen praxisferne Richtungen, in »Cynismus und Sentimentalität«. Bezogen auf das Verhältnis zur bestehenden gesellschaftlichen Ordnung äußert sich diese Opposition in einer abstrakten »Sehnsucht nach einer inneren Übereinstimmung aller Lebensmomente«, sei es als utopischer Traum allgemeiner Glückseligkeit, sei es als politische Forderung nach institutionellen Veränderungen. Im Werk des jungen Goethe finden die auseinanderstrebenden Richtungen ihren epochalen Ausdruck. »Man kann behaupten, daß Goethe derjenige war, der diese getrennten Momente der Opposition vereinigte, indem er sie mit großer Genialität in ihren Extremen ausbildete, die sentimentale [sc. utopische] Richtung durch Werther, die trotzige [sc. Veränderungen der Institutionen fordernde] in Götz darstellte«[223]. Steffens entwirft hier eine Gesamtinterpretation des Sturm und Drang, den er als romantische Opposition deutet, d. h. als eine Opposition, die sich, ohne konkrete Zielvorstellungen zu ent-

221 Ebd., 73.
222 Ebd., 72.
223 Ebd., 74.

wickeln, gegen die Gesellschaft überhaupt richtet. Goethe erscheint dem Romantiker, dem das Verhältnis von Kunst und Leben problematisch geworden ist, als bereits historisch erkennbarer Typus des Schriftstellers, von dessen Werk eine unmittelbare gesellschaftliche Wirkung ausgeht. Allerdings mit einer Einschränkung: Nur dem Frühwerk Goethes erkennt Steffens eine reale gesellschaftliche Wirkung zu. *Faust, Götz, Werther, Egmont* – nur die frühen Werke Goethes also haben jene »große Macht, durch welche die Sprache eines ganzen Volkes umgeändert und verwandelt schien«[224], eine Wirkung mithin, die die Empfindungs- und Wahrnehmungsgewohnheiten einer ganzen Epoche verändern konnte.

Steffens erkennt die Abwendung Goethes vom bürgerlich-aufklärerischen Material als historisch bedeutsamen Bruch. Als er den »fortgesetzten Faust« kennen lernt, ergreift ihn »ein grenzenloser Schmerz«, »den ich auch später nie habe überwinden können«[225]. Diese Einschätzung der Entwicklung Goethes, die den Bruch in dessen literarischer Produktion als Abfall von der revolutionären Form des Frühwerks erlebt, verrät die extrem subjektivistische Begrifflichkeit des romantischen Schriftstellers, der das Gefühl des Schmerzes, das ihn »ergreift«, nicht im Kontext einer historisch-gesellschaftlichen Situation zu deuten imstande ist. Von da erklärt sich auch das mehrfach ausgesprochene Bedürfnis, das »geschichtlich Mächtige«[226] der Wirkung Goethes zu bewahren, dies geschieht jedoch nicht über die Reflexion auf den Funktionswandel der Kunst in der bürgerlichen Gesellschaft, sondern mittels der ideologischen Identifikation von Leben und Werk Goethes. Wieder verschiebt sich, wie wir das schon mehrfach beobachtet haben, das Rezeptionsinteresse vom Werk auf die Person des Autors. Wie Rahel beruft sich Steffens zur Legitimation der von ihm vorgenommenen Auratisierung der Person Goethes auf ein eigens konstruiertes ge-

224 Ebd., 294.
225 Ebd., 371.
226 Ebd., 303.

schichtliches Paradigma. Dieses enthält neben Goethes die Namen Voltaires und Friedrichs II.; sie alle haben auf ihre Zeitgenossen gewirkt mit der Totalität ihrer geistigen und physischen Erscheinung, haben bis in die Physiognomie hinein ihre Epoche geprägt: »Sie wurden Typen einer bestimmten Gegenwart, und zwar so entschieden, daß selbst ihre leibliche Gestalt sich in die Anschauung des Volkes einprägte und eine bestimmte Figuration annahm«[227]. Zugleich ist hier ein historisch neues, spezifisch bürgerliches Interpretationsverfahren in Anwendung gebracht: die Rückbeziehung fiktiver Figuren auf die Realität. Das Verfahren zielt einmal auf die Erfassung realer historischer Gestalten mit Hilfe fiktiver Figuren, zum andern auf die Erhellung der Psychologie eines Autors durch die Analyse seiner Figuren. Bei diesem Verfahren geht es nicht um das Werk, sondern um die Person des Künstlers. Nachträglich interpretiert so Steffens die Figuren Goethes als Figurationen seiner Lebensstationen: Als er 1798 Goethe zum erstenmal begegnet, muß er sich »schnell abwenden, denn mir traten unwillkürlich die Tränen in die Augen. Es war mir, als sähe ich Egmont, der sich als Oranien, Tasso, der sich als Antonio darstellte«[228]. Die Abwendung Goethes vom bürgerlich-aufklärerischen Material und der damit zusammenhängende Funktionswandel der Kunst wird gedeutet in Termini der psychologischen Entwicklung des Autors selbst.

Systematischer verfahrend als Rahel, macht Steffens seine Goethe-Rezeption zu einem Bestandteil romantischer Geschichtsphilosophie. Goethes Leben, als exemplarische Daseinsform gefaßt, wird stilisiert zur organischen Totalität.

Ich sah es auch ein, daß sein Leben und die Werke, durch welche dieses seine Bedeutung erhielt, eine ganze in sich abgeschlossene Geschichte darstellten. Es gibt wohl kaum einen Schriftsteller, der, wie er, einem mächtigen Staate ähnlich, sich entwickelte, der in allen Richtungen seines Daseins eigene Epochen bildete, die ihre überschwengliche Jugend, ihren

227 Ebd., 297.
228 Ebd., 114.

hellen Glanzpunkt und ihre allmählich hervortretenden Beschränkungen enthielten. Aus dem Ganzen seines Lebens darf man keine Entwicklungsstufe ausschließen[229].

Das im Verhältnis zu vielen späteren Goethe-Interpretationen erstaunliche Reflexionsniveau von Steffens und die Tatsache, daß bei ihm eine zweifellos als authentisch zu bezeichnende Goethe-Rezeption vorliegt, darf das Problematische der von Steffens vertretenen Rezeptionsweise nicht verdecken. In der Goethe-Verehrung des Romantikers gerinnt Geschichte zum Gegenstand reiner Kontemplation. Ineins erfahren, werden Goethes Leben, Werk und Wirkung zum Kunstgegenstand, der eine neue totalisierende Wirkung produziert: Die romantische Generation, Verzicht leistend auf eingreifendes Handeln, erfährt sich als Teil der konkreten Geschichte in der Identifikation mit der die Realgeschichte in sein »inneres Leben« verwandelnden Goethe-Gestalt. Die Verabsolutierung der Gestalt Goethes weist zugleich auf die Gegenwartsfeindlichkeit der Romantiker, denen die Verehrung einer zum Stillstand gekommenen Vergangenheit auch die Zukunft verriegelt.

Selbst was die neue Zeit und die Gegenwart, was besonders die alle Momente des menschlichen Daseins ergreifende Spekulation des deutschen Volkes ihm aufdrang, verlor sich in der Gestaltung seines inneren Lebens, und was eine Zukunft für alle mächtigen Geister der Zeit war, schien bestimmt, durch ihn die eigene Vergangenheit zu enträtseln. Er ist, in diesem tiefsten Sinne, satt an Jahren gestorben. Er hatte die Aufgabe, das eigene Leben bis zu dem letzten Moment, nicht mehr, wie es werden sollte, sondern wie es geworden war, zu bewahren, und als die Pulsadern verknö-

229 Ebd., 295. Man vergleiche diese Stelle mit der Einleitung von Gundolfs Goethe-Buch, so wird man erkennen, wie sehr dieser der Goethe-Rezeption von Steffens verpflichtet ist. Statt diese in ihrer Historizität erkennbar zu machen, eignet Gundolf sie sich an. Hier stoßen wir auf das Dilemma einer Germanistik, die zu ihren Gegenständen sich unkritisch verhält und den historisch begrenzten Horizont des jeweiligen Autors nicht zu durchbrechen vermag. Auf diese Weise kann sie die Entwicklung der Institution Kunst in der bürgerlichen Gesellschaft nicht als ideologische verstehen und deuten. Vgl. dazu unten S. 110 ff.

cherten, als die Gliedmaßen sich schwer bewegten, als die Zunge gelähmt, ja als er fast wie ein abgeschiedener Geist unter Gräbern zu wandeln schien, blieb er noch die edle Gestalt, die in ihrer Vergangenheit eine noch nicht enträtselte Zukunft verschloß. Sein Tod selbst war das innerste Selbstgespräch. Er hatte sich stolz von der wechselseitigen Verständigung mit der Zeit abgeschlossen, er wandte sich an keinen der Lebenden, um sich mit ihm zu verständigen; wir aber, die wir lebten und strebten, wurden gezwungen, auf die letzten Äußerungen des verschwindenden Geheimnisses zu lauschen, bis es verstummte«[230].

Die Entfremdung zwischen dem klassischen Goethe und dem zeitgenössischen Publikum, die nicht selten auch ausgesprochen feindselige Haltung Goethes gegenüber der eigenen Gegenwart, macht ihn für die Generation der Frühromantiker interessant. Er wird zum Rätsel, dessen Lösung zugleich Einsichten in die Gesetzmäßigkeit des geschichtlichen Ablaufs verspricht. Beunruhigend ist das Rätsel Goethe vor allem wegen des die Realgeschichte Deutschlands reflektierenden Bruchs zwischen dem Frühwerk, in dem revolutionäre Hoffnungen verborgen liegen, und der klassischen Periode, die die Trennung von Kunst und Lebenspraxis institutionalisiert.

Für die Romantiker ist das *Historische* an Goethes Frühwerk bereits erkennbar: Es ist Teil einer bürgerlich-aufklärerischen Institution Kunst, innerhalb derer das Einzelwerk als Objekt bürgerlichen Selbstverständnisses rezipiert wird. Steffens faßt diese Erkenntnis in Begriffen individueller Tragik, nicht historischer Entwicklung:

Wenn man *Eckermanns* Tagebuch liest, drängt sich die Bemerkung auf, daß der reichste Geist unserer Zeit, daß Goethe, wie ein noch immer in der Erscheinung festgebannter Geist unter den großartigen Ruinen seines bedeutenden Lebens herumwandelte, bald hier, bald dahin gelockt, als suchte er verloren gegangene Gedanken und Entwürfe, fest gehalten an eine Welt, die ihn noch nicht loslassen wollte[231].

Wir haben im ersten Kapitel einige wichtige Dokumente der primären *Götz*-Rezeption diskutiert und gesehen, daß für die

230 H. Steffens, *Lebenserinnerungen aus dem Kreis der Romantik*, 296.
231 Ebd., 102; vgl. auch, fast wörtlich, 295.

Zeitgenossen die Bedeutung des Werks vornehmlich in dessen Bezug zu gesellschaftlichen Problemen der Gegenwart liegt. Die Analyse der Goethe-Rezeption *nach* 1775 läßt eine bedeutsame Veränderung der Rezeptionshaltung erkennen; diese geht ineins, wie wir gesehen haben, mit der Hypostasierung des Künstlers zur auratischen Persönlichkeit[232]. Das Interesse der Rezipienten gilt nun der Person Goethes, weniger seiner literarischen Produktion.

Versucht man, den beobachteten Wandel der Rezeptionshaltung zu erklären, so wird man annehmen können, daß die Verschiebung des Rezeptionsinteresses vom Werk auf die Person des Autors im Zusammenhang zu sehen ist mit der sich durchsetzenden Institutionalisierung der Trennung von Kunst und Lebenspraxis. Es liegt nahe, die Auratisierung der Künstlerpersönlichkeit, die sich gerade auch bei kompetenten Kunstrezipienten der Romantikergeneration findet, als eine Reaktionsbildung zu begreifen auf die sich langsam durchsetzende Autonomie der Kunst. Die vom avanciertesten Teil der bürgerlichen Intelligenz ausgearbeitete Kunstideologie (das Dogma von der Autonomie der Kunst) und die realen Rezeptionsgewohnheiten des bürgerlichen Lesepublikums stimmen nicht überein. Die für die Epoche der Aufklärung charakteristische Einheit der literarischen Öffentlichkeit ist verloren gegangen. Das Publikum vermag den neuen Kunstbegriff, wie er im Kreise der Weimarer Klassiker entwickelt wird, sich keineswegs umstandslos zu eigen zu machen; vielmehr hält es an bestimmten Momenten des bürgerlich-aufklärerischen Literaturbegriffs fest, nämlich an der Vorstellung von der praktischen Funktion der

232 Es handelt sich hier um einen Ideologisierungsprozeß, dessen Tendenz an der Lessing-Deutung Friedrich Schlegels offen zutage tritt. Wenn Schlegel danach fragt, »was er [sc. Lessing] denn eigentlich im Ganzen war«, nicht nach der Bedeutung einzelner Werke, so ist das Verfahren geeignet, den aufklärerischen Gehalt von Lessings Werk aus dem Bewußtsein der Zeitgenossen zu verdrängen (*Kritische Schriften*, hrsg. v. W. Rasch. [2]München 1964, 354).

Kunst. Insofern die Werke sich aber in zunehmendem Maße einem solchen Literaturverständnis entziehen, bleibt als Gegenstand praktischer Aneignungsbemühungen nur die Künstler*persönlichkeit* übrig. Hinzu kommt, daß die Vorstellung von Praxis selber eine entscheidende Verengung erfährt. Nicht mehr eine auf kollektiven Verständigungsprozessen basierende gesellschaftliche Praxis ist Ziel der Bemühungen, sondern die Vervollkommnung der Einzelpersönlichkeit.

Die Antwort der primären Rezipienten auf die historisch neue Institutionalisierung der Literatur in der bürgerlichen Gesellschaft leitet eine Entwicklung ein, die bis heute die durch die offiziellen Bildungsinstitutionen tradierten Rezeptionsgewohnheiten und die literarische Kanonbildung bestimmt: eben die Verschiebung des Rezeptionsinteresses vom Werk auf die Person des Autors und, als quasi natürliche Folge, dessen Auratisierung. Diese wiederum verlangt als Rezeptionshaltung »Ehrfurcht«.

Wir haben gesagt, daß diese Rezeptionshaltung sich erklärt aus der Weigerung des Bürgertums, die Trennung von Kunst und Leben zu akzeptieren. Man würde jedoch fehlgehen, wollte man annehmen, das Bürgertum suchte auf diese Weise die Literatur als aktiven Teil bürgerlicher Öffentlichkeit zu erhalten. Die Verlagerung des Rezeptionsinteresses auf den Autor bedeutet vielmehr auch einen Rückzug in die Innerlichkeit, insofern die Auseinandersetzung mit der Kunst nun subjektiv gefaßt wird als »Begegnung« zweier Individuen, des Rezipienten mit dem Autor, bzw. mit dem Bild, das er sich von dem Autor macht. Damit beginnt zugleich der Prozeß der Privatisierung der Literatur, die allmählich von der gesellschaftlichen Sphäre abgetrennt wird. Die hier nur angedeutete Entwicklung gilt jedoch nur für einen kleinen Teil des Lesepublikums; der weitaus größere reagiert auf die Trennung von Kunst und Leben anders: Das Bedürfnis, vom Kunstwerk Handlungsanweisungen, Klärung des eigenen Selbstverständnisses zu verlangen, ist der Grund für die Hinwendung des breiten Publikums zur Unterhaltungsliteratur.

Die Zweiteilung des Bildungssystems im Verlauf des 19. Jahrhunderts, die radikale Trennung von »Volksbildung« und »höherer Bildung«, wobei die Rezeption der ernsten Kunst einer kleinen Schicht privilegierter Bildungsbürger vorbehalten blieb, mußte diese Entwicklung noch unterstützen[233].

Exkurs zur Goethe-Rezeption um die Wende zum 20. Jahrhundert

Wir haben versucht, die im Verlauf der primären Goethe-Rezeption zu beobachtende Verschiebung des Rezeptionsinteresses vom Werk auf die Person des Autors und die dieser Verschiebung korrespondierende kontemplative Rezeptionshaltung aus der Tatsache zu erklären, daß das bürgerliche Lesepublikum an einer bürgerlich-aufklärerischen Literaturauffassung festhält und die bei den Weimarer Klassikern vollzogene Trennung von Kunst und Lebenspraxis nicht akzeptiert. Die Verlagerung des Rezeptionsinteresses auf die Person des Autors betrifft nicht nur die primäre Rezeption, sondern ebenso die Literaturgeschichtsschreibung. Hier wird man eine Erklärung finden können für die biographische Ausrichtung der positivistischen Literaturwissenschaft, aber ebenso für den Typus von Arbeiten, in denen die hypostasierte Einheit von Gehalt und Gestalt zum Ausgangspunkt der Deutung gemacht wird. Das große Goethe-Buch von F. Gundolf ist in diesem Zusammenhang von exemplarischer Bedeutung. Das Buch trägt die einfache Überschrift *Goethe*; Gundolf selbst erläutert das Program-

233 Nach 1945 hat die skizzierte Entwicklung eine neue Dimension erhalten: Verehrt wird jetzt nicht mehr der Autor, sondern das Werk. Daß damit die weitere Entpolitisierung der Kunst, die Entleerung des Einzelwerks von gesellschaftlichem Gehalt, erreicht ist, dies zu zeigen, wäre nicht schwierig (vgl. z. B. den Titelaufsatz von E. Staiger in: ders., *Die Kunst der Interpretation [. . .]* [dtv, 4078]. München ²1971, besonders 9 f. oder die *Methodik des Deutschunterrichts* von E. Essen [Heidelberg 1962], besonders das Kap. *Zur Betrachtung der Dichtung*).

matische seines Titels[234]: »Das nachfolgende Buch ist betitelt ›Goethe‹, ohne weiteren Zusatz. – Es ist daraus schon zu entnehmen worauf es wesentlich ankommt: auf die Darstellung von Goethes gesamter *Gestalt,* der größten Einheit worin deutscher Geist sich verkörpert hat«[235]. Gundolf radikalisiert die Weimarer Kunstdoktrin im Sinne des Ästhetizismus[236]. »Kunst [. . .] ist eine primäre Form des Lebens, die daher ihre Gesetze weder von Religion, noch Moral, noch Wissenschaft, noch Staat, anderen primären oder sekundären Lebensformen empfängt: keinen anderen Sinn hat der Satz l'art pour l'art«[237]. Von hier kommt Gundolf zu einer ideologischen Unterscheidung von »Dichtkunst und Literatur«, wobei für ihn *Literatur* in dem Maße von niedrigerem Rang ist, als sie Wirklichkeit verarbeitet, während die *Dichtkunst* als die qualitativ höhere Stufe künstlerischer Produktivität »Ausdruck einer eigenen, von der fertigen Welt *unabhängigen Wirklichkeit* [ist]«[238]. Diese Hierarchisierung bleibt bei Gundolf nicht auf den Bereich der Produktion

234 Gleich bei Erscheinen des Buches, mitten im Ersten Weltkrieg, kritisiert C. Sternheim, beunruhigt über die Tatsache, daß in einer Woche gleich sieben Goethe-Bücher veröffentlicht werden, die Goethe-Verehrung der Germanistik als historisch unangemessen. Sein Kriterium ist die im Werk Goethes vollzogene Trennung von Kunst und Leben: »So ist das im jetzigen Krieg eine bedeutende Erfahrung: Dieser Goethe, mit sieben Büchern in einer Woche über ihn [. . .] Dieser ganze Goethe, mit des Wahrhaftigen und Anekdotischen Schwall um ihn, stand im Menschenerdreich nur auf einem Bein und entzog sich zur Hälfte der Verantwortung« (*Goethe,* in: C. Sternheim, *Gesammelte Werke,* hrsg. v. F. Hofmann. Berlin/Weimar 1965, Bd. 6 [Vermischte Schriften], 24; vgl. dort auch die polemische Schrift *Tasso oder die Kunst des juste milieu,* 187-205).

235 F. Gundolf, *Goethe.* Berlin 1916, 1.

236 Zum Prozeß der Ideologisierung der deutschen Literaturwissenschaft vgl. B. Peschken, *Versuch einer germanistischen Ideologiekritik [. . .]* (Texte Metzler, 23). Stuttgart 1972, passim. Der Verf. zeigt diesen Prozeß exemplarisch an der Entwicklung von Julian Schmidt und Wilhelm Dilthey.

237 F. Gundolf, *Goethe,* 2.

238 Ebd.

beschränkt, sie wird vielmehr übertragen auf den Bereich der Rezeption – wir finden auch bei ihm, wie bei Varnhagen von Ense, jene von den Weimarer Klassikern getroffene Trennung der Rezipienten in würdige und unwürdige. Gundolf unterscheidet zwischen künstlerischen Menschen (auch der Wissenschaftler wird, als »Betrachter der Gestalt« zum Künstler) und Banausen[239].

Die von Gundolf behauptete totale Unabhängigkeit der Literatur von der Realität führt zu einem Typus von Literaturbetrachtung, der sich auf den Nachvollzug einer als Einheit von Leben und Werk erfahrenen schöpferischen Individualität beschränkt: »Für den Betrachter der Gestalt sind Leben und Werk nur die verschiedenen Attribute einer und derselben Substanz, einer geistig leiblichen Einheit, die zugleich als Bewegung und als Form erscheint«[240]. Die bis in die Begrifflichkeit hineinreichende Übereinstimmung Gundolfs mit der Goethe-Rezeption des (von ihm edierten) Romantikers Henrik Steffens ist verblüffend:

> [Goethes Werke] selbst sind sein Leben [. . .] Und weil er das wußte, hat er sein Leben selber als Werk, sein Werk selber als Ausdruck seines Daseins, als Form seines Lebens dargestellt, sein eigenes Wesen als Gestalt zu fassen und zu verewigen gesucht: kurz die Lehre seiner Existenz selbst als Phänomen gegeben[241].

Allerdings besitzen Steffens' Lebenserinnerungen die Qualität des Authentischen. Als unmittelbarer und betroffener Zeitgenosse sucht er das Unzeitgemäße der Erscheinung Goethes in die eigene Lebenserfahrung aufzunehmen. Was Steffens fasziniert, die geschichtliche Funktion einer Gestalt, geht bei dem Späteren verloren. Daß Gundolf die Interpretation von Steffens zu Beginn des 20. Jahrhunderts wiederaufnimmt, ohne die historische Distanz zu reflektieren, die ihn von dem Zeitgenossen Goethes trennt, macht seine Deutung problematisch.

239 Vgl. ebd., 1 f.
240 Vgl. ebd., 1.
241 Ebd., 4.

Konsequent führt der von Gundolf propagierte Typus der Aneignung einer historischen Objektivation zur Verketzerung wissenschaftlicher Methoden. Als unangemessen verwirft er rationale Verfahren der Textanalyse, die auf die Erfassung der Kunstmittel abzielen[242]. Die von ihm geforderte Betrachtung der Gestalt ist nur möglich auf der Grundlage eines von »ehrfürchtiger Liebe« geprägten Goethe-Erlebnisses[243].

Die hier am Beispiel der primären Goethe-Rezeption analysierte Verschiebung des Rezeptionsinteresses vom Werk auf die Person des Autors gewinnt bei Gundolf eine neue, überaus problematische Qualität. Das irrationale Moment, das der Goethe-Rezeption von Rahel und Steffens zweifellos eignet, ist verständlich in doppelter Hinsicht: Beide Autoren sind geprägt durch die spezifischen Wahrnehmungsgewohnheiten ihrer Generation, der Romantiker. Zum andern haben wir es mit einer unmittelbaren Reaktion auf ein zeitgenössisches Phänomen zu tun. Rahel und Steffens haben kein wissenschaftliches Interesse an der Deutung von Goethes Werk, sondern sie suchen sich der eigenen Erfahrungsmöglichkeiten zu versichern in der mimetischen Aneignung einer Gestalt, in der für sie die geschichtliche Bedeutung einer ganzen Epoche, ihrer Gegenwart, sich verkörpert.

Bei Gundolf nun schlägt diese Betrachtungsweise in Irrationalismus um, denn wir haben in Rechnung zu stellen, daß es sich hier nicht um die spontane Reaktion eines Zeitgenossen handelt, sondern um Literaturwissenschaft. Das Einleitungskapitel

242 Vgl. dazu ebd., 7.

243 Vgl. dazu ebd., 7 f. und 5 f. – Vgl. dazu auch die Goethe-Aufsätze von H. v. Hofmannsthal, von dem auch der positiv gebrauchte Begriff der »Goethepietät« stammt. Die Aufsätze beginnen mit einer Skizze gegenwärtiger Lebenssituationen, in denen den Rezipienten Goethe als »Mensch«, den sie »fühlen« können, zum Erlebnis wird (z. B. *Die Briefe des jungen Goethe* oder *Unterhaltung über den ›Tasso‹ von Goethe,* in: H. v. Hofmannsthal, *Gesammelte Werke in Einzelausgaben,* hrsg. v. H. Steiner. *Prosa II.* Frankfurt 1951, 113 und 212 ff.).

von Gundolfs Goethe-Buch hat programmatischen Charakter: Die hier propagierte ideologische Verschränkung von Leben und Werk Goethes dient, betrachtet man sie als historisches Moment innerhalb der Entwicklung der bürgerlichen Institution Literatur, der Aufhebung der Werksgehalte in der diffusen Verehrung einer auratisierten Werk-Leben-Totalität[244]. So gründet, wie G. Mattenklott gezeigt hat, auch die Wirkung Georges weniger in der Bedeutung seines lyrischen Werks als in dem Kult um seine Person[245]. Man wird daher Gundolfs *Goethe* als einen Typus ästhetizistischer Literaturbetrachtung ansehen können. Die im Ästhetizismus radikalisierte Trennung von Kunst und Leben läßt sich nur in dem Maße aufrecht erhalten, wie zugleich die Künstlerpersönlichkeit zum Objekt einer fast sakralen Verehrung wird.

Eine andere, ebenfalls im Zusammenhang mit dem Ästhetizismus stehende Antwort auf den Entwicklungsstand der Institution Kunst in der bürgerlichen Gesellschaft am Ende des 19. Jahrhunderts besteht in der Verabsolutierung der Form, für die Nietzsches Goethe-Auffassung ein Beispiel ist:

Lessing machte die französische Form, das heißt die einzige moderne Kunstform, zum Gespött in Deutschland und verwies auf Shakespeare, und so [...] machte [er] einen Sprung in den Naturalismus – das heißt in die

244 Die Verzerrungen, die durch die Verschiebung des Rezeptionsinteresses entstehen, werden von den Zeitgenossen, und durchaus nicht nur von der linken Intelligenz, gesehen. Vgl. z. B. folgende Bemerkung von H. Bahr aus einem Aufsatz, der ebenfalls den Titel *Goethe* trägt: »Allmählich trat aus den Werken immer mehr die Gestalt ihres Schöpfers so bezaubernd hervor, daß, als wären sie bloß Larven, der Anblick des schönen Schmetterlings uns sie selber ganz vergessen ließ [...] Man las sie subsidiär [...] Uns hat seine *Person* so stark *gegen sein Werk* verblendet [...] vor lauter Bewunderung Goethes geraten wir in ein ganz falsches Verhältnis zu seinem Werk, das wir auch nur wieder nach geheimen Eingängen in seine Person absuchen« (in: Die Neue Rundschau 34 [1923], 526 und 537; Hervorhebung von mir).

245 Vgl. dazu G. Mattenklott, *Bilderdienst. Ästhetische Opposition bei Beardsley und George*, passim.

Anfänge der Kunst zurück. Aus ihm versuchte sich Goethe zu retten, indem er sich immer von neuem wieder auf verschiedene Art zu binden wußte[246].

Für die Goethe-Rezeption Nietzsches ist die Aufwertung der klassischen Form konstitutiv. Nietzsche kommt zu einer Neubewertung des Gegensatzes zwischen der Dramentheorie Lessings, der, auf Shakespeare sich berufend, die Tradition des klassischen höfischen Theaters verläßt, und derjenigen Goethes, der sich von der bürgerlich-aufklärerischen Kunstauffassung, und damit von seinen Anfängen, abwendet und auf die gebundene Form der klassischen Tragödie zurückgreift. Paradoxerweise sieht Nietzsche gerade im klassischen Goethe den Vertreter einer »modernen« Position, weil er aus dem »Naturalismus« der Aufklärung sich zu emanzipieren versucht, »indem er sich immer von neuem wieder auf verschiedene Art zu binden wußte«[247]. »Naturalismus« bezeichnet für Nietzsche eine Konzeption der Kunst, wonach im Werk Wirklichkeitserkenntnis verarbeitet und die gesellschaftliche Funktion der Kunst an die

246 Nietzsche, *Menschliches, Allzumenschliches [. . .]*, in: ders., *Werke*, hrsg. v. K. Schlechta. 3 Bde, [7]München 1973, Bd. I, 578.

247 Es ist in diesem Zusammenhang aufschlußreich, daß Nietzsche auch die Dramenproduktion Voltaires – er hebt vor allem dessen *Mahomet* hervor, den Goethe übersetzt hat – positiv beurteilt und den (durch das bürgerliche Trauerspiel vollzogenen) Bruch mit der klassischen Tragödienform beklagt. Damit nimmt er eine Neubewertung der literarischen Bedeutung Voltaires vor. Lessing hatte z. B. gerade diejenigen Werke Voltaires, in denen dieser an klassisch-höfischen Formen festhält, kritisiert zugunsten der von ihm entwickelten historisch neuen Formen (wie des *conte philosophique*), vgl. dazu H. Mayer, *Lessing, Mitwelt und Nachwelt*, in: ders., *Studien zur deutschen Literaturgeschichte* [Neue Beiträge zur deutschen Literaturgeschichte, 2]. Berlin (DDR) 1954, 50. Mayer zitiert zum Beleg einen Lessingtext: *Grabschrift auf Voltairen.* Hier liegt – wenn man euch glauben wollte,/ Ihr frommen Herrn! – der längst hier liegen sollte./ Der liebe Gott verzeih aus Gnade/ Ihm seine Henriade/ und seine Trauerspiele,/ Und seiner Verschen viele:/ Denn was er sonst ans Licht gebracht,/ Das hat er ziemlich gut gemacht. (ebd.)

Gehalte der Einzelwerke gebunden ist. Die historische Bedeutung Goethes liegt für Nietzsche, dessen Standpunkt die Kunstanschauung seiner Gegenwart (die des Ästhetizismus) ist, darin, daß er den Bruch mit der »poetischen Revolution«, d. h. mit der bürgerlich-aufklärerischen Kunstauffassung vollzogen hat. Goethes »Umwandlung und Bekehrung« (in unseren Begriffen: dessen Abwendung von der bürgerlich-aufklärerischen Institutionalisierung von Literatur) sieht Nietzsche positiv, eben als Wiederfinden der Tradition einer auf dem Primat der Form basierenden Kunstanschauung[248].

Goethes großes Verdienst besteht, Nietzsche zufolge, darin, der Trennung von Kunst und Leben durch sein Werk gleichsam institutionellen Status gegeben zu haben:

Nicht Individuen, sondern mehr oder weniger idealische Masken; keine Wirklichkeit, sondern eine allegorische Allgemeinheit; Zeitcharaktere, Lokalfarben zum fast Unsichtbaren abgedämpft und mythisch gemacht; das gegenwärtige Empfinden und die Probleme der gegenwärtigen Gesellschaft auf die einfachsten Formen zusammengedrängt; ihrer reizenden, spannenden, pathologischen Eigenschaften entkleidet, in jedem andern als dem artistischen Sinn *wirkungslos* gemacht; keine neuen Stoffe und Charaktere, sondern die alten, längst gewohnten in immerfort währender Neubeseelung und Umbildung: das ist die Kunst, so wie sie Goethe später *verstand*, so wie sie die Griechen, ja auch die Franzosen *übten*[249].

Für die klassische Kunst schlägt Nietzsche zwei Bestimmungen vor: deren Abgehobenheit von der Realität und das artistische Spiel mit tradierten Kunstformen. Polemisch wendet er sich damit gegen bestimmte ästhetische Tendenzen seiner Gegenwart, gegen den Naturalismus und Versuche engagierter Kunst.

In der *Theorie der Avantgarde* zeigt P. Bürger[250], daß im Ästhetizismus die seit der Weimarer Klassik institutionalisierte Autonomiesetzung der Kunst, deren Abgehobenheit von der Lebenspraxis, ihren geschichtlichen Höhepunkt hat. Im Ästhe-

248 Vgl. dazu Nietzsche, *Menschliches, Allzumenschliches*, 580.

249 Ebd., 581.

250 Zum folgenden vgl. P. Bürger, *Theorie der Avantgarde*, besonders 28 ff.

tizismus fallen institutioneller Rahmen (Autonomie) und Gehalte der Einzelwerke (Entleerung von gesellschaftlichen Gehalten) zusammen. Erst nachdem im Ästhetizismus die Kunst jeden gesellschaftlichen Bezug aufgekündigt hat, wird auch die Kehrseite der Autonomie erkennbar: der Verzicht auf gesellschaftliche Wirkung im Sinn des in der Weimarer Kunstauffassung noch enthaltenen Projekts einer den Fortschritt der Humanität befördernden ästhetischen Erziehung. Die historischen Avantgardebewegungen enthüllen durch ihren Protest gegen die Institution Kunst in der bürgerlichen Gesellschaft als ganzes diesen Zusammenhang. Sie zielen auf die Rückführung der Kunst in die Lebenspraxis. Von da wird verständlich, daß zum Programm der Dadaisten der »Kampf gegen Weimar« gehört. 1919 veröffentlicht Raoul Hausmann ein *Pamphlet gegen die Weimarische Lebensauffassung:*

Ich bin nicht nur gegen den Geist von Potsdam – ich bin vor allem gegen Weimar. Noch kläglichere Folgen als der alte Fritz zeitigten Goethe und Schiller – die Regierung Ebert-Scheidemann war eine Selbstverständlichkeit aus der dummen und habgierigen Haltlosigkeit des dichterischen Klassizismus. Dieser Klassizismus ist eine Uniform, die metrische Einkleidungsfähigkeit für Dinge, die nicht das Erleben streifen. Außerhalb aller Strudel des realen Geschehens hüllen ernsthafte Dichter, Mehrheitssozialisten, Demokraten, die Belanglosigkeit in die starrenden Faltenwürfe würdiger Verordnungen. Militärische Versfüße wechseln ab mit den Arien der Güte und Menschlichkeit – aus dem sicheren Hinterhalt, den der Besitz einer Anzahl Banknoten oder ein Pfund Butter verleiht, taucht auf das Ideal aller Schwachköpfe: Goethes zweiter Faust. Es ist schlechterdings alles darin enthalten, was nicht in Schillers Räubern vorkommt. Wie die Werke dieser feierlichen Klassiker das einzige Gepäck der deutschen Soldaten und Tag und Nacht ihre einzige Sorge waren, so war es heute der Regierung unmöglich, die Geschäfte anders als im Geiste Schillers und Goethes zu führen[251].

Der Angriff des Dadaisten auf den »Geist« von Weimar kann unter einem doppelten Aspekt gesehen werden. Daß er im

251 R. Hausmann, *Pamphlet gegen die Weimarische Lebensauffassung*, in: ders., *Am Anfang war Dada*, hrsg. v. K. Riha/G. Kämpf. Steinbach/Gießen 1972, 75.

Namen eines so vagen Wertes wie *Erlebnis* geführt wird, wobei als Konnotationshintergrund die Dichotomie »tote Bildung« – »eigenes Erleben« funktioniert[252], ist in unserem Zusammenhang weniger wichtig als die Tatsache, daß Hausmann polemisch den »Geist von Potsdam« mit Weimar identifiziert. (An Schärfe gewinnt die Polemik durch das Kunstmittel der Verschränkung von abstrakt poetologischen mit konkret gesellschaftlichen Begriffen: »Militärische Versfüße«; »Arien der Güte und Menschlichkeit«.) Die Trennung von Kunst und Leben, die Absonderung der Kunst von der Lebenspraxis (»außerhalb aller Strudel des realen Geschehens«) wird von Hausmann als Ideologie enthüllt: Autonomie der Kunst ist für Hausmann nicht gleichbedeutend mit Folgenlosigkeit, im Gegenteil, gerade die Abgehobenheit der Literatur von der Realität ist die Bedingung ihrer gesellschaftlichen Wirkung (»Folgen«). Angeklagt wird die Institution Kunst in der bürgerlichen Gesellschaft als ganze, um mit Herbert Marcuse zu sprechen: der affirmative Charakter der bürgerlichen Kultur, einer Kultur, die den Herrschenden »aus dem sicheren Hinterhalt, den der Besitz einer Anzahl Banknoten verleiht«, erlaubt, sich auf die Klassiker zu berufen, um durch den schönen Schein der Humanität, durch das Zitieren bürgerlicher Werte und Ideale von der inhumanen Wirklichkeit der bürgerlichen Gesellschaft abzulenken.

Es konnte hier nicht darum gehen, auch nur umrißhaft eine Skizze der Rezeptionsgeschichte des klassischen Goethe zu geben. Vielmehr sollte an einem historisch bedeutsamen Moment – der Epoche der Selbstkritik der Literatur/Kunst in der bürgerlichen Gesellschaft – exemplarisch gezeigt werden, wie wirkungsmächtig die seit der Weimarer Klassik dominierende kontemplative Rezeptionshaltung gewesen ist. Selbst der Angriff der historischen Avantgardebewegungen hat sie nicht zu zerstören vermocht.

252 Vgl. auch ebd., 77: »Der Dadaist ist gegen den Humanismus, gegen die historische Bildung! Er ist: für das eigene Erleben!!!«.

5. Autonomie der Kunst als Kategorie der bürgerlichen Gesellschaft[253]. Zur ästhetischen Theorie von Karl Philipp Moritz und Schiller

a) Kunst als Protest gegen die herrschende Idee des Nützlichen

Die in Goethes Leben und Werk faßbare Trennung von Kunst und Lebenspraxis erfährt in den ästhetischen Schriften von Karl Philipp Moritz eine erste theoretische Formulierung[254]. Wenn

253 Neuere Arbeiten zum Problem der Autonomie, vor allem auch die von einer Gruppe von Kunstsoziologen vorgelegten Thesen (*Autonomie der Kunst. Zur Genese und Kritik einer bürgerlichen Kategorie* [ed. suhrk., 592]. Frankfurt 1972), diskutiert P. Bürger (*Theorie der Avantgarde,* Kap. II, 1); vgl. außerdem folgende seither erschienene Arbeiten: H. Freier, *Ästhetik und Autonomie;* R. Grimminger, *Die ästhetische Versöhnung. Ideologiekritische Aspekte zum Autonomiebegriff am Beispiel Schillers,* in: *Historizität in Sprach- und Literaturwissenschaft. Vorträge und Berichte der Stuttgarter Germanistentagung 1972,* hrsg. v. W. Müller-Seidel. München 1974, 579-597; B. J. Warneken, *Die relative Autonomie der Literatur. Stichworte zur Entwicklung der Kunst in der bürgerlichen Gesellschaft,* in: ebd., 599-612; K. Wölfel, *Zur Geschichtlichkeit des Autonomiebegriffs,* in: ebd., 563-577; J. Schulte-Sasse, *Autonomie als Wert. Zur historischen und rezeptionsästhetischen Kritik eines ideologisierten Begriffes.* – Vgl. in diesem Zusammenhang auch B. Lindner, der in mehreren Arbeiten die These vertritt, daß der Subjektivismus der Schreibweise Jean Pauls eine zur Autonomiesetzung der Literatur in Alternative stehende Antwort auf das Scheitern der bürgerlich-aufklärerischen Institution Literatur darstellt (*Autonomisierung der Literatur als Kunst, klassisches Werkmodell und auktoriale Schreibweise,* in: Jahrbuch der Jean-Paul-Gesellschaft 1975, 85-107, und ders., *Jean Paul. Scheiternde Aufklärung und Autorrolle.* Darmstadt 1976).

254 Zur Ästhetik von K. Ph. Moritz vgl. den vorzüglichen Aufsatz von W. Kaiser/G. Mattenklott, *Ästhetik als Geschichtsphilosophie [. . .],* in:

er auch die Grundzüge seiner Lehre bereits vor der Italienreise, auf der er Goethe kennenlernte, entwickelt hat, so ist doch die Auseinandersetzung mit der Person und dem Denken Goethes für die Ausarbeitung seiner Theorie von der Autonomie des Kunstwerks von entscheidender Bedeutung gewesen. Die wichtigsten Abhandlungen von Moritz über Fragen der Ästhetik entstehen in den Jahren 1786 bis 1788, einer Periode intensiver Zusammenarbeit mit Goethe, zunächst in Italien, später während eines längeren Aufenthalts in Weimar. In Weimar findet die Moritzsche Ästhetik eine spontane und begeistert zustimmende Aufnahme. Nur Schiller, der damals noch einem bürgerlich-aufklärerischen Begriff von Kunst verpflichtet ist, äußert sich kritisch; er lehnt als »schwärmerisch« die Behauptung ab, »daß ein Produkt aus dem Reiche des Schönen ein vollendetes rundes Ganzes sein müsse«[255]. Damit wendet er sich gegen einen Begriff vom Kunstwerk, der dieses als in sich vollendete organische Totalität gegenüber der Wirklichkeit absolut setzt. In der Tat besteht das immer wieder variierte Grundthema der Moritzschen ästhetischen Theorie in der auf der Opposition des Schönen mit dem Nützlichen aufbauenden Abgehobenheit des Kunstwerks von der Lebenspraxis.

Sobald eine schöne Figur noch etwas außer sich selbst anzeigen und bedeuten soll, so nähert sie sich dadurch dem bloßen Symbol, bei dem es, so wie bei den Buchstaben, womit wir schreiben, auf eigentliche Schönheit nicht vorzüglich ankömmt. Das Kunstwerk hat alsdann nicht mehr seinen Zweck bloß in sich selbst, sondern schon mehr nach außen hin. Das wahre Schöne besteht aber darin, daß eine Sache bloß sich selbst bedeute, sich selbst bezeichne, sich selbst umfasse, ein in sich vollendetes Ganze sei[256].

G. Mattenklott/K. Scherpe (Hrsg.), *Westberliner Projekt: Grundkurs 18. Jahrhundert*, 243-271.

255 Vgl. dazu J. Nohl, *Karl Philipp Moritz als Gast Goethes in Weimar*, in: Sinn und Form 15 (1963), Nr. 5, 756-778, hier: 770.

256 K. Ph. Moritz, *Über die Allegorie*, in: ders., *Werke*, hrsg. v. J. Jahn (Bibl. der dt. Klassiker). Berlin/Weimar 1973, Bd. I, 301.

Die hier vorgeschlagene Bestimmung des Kunstwerks als in sich vollendete Totalität zielt auf die Vernichtung der Wirklichkeit durch die künstlerische Bearbeitung.

> Der Dichter schneidet die Begebenheiten gleichsam aus ihrem Zusammenhange heraus, und gibt ihnen eine Neigung gegen sich selbst untereinander, die sie in der Natur nicht haben [. . .] Die allmälige Neigung der Gedanken gegeneinander und die allmälige Verwandlung der äußern Zweckmäßigkeit in die innere, oder kürzer, das in sich selbst Vollendete, scheinet daher der eigentlich leitende Zweck des Künstlers bei seinem Kunstwerk zu seyn[257].

Auf der Ebene der Produktion ist damit die radikale Trennung von Kunst und Leben vollzogen. Nicht mehr wie in der bürgerlich-aufklärerischen Institutionalisierung der Kunst greift der Künstler mittels der im Werk geleisteten Wirklichkeitsdeutung in die gesellschaftliche Entwicklung ein, sondern er spaltet die Gehalte der Werke von dieser ab. »Die Kunst«, heißt es wenig später bei Wilhelm von Humboldt, »besteht in der Vernichtung der Natur, als Wirklichkeit und ihrer Wiederherstellung, als Product der Einbildungskraft«[258].
Die Bedeutung der Moritzschen Theorie der Autonomie der Kunst besteht darin, daß dieser auch die rezeptionsästhetischen Konsequenzen sieht. »Das wahre Schöne besteht aber darin, daß eine Sache bloß sich selbst bezeichne . . .« – diese Bestimmung des Kunstwerks enthält auch eine Anweisung, wie Kunst aufzunehmen ist: Moritz lehnt eine Rezeptionsweise ab, die das Werk in eine Beziehung zur Wirklichkeit »außer sich« zu bringen versucht, weil dieses dadurch zur »Nebensache« würde, während es doch »bei dem Schönen immer darauf [ankömmt], daß es selbst die Hauptsache sei«[259]. Als authen-

257 Zit. nach R. Minder, *Glaube, Skepsis und Rationalismus. Dargestellt aufgrund der autobiographischen Schriften von Karl Philipp Moritz* (suhrk. taschenb. wissen., 43). Frankfurt 1974, 253.

258 W. von Humboldt, *Schema der Künste*, in: ders., *Studienausgabe*, hrsg. v. K. Müller-Vollmer (Fischer Bücherei, 6040). Frankfurt/Hamburg 1970, Bd. I (Ästhetik und Literatur), 44.

259 K. Ph. Moritz, *Über die Allegorie*, in: *Werke*, Bd. I, 301 f.

tisch gilt Moritz allein eine kontemplative Rezeptionshaltung. Der Rezipient muß im Augenblick der Beschäftigung mit dem Schönen von seinen partikularen Interessen absehen. Dem von der Lebenspraxis abgehobenen Kunstwerk, das keinen Zweck hat als sich selbst, entspricht der Aufnehmende durch eine Haltung »uneigennütziger«, »ruhiger Betrachtung«[260]. »Das Schöne in dem Kunstwerke ist für mich nicht eher rein und unvermischt, bis ich die *besondre Beziehung auf mich* ganz davon hinweg denke und es als etwas betrachte, das bloß um sein selbst willen hervorgebracht ist, damit es etwas in sich Vollendetes sei«[261]. Der Vernichtung der Wirklichkeit durch das Werk entspricht die Auslöschung des Rezipienten im Akt der Rezeption.

Die ästhetische Theorie von Moritz enthält, unter der Oberfläche eines an pietistischer Erbauungsliteratur orientierten Stils, gleichwohl die Elemente zu einer Gesellschaftskritik, als deren Resultat die kontemplative Rezeptionshaltung allererst zu begreifen ist. Diese gründet nämlich in der Ablehnung einer am Prinzip der Zweckrationalität ausgerichteten Gesellschaftsverfassung: Moritz kritisiert die Veränderung der Wahrnehmungsgewohnheiten, die er als Folge der allmählich sich entwickelnden kapitalistischen Gesellschaft erkennt.

Diese falsche Vorstellungsart hat fast in alle menschlichen Dinge eine schiefe Richtung gebracht. – Die herrschende Idee des *Nützlichen* hat nach und nach das Edle und Schöne verdrängt – man betrachtet selbst die große erhabne Natur nur noch mit kameralistischen Augen und findet ihren Anblick nur interessant, insofern man den Ertrag ihrer Produkte überrechnet[262].

260 K. Ph. Moritz, *Über den Begriff des in sich selbst Vollendeten,* in: *Werke,* Bd. I, 206; ders., *Grundlinien zur Theorie der schönen Künste,* ebd., 311; ders., *Über die bildende Nachahmung des Schönen,* ebd., 281.

261 K. Ph. Moritz, *Über den Begriff des in sich selbst Vollendeten,* ebd., 206.

262 K. Ph. Moritz, *Das Edelste in der Natur,* in: *Werke,* Bd. I, 236. – Diese Kritik, die das Charakteristische der kapitalistischen Gesellschaft in deren

Der Protest gegen eine Verfassung der Gesellschaft, die die physische und intellektuelle Verelendung der Mehrzahl ihrer Mitglieder mit Unausweichlichkeit verhängt, ist bei Moritz in der Epoche der erst sich entwickelnden bürgerlichen Gesellschaft konkreter gefaßt als bei den Künstlern des späten Bürgertums. Schärfer als Moritz, der sich auf die Erfahrungen seiner Lehrlings- und Gesellenzeit in kleinbürgerlichen Handwerksbetrieben berufen kann, ist das Phänomen der Entfremdung bei kaum einem der Zeitgenossen gesehen und formuliert. Der Arbeiter, sagt Moritz, »arbeitet also zu einem Zweck, *der nicht in seinem, sondern in dem Kopfe eines andern Menschen existiert.* [Er] entäußert sich eine Weile seiner Denkkraft und wird bloß Hand und Fuß«[263]. Dieser »Verzicht« der Mehrheit der Menschen auf die Verwirklichung eines humanen Daseins, das den Gebrauch aller tätigen Kräfte des Menschen voraussetzte, ist notwendig im Hinblick auf die geschichtliche Entwicklung[264]. Moritz fragt gleichwohl nach den Gründen für die ungleiche Verteilung der Kosten des gesellschaftlichen Fortschritts. »Wie ist das möglich, daß der einzelne Mensch seine freie Selbsttätigkeit so *aufgibt,* daß sich alle seine Bewegungen den ganzen Tag über um kein *Warum* in seinem eignen Kopfe,

Tendenz, die sinnliche Wahrnehmung dem ökonomischen Prinzip zu unterwerfen, erkennt, wird am Ende des 19. Jahrhunderts weitergeführt. Die Funktion der Kunst besteht für den Ästhetizismus darin, einen Typus von Erfahrung zu ermöglichen, der nicht durch die Kategorie der Zweckrationalität vorbestimmt ist. Der Transformationsprozeß, dem die Künstler des Fin de siècle die Wirklichkeit unterwerfen, zielt auf die Wiederherstellung einer nicht entfremdeten, einer authentischen Wahrnehmung. (Zur ästhetizistischen Wirklichkeitsdarstellung und deren Aporien vgl. P. Bürger, *Zur ästhetisierenden Wirklichkeitsdarstellung bei Proust, Valéry und Sartre,* in: ders. [Hrsg.], *Vom Ästhetizismus zum Nouveau Roman. Versuche kritischer Literaturwissenschaft* [Fischer Athenäum Taschenb., 2090]. Frankfurt 1975, 23-48.)

263 K. Ph. Moritz, *Einheit – Mehrheit – menschliche Kraft,* in: ders., *Werke,* Bd. I, 249 f.

264 Ebd., 249.

sondern um das *Warum* in dem Kopfe eines andern drehen«[265]. Die Antwort auf seine Frage findet Moritz im Antagonismus der Klassen[266]. Diesen faßt er ganz konkret, vom Begriff der Arbeit her.

Der listigere und verschlagnere Teil der Menschen hat nämlich Mittel gefunden, dem ehrlichern und gutmütigern seine notwendigen Bedürfnisse auf gewisse Weise zu entreißen und abzuschneiden, um sie ihm nur unter der Bedingung wieder zufließen zu lassen, daß er eine Zeitlang auf die natürliche Verbindung seiner Geistes- und Körperkräfte *Verzicht* tut – und wie eine bloße Maschine durch die Gedanken eines andern seinen Arm ausstrecken und seinen Fuß emporheben läßt, wie der Soldat auf das Kommando tun muß[267].

Der Satz enthält eine erste präzise Formulierung dessen, was Marx später als Trennung von geistiger und körperlicher Arbeit im kapitalistischen Produktionsprozeß beschreibt.
Aus dieser Einsicht zieht Moritz jedoch nicht politische, sondern nur ästhetische Konsequenzen. Mittels seiner gesellschaftskritischen Reflexion gewinnt er »einen festen Gesichtspunkt, auf welchen wir alles beziehen können [. . .] Ich stelle mich auf die unterste Stufe, worauf mich der Zufall versetzen konnte, und gebe keinen von meinen Ansprüchen auf die Rechte der Menschheit auf. Ich fordre so viel Freiheit und Muße, als nötig ist, über mich selbst, über meine Bestimmung und meinen Wert als Mensch zu *denken*«[268]. Die Befreiung aus der gesellschaftlich produzierten Entfremdung ist bei Moritz als bloß ideelle gedacht: Insofern er als deren materielle Bedingung die Muße nachzudenken angibt, kann er das Gesellschaftliche ausgrenzen als negative Bedingung der Verwirklichung von

265 Ebd., 250.
266 Vgl. dazu R. Minder, *Glaube, Skepsis und Rationalismus,* 24 ff.
267 K. Ph. Moritz, *Einheit – Mehrheit – menschliche Kraft,* in: ders., *Werke,* Bd. I, 250.
268 K. Ph. Moritz, *Das Edelste in der Natur,* in: ders., *Werke,* Bd. I, 235; Hervorhebung von mir.

Freiheit, nicht als positive. Da ihm Muße genügt, um die Freiheit auch zu verwirklichen, schlägt bei ihm Gesellschaftskritik nicht um in politische Forderungen.

Dieses Zurückweichen vor den politischen Konsequenzen der eigenen aus konkreter Erfahrung gewonnenen Theorie hat theorie-immanente und sozialpsychologische Gründe. Die Moritzsche Theorie der Autonomie beruht auf einer geschichtsphilosophischen Konstruktion, derzufolge Geschichte als Prozeß allmählicher Aufklärung der Menschheit gedeutet wird. Wie Kant und Schiller faßt auch Moritz diesen Prozeß der Entwicklung dialektisch: Auch für ihn sind gerade die gesellschaftlichen Widersprüche produktiv, Bedingung des geschichtlichen Fortschritts. Veränderung entspringt aus dem unauflösbaren »Antagonismus« zwischen Individuum und Gesellschaft, zwischen der mit der Verfassung des Menschen gegebenen Tendenz zur Vergesellschaftung und der entgegengesetzten zur Vereinzelung. »Das Mittel, dessen sich die Natur bedient, die Entwickelung aller ihrer Anlagen zu Stande zu bringen, ist der Antagonism derselben in der Gesellschaft, so fern dieser doch am Ende die Ursache einer gesetzmäßigen Ordnung derselben wird«[269], heißt es bei Kant. Und für Schiller ist dieser Antagonismus der Kräfte »das große Instrument der Kultur«[270]. Moritz wendet den Gedanken von der Dialektik des Fortschritts ästhetisch, wenn er die Anschauung vertritt, daß die Kunst diese Dialektik abbildet. Durch die Kunst wird der Prozeß der Geschichte, in dem Vernichtung und Weiterentwicklung, »Zerstörung« und »Bildung« notwendig aufeinander bezogen sind, mit dem verklärenden Schein des Schönen umgeben, in dem individuelles Leid sich auflöst.

269 Kant, *Idee zu einer allgemeinen Geschichte in weltbürgerlicher Absicht,* in: ders., *Was ist Aufklärung? Aufsätze zur Geschichte und Philosophie,* hrsg. v. J. Zehbe (Kl. Vandenhoeck-Reihe, 258-260). Göttingen 1967, 43.

270 Schiller, *Über die ästhetische Erziehung des Menschen,* in: ders., *Sämtliche Werke,* hrsg. v. G. Fricke/H. G. Göpfert. [4]München 1967, Bd. V, 587 (6. Brief).

Allein die Qualen sind nur dem Individuum schrecklich und werden in der Gattung schön – sobald daher die Gattung in dem Individuum sich vollendet, löst sein Leiden sich von ihm ab und geht in die Erscheinung, die Empfindung geht in die *Bildung* über – was von dem bildenden Wesen sich zerstört, ist sein Phantom – das veredelte Dasein bleibt zurück. [...] In diesem Punkte treffen also Zerstörung und Bildung in eins zusammen. – Denn das höchste Schöne der bildenden Künste faßt dieselbe Summe der Zerstörung *ineinandergehüllt* auf einmal in sich, welche die erhabenste Dichtkunst, nach dem Maß des Schönen, *auseinandergehüllt*, in furchtbarer Folge uns vor Augen legt. Ist es nicht die immerwährende Zerstörung des Einzelnen, wodurch die Gattung in ewiger Jugend und Schönheit sich erhält?[271] So gibt das Schöne, in welches die Zerstörung selbst sich wieder auflöst, uns gleichsam ein Vorgefühl von jener großen Harmonie, in welche Bildung und Zerstörung einst Hand in Hand hinübergehn[272].

Der Untergang des Individuums, des Besonderen, erscheint in der Geschichtsphilosophie von Kant und Schiller als notwendige Bedingung für den Fortschritt der Menschengattung, des Allgemeinen. Übertragen in den Bereich des Ästhetischen, bedeutet das: Die Kunst leistet durch den Schein des Schönen die Versöhnung mit dieser Notwendigkeit. Hier liegt, Moritz zufolge, die Erklärung für das Gefühl des Glücks, das sich im Kunstgenießenden bei der Betrachtung des Schönen einzustellen vermag. In der ästhetischen Theorie von Moritz ist angedeutet, was Herbert Marcuse als den affirmativen Charakter der bürgerlichen Kultur aufgedeckt hat: »Eine der entscheidenden gesellschaftlichen Aufgaben der affirmativen Kultur gründet in diesem Widerspruch zwischen der glücklosen Vergänglichkeit eines schlechten Daseins und der Notwendigkeit des Glücks, das solches Dasein erträglich macht [...] Die Schönheit der Kunst ist – anders als die Wahrheit der Theorie – verträglich mit der schlechten Gegenwart, in ihr kann sie Glück gewähren«[273].

271 K. Ph. Moritz, *Über die bildende Nachahmung des Schönen,* in: *Werke,* Bd. I, 286 f.

272 Ebd., 288.

273 H. Marcuse, *Über den affirmativen Charakter der Kultur,* in: ders., *Kultur und Gesellschaft 1* (ed. suhrk., 101). Frankfurt 1965, 86 f.

Wenn Marcuse die Kultur der bürgerlichen Gesellschaft affirmativ nennt, so ist dieser Begriff dialektisch zu verstehen: Die Kunst trägt zur Verfestigung bestehender Ungerechtigkeit bei, denn indem sie das »Schöne als gegenwärtig zeigt«, bringt sie durch das Glück, das der Kunstgenuß dem Rezipienten gewährt, »die revoltierende Sehnsucht zur Ruhe«[274]. Zugleich aber klagt sie die bestehende Ordnung an, indem sie Bilder einer besseren, humaneren Ordnung entwirft. »Das Bild ist verzerrt, und die Verzerrung hat alle kulturellen Werte des Bürgertums gefälscht. Trotzdem ist es ein Bild des Glücks: Es ist ein Stück irdischer Seligkeit in den Werken der großen bürgerlichen Kunst, auch wenn sie den Himmel malen«[275]. Die in der Schönheit des Werks antizipierte Harmonie versöhnt mit der Unvollkommenheit der bestehenden gesellschaftlichen Ordnung, weil das im Kunstwerk dargestellte Leid Gegenstand des Genusses und eines augenblickshaften Gefühls der Befreiung zu werden vermag. So »entlastet« die Kunst von der »Verantwortung um die ›Bestimmung des Menschen‹«[276].

Goethe hat den Moritzschen Aufsatz *Über die bildende Nachahmung des Schönen* noch 1829 auszugsweise in die Darstellung seines *Zweiten Römischen Aufenthaltes vom Juni 1787 bis April 1788* aufgenommen und auf dessen historische Bedeutung, auf die Übereinstimmung »mit der Denkweise des Jahrhunderts« hingewiesen[277]. Wie Moritz faßt Goethe die Tragödien des Individuums als »Offenbarwerden des unaufhaltsamen Fortschritts im Makrokosmos der Gattung«. Auf das Epochale dieses Gedankens, der auch der Hegelschen Geschichtsphilosophie zugrunde liegt, macht Georg Lukács aufmerksam, indem er Goethes berühmtes Diktum »Der Mensch muß wieder ruiniert werden« in Zusammenhang bringt mit einem Satz Hegels:

274 Ebd., 89.
275 Ebd., 88.
276 Ebd.
277 Vgl. dazu die Anmerkungen des Herausgebers J. Jahn zu K. Ph. Moritz, *Werke*, Bd. I, 374.

»Das Besondere hat sein eigenes Interesse in der Weltgeschichte, es ist etwas Endliches und muß als solches untergehen. Es ist das Besondere, das sich aneinander abkämpft, und wovon ein Teil zugrunde gerichtet wird. Aber im Kampfe, im Untergang des Besonderen resultiert das Allgemeine«[278].

Der geschichtsphilosophische Grundzug der Moritzschen Ästhetik erklärt auch dessen passive Auffassung der Rezeption von Kunstwerken. *Liebe* und *Mitleid* sind die Bestimmungen der von Moritz geforderten kontemplativen Rezeptionshaltung. Sie gelten einer Wirklichkeit, die im Kunstwerk als harmonische Einheit von Zerstörung und Bildung zur Erscheinung gebracht wird. Das Kunstwerk selbst hat für Moritz den Status der Realität: »Und von sterblichen Lippen läßt kein erhabneres Wort vom Schönen sich sagen als: *es ist*!«[279]. Der Satz enthüllt das im strengen Wortsinn Ideologische der Moritzschen Ästhetik: Dieser läßt als Rezeptionshaltung nur die verehrende Kontemplation zu; das Kunstwerk ist der Kritik entzogen, das Problem der Wertung hat innerhalb der Theorie keinen Ort. Der Akt der Rezeption, wie Moritz ihn beschreibt, bringt den Rezipienten nicht nur in eine harmonische Übereinstimmung mit der Schönheit, die er im Werk betrachtet, sondern auch mit der ihn umgebenden Realität: »Was uns allein zum wahren Genuß des Schönen bilden kann, ist das, wodurch das Schöne selbst entstand: ruhige Betrachtung der Natur und Kunst als eines einzigen großen Ganzen; denn was die Vorwelt hervorgebracht, ist nun, mit der Natur verbunden, für uns eins geworden und soll, mit ihr vereint, harmonisch auf uns wirken«[280]. – Das Ideologische dieser Kunstdoktrin tritt an manchen Stellen in der religiösen Begrifflichkeit deutlich hervor, so wenn Moritz

278 G. Lukács, *Das Drama der Menschengattung,* in: ders., *Faust und Faustus,* 149.

279 K. Ph. Moritz, *Über die bildende Nachahmung des Schönen,* in: *Werke,* Bd. I, 289.

280 K. Ph. Moritz, *Grundlinien zur Theorie der schönen Künste,* in: *Werke,* Bd. I, 311.

die Haltung des Rezipienten als Opfer beschreibt: »Wir opfern in dem Augenblick unser individuelles eingeschränktes Dasein einer Art von höherem Dasein auf«[281]. Es zeigt sich auch in dem Kult, den Moritz mit Goethe treibt[282]. Hier schlägt die von Moritz auch für den Bereich der Rezeption geforderte Trennung von Kunst und Leben um in die Auratisierung der Künstlerpersönlichkeit.

Die Moritzsche Ästhetik läßt sich aus seiner kleinbürgerlich-pietistischen Sozialisation verstehen – Robert Minder versucht dies in seinem Buch *Glaube, Skepsis und Rationalismus* zu zeigen. Vor allem deren resignatives Moment wird von hier verständlich. Impuls der theoretischen Anstrengung von Moritz ist die Erfahrung des Leidens. »Und das Individuum muß dulden, wenn die Gattung sich erheben soll«[283]. Aus diesem Leiden befreit einzig der Sprung in das Reich der Innerlichkeit:

> Denn ich habe gelernt, wenn alles um mich wankt, mich in den Moment meines Daseins zurückzuziehen[284]. [Es gibt] keinen Stand in der Welt, der dem Menschen die Macht rauben könnte, die wahren Vorzüge seines Geistes zu empfinden, über die Verhältnisse der Dinge und ihren Zusammenhang Betrachtungen anzustellen und sich mit einem einzigen Schwunge seiner Denkkraft über alles das hinwegzusetzen, was ihn hienieden einengt, quält und drückt[285].

281 K. Ph. Moritz, *Über den Begriff des in sich selbst Vollendeten,* in: *Werke,* Bd. I, 206. – Es sind Formulierungen dieser Art, die die These von Minder, die Moritzsche Lehre der Autonomie der Kunst sei nichts anderes als »die originale Anwendung guyonischer Gedanken [sc. pietistischer] auf das Gebiet der Kunsttheorie« (*Glaube, Skepsis und Rationalismus,* 250), bestätigen.

282 Schiller äußert sich kritisch über die »Abgötterei, die Moritz mit Goethe treibt« (zit. nach J. Nohl, *Karl Philipp Moritz als Gast Goethes in Weimar,* 771; vgl. auch 770).

283 K. Ph. Moritz, *Über die bildende Nachahmung des Schönen,* in: *Werke,* Bd. I, 283.

284 K. Ph. Moritz, *Das menschliche Elend,* in: *Werke,* Bd. I, 247.

285 K. Ph. Moritz, *Das Edelste in der Natur,* in: *Werke,* Bd. I, 237.

Das soziale Minderwertigkeitsgefühl der kleinen Handwerker, zu denen Moritz nicht nur von Geburt, sondern auch seiner beruflichen Ausbildung und Tätigkeit nach gehört (erst nach einem langen abenteuerlichen beruflichen Leidensweg gelingt ihm der Sprung in eine preußische Beamtenkarriere), findet eine Kompensation in der Hypostasierung der eigenen Innerlichkeit. So entsteht ein Bewußtsein, das alle von außen an es herantretenden Probleme in solche der Innerlichkeit verwandelt, das mithin auf die gesellschaftlich verfügte Einschränkung seiner Erfahrungs- und Wirkungsmöglichkeiten nicht mit politischer Aktivität, sondern mit Resignation und Flucht in die Innenwelt reagiert. Kleinbürgerlich-pietistische Weltentwertung und die epochale Erfahrung der Entfremdung bilden den Hintergrund für eine ästhetische Theorie, in der die für die Kunst in der entfalteten bürgerlichen Gesellschaft bestimmende Trennung von Kunst und Lebenspraxis zum erstenmal reflektiert ist[286].

b) Zur geschichtlichen Begründung der Autonomieästhetik Schillers

Schillers berühmter Aufsatz *Was kann eine gute stehende Schaubühne eigentlich leisten?*, 1784 verfaßt, darf als ein Manifest dessen betrachtet werden, was wir als bürgerlich-aufklärerische Institutionalisierung der Literatur bezeichnet haben. Wie in der Wirkungsästhetik des Sturm und Drang, die hier am

286 Die oben skizzierte Erklärung, die auf die vom Autor selbst reflektierten historischen Erfahrungen rekurriert, scheint mir plausibler als der Versuch G. Mattenklotts, die kontemplative Form der Moritzschen Theorie zu verstehen als »Widerspiegelung dieses zweifachen Sachverhaltes: allgemein der Anonymisierung des Auftragsverhältnisses auch der geistigen Produktion unter kapitalistischen Bedingungen, insbesondere aber der Aufkündigung der dienenden Funktion der Theorie im Hinblick auf Kunstproduktion und -konsumtion aus Anlaß der Enttäuschung an die Theaterentwicklung geknüpfter Hoffnungen« (*Ästhetik als Geschichtsphilosophie*, 246). Die Ablösung der Regelpoetik durch die philosophische Ästhetik

Beispiel von Lenz erörtert worden ist[287], wird auch in Schillers Aufsatz die Kunst nach ihrer Bedeutung für die Lebenspraxis der Rezipienten beurteilt. Schiller geht von der für das Zeitalter der Aufklärung leitenden Vorstellung aus, daß das Ziel aller »öffentlichen Anstalten«, wozu er auch das Theater rechnet, die »Beförderung allgemeiner Glückseligkeit« zu sein habe[288]: »Die Schaubühne ist mehr als jede andre öffentliche Anstalt des Staats eine Schule der praktischen Weisheit, ein Wegweiser durch das bürgerliche Leben, ein unfehlbarer Schlüssel zu den geheimsten Zugängen der menschlichen Seele«[289].

Wie Gottsched erhofft Schiller sich vom Theater einen günstigen Einfluß auf die Moral der Herrschenden, und d. h. letztlich auf die Organisation der Gesellschaft: »Eine merkwürdige Klasse von Menschen hat Ursache, dankbarer als alle übrigen gegen die Bühne zu sein. Hier nur hören die Großen der Welt, was sie nie oder selten hören – Wahrheit; was sie nie oder selten sehen, sehen sie hier – den Menschen«[290]. Wie Lessing geht

wird wohl kaum aus dem Scheitern der Idee des Nationaltheaters zu erklären sein. Und daß die historischen Veränderungen im Bereich der Distribution (die Anonymisierung des Verhältnisses von Produzent und Rezipient beim Übergang vom Mäzenat zum Markt) sich unmittelbar auf die Ausformulierung einer Theorie auswirken sollen, muß solange Behauptung bleiben, wie eine Vermittlung nicht geleistet und der Frage nicht nachgegangen wird, welche Erfahrungen das künstlerische Subjekt im Rahmen der historisch neuen Produktionsverhältnisse der Kunst macht.

287 Vgl. dazu oben, S. 33 ff.

288 Schiller, *Was kann eine gute stehende Schaubühne eigentlich leisten?*, in: ders., *Sämtliche Werke*, Bd. V, 819.

289 Ebd., 826.

290 Ebd., 828; vgl. dazu oben, Kap. 1, S. 20 f. – Von R. Koselleck wird der politische Charakter der Schillerschen Ästhetik sehr stark hervorgehoben, vielleicht überpointiert. Für ihn besteht das einzige Ziel der Schillerschen Theaterkonzeption darin, ein Forum politischer Kritik zu schaffen: »Die moralische Schaubühne zeigt ein erhabenes, in Schönheit und Schrecken aufgespaltenes Weltbild, um die herrschende Politik ihrer Kritik zu unterwerfen. Die Bühne wird zum Gericht« (*Kritik und Krise*, 84).

Schiller davon aus, daß die aufklärerische Wirkung der Bühne auf dem Weg über die Empfindung sich entfaltet: »[Jede] Brust gibt jetzt *einer* Empfindung Raum – es ist diese: ein *Mensch* zu sein«[291]. Während hierin die Literaturauffassung der bürgerlich-aufklärerischen Epoche zum Ausdruck kommt, finden sich in dem gleichen Aufsatz auch bereits Stellen, in denen die mit dem Prozeß der Autonomiesetzung des Kunstwerks verbundene Verengung politisch-gesellschaftlicher Fragestellungen auf die Dimension des rezipierenden Subjekts sich bereits andeutet: »Wenn uns Welt und Geschäfte anekeln, wenn tausend Lasten unsre Seele drücken und unsre Reizbarkeit unter Arbeiten des Berufs zu ersticken droht, so empfängt uns die Bühne – in dieser künstlichen Welt träumen wir die wirkliche hinweg, wir werden uns selbst wiedergegeben«[292]. Auch hier ist die Erfahrung der Entfremdung – wie bei Lenz und Möser – Impuls der theoretischen Anstrengung. Die Versöhnung findet bei Schiller jedoch in einem ideellen Bereich, jenseits der gesellschaftlichen Realität, statt.

Wie der Schaubühnenaufsatz als Manifest einer bürgerlich-aufklärerischen Institutionalisierung von Literatur gelesen werden kann, so die Briefe über die ästhetische Erziehung des Menschen als Manifest einer Institution Kunst, in der diese als autonome gefaßt ist. Schillers Weg vom Schaubühnenaufsatz zu den ästhetischen Briefen läßt sich mit psychologischen Kategorien, etwa als Entwicklung des »jungen« zum »reifen« Schriftsteller nicht zureichend erklären, zumal der Autor selbst – politisch reflektierter als Moritz – um eine historisch-gesellschaftliche Ableitung der Kategorie der Autonomie sich bemüht. Bei Schiller steht – man wird dieses Moment nicht unterschätzen dürfen – die Entpolitisierung der Ästhetik in einem geschichtlichen Begründungszusammenhang.

291 Schiller, *Was kann eine gute stehende Schaubühne eigentlich leisten?*, ebd., 831.

292 Ebd.

In seinen Briefen an den Prinzen von Augustenburg, die 1793/94 geschrieben, als eine Antwort auf die Französische Revolution verstanden werden können, geht es Schiller um die moralische Rechtfertigung einer von der Lebenspraxis der Gesellschaft abgehobenen Kunst. Er richtet an seinen fürstlichen Gönner die Frage, ob es legitim sei, »sich um die Bedürfnisse der *ästhetischen* Welt zu bekümmern, wo die Angelegenheiten der *politischen* ein so viel näheres Interesse darbieten«, in einem historischen Augenblick, »wo das große Schicksal der Menschheit zur Frage gebracht ist, und wo man also, wie es scheint, nicht neutral bleiben kann, ohne sich der strafbarsten Gleichgültigkeit gegen das, was dem Menschen das Heiligste sein muß, schuldig zu machen«[293]. Schiller bejaht die Frage und schlägt sogleich eine Begründung vor für die Abwendung der Kunst von den gesellschaftlichen Problemen der Gegenwart: das Scheitern der Aufklärung. Die Französische Revolution konnte, Schiller zufolge, nicht gelingen, weil »derjenige noch nicht reif ist zur *bürgerlichen* Freiheit, dem noch so vieles zur *menschlichen* fehlt«. Für das Scheitern einer bloß »theoretische Kultur« bleibenden Aufklärung[294] sucht Schiller nach einer Begründung in der gesellschaftlichen Verfassung der Zeit. Wie Moritz rekurriert er auf den Gegensatz der Klassen.

Der zahlreichere Teil der Menschen wird durch den harten Kampf mit dem physischen Bedürfnis viel zu sehr ermüdet und abgespannt, als daß er sich zu einem neuen und innern Kampf mit Wahnbegriffen und Vorurteilen aufraffen sollte [. . .] Man wird daher immer finden, daß die gedrücktesten Völker auch die borniertesten sind; daher muß man das Aufklärungswerk bei einer Nation mit der Verbesserung ihres physischen Zustandes beginnen[295].

293 Briefe an den Prinzen Friedrich Christian von Schleswig-Holstein-Sonderburg-Augustenburg, in: Schiller, *Über die ästhetische Erziehung des Menschen [. . .]*, hrsg. v. W. Henckmann (Studientexte, 1). München 1967, 17 f.
294 Ebd., 20 f.
295 Ebd., 30.

Der großen Mehrheit der Bevölkerung ist die Teilnahme an dem historisch möglichen Kultur- und Aufklärungsstand versagt, weil sie ihre ganze Energie auf die Befriedigung elementarer Bedürfnisse wenden muß. Schiller fordert für »diese unglückliche Menschenklasse, welche ihre besten Kräfte im Ringen mit der physischen Not verzehrt«[296], das Mitleid der Privilegierten. Diesen wiederum hält er vor, daß sie in einem »raffinierten und konsequenten Epikureism« verharren, obwohl sie, freigesetzt vom Zwang der Arbeit, sehr wohl in der Lage wären, das Humanitätsideal der Epoche zu verwirklichen, d. h. humane und zugleich kultivierte Formen des gesellschaftlichen Lebens zu entwickeln. Wenn Schiller den »höheren Ständen unseres Zeitalters« vorwirft, daß sie eine allenfalls »theoretische Kultur« ausgebildet haben[297], so hat diese Kritik eine durchaus politische Wendung. Die privilegierten Klassen scheuen die praktischen Folgen der Aufklärung, d. h. sie fürchten für ihre Privilegien. »Sie fliehen die Aufklärung nicht bloß um der Mühe willen, womit sie erworben werden muß; sie fürchten sie eben so sehr um der Resultate willen, zu denen sie führt. Sie sind bange [. . .] mit ihren Wahnbegriffen zugleich die Grundsäulen einstürzen zu sehen, die das morsche Gebäude ihrer Glückseligkeit tragen«[298].

Schillers Ästhetik ist das Resultat der resignativen Erkenntnis, daß politische Veränderungen, selbst wo sie, wie die Französische Revolution, eine bürgerlich-demokratische Verfassung etablieren, nicht notwendig zu einer dem Humanitätsideal der Epoche entsprechenden Gesellschaftsordnung führen, daß sie den Menschen nicht verändern. Mit Entschiedenheit weist er daher »jeden Versuch einer Staatsverfassung aus Prinzipien« – er denkt hierbei an jakobinische Vorstellungen von einem Tugendstaat – als »unzeitig« und »schwärmerisch« zurück[299].

296 Ebd.
297 Ebd., 21.
298 Ebd., 31.
299 Ebd., 22.

Weder die arbeitende Klasse noch die der Privilegierten vermag er als Träger gesellschaftlicher Veränderung zu sehen, beiden spricht er die humane Legitimation ab. Da er aber an der Vorstellung festhält, daß die »politische und bürgerliche Freiheit [. . .] immer und ewig das heiligste aller Güter, das würdigste Ziel aller Anstrengungen, und das große Zentrum aller Kultur« ist[300], entwirft er ein Programm, das die Verwirklichung der politischen Zielsetzungen in eine ferne Epoche verlagert. Es ist die Abwendung von den politischen Kämpfen der Gegenwart, die ihn die Ästhetik als Mittel praktischer Veränderung begreifen läßt.

Ausgehend von der Einsicht, daß die Erkenntnis der Wahrheit nicht notwendig zu einem dieser Erkenntnis gemäßen Handeln führen muß, hofft Schiller auf die Kunst, die ihm als Instrument erscheint, das die Umsetzung einer theoretischen Kultur in gesellschaftliche Praxis ermöglicht. Die Philosophie ist ohnmächtig, wenn es darum geht, »unsre Kenntnis zu praktischen Maximen zu erheben«. Sie liefert nur die »Materialien zur Weisheit«. Erst die ästhetische Empfindung, indem sie den Menschen in der Totalität seiner Kräfte ergreift, weckt in ihm das Bedürfnis, die Wahrheit in der gesellschaftlichen Wirklichkeit zum Ausdruck zu bringen[301].

Die von Schiller entworfene ästhetische Theorie, die auf eine in einer fernen Zukunft zu verwirklichende humane Gesellschaft zielt, institutionalisiert paradoxerweise die Trennung von Kunst und Leben; sie macht den Verzicht auf politisches Handeln in der Gegenwart zur Voraussetzung praktischer Wirksamkeit. Sie erklärt die ästhetische Kultur zu einem Instrument der Humanität, das aber »von dem politischen Zustand vollkommen unabhängig, und also auch ohne Hilfe des Staats zu erhalten ist«[302]. Seinem Ziel, der Verwirklichung politischer und bürgerlicher Freiheit, in einer am Ideal der Humanität ausgerichteten

300 Ebd., 23.
301 Ebd., 32.
302 Ebd., 24.

Gesellschaft, glaubt Schiller gerade dadurch treu bleiben zu können, daß er »sich alle Beziehungen auf den *jetzigen* Weltlauf und auf die *nächsten* Erwartungen der Menschheit« verbietet.

Aber jemehr das beschränkte Interesse der Gegenwart die Gemüter in Spannung setzt, einengt und unterjocht, desto dringender wird das Bedürfnis, durch ein allgemeines und höheres Interesse an dem, was *rein menschlich* und über allen Einfluß der Zeiten erhaben ist, sie wieder in Freiheit zu setzen, und die politisch geteilte Welt unter der Fahne der Wahrheit und Schönheit wieder zu vereinigen[303].

Konsequenter als Goethe hat Schiller die Trennung von Kunst und Leben reflektiert im Hinblick auf den Gehalt der Einzelwerke. Wie Moritz faßt er in dem Gedicht *Das Ideal und das Leben,* dessen Titel bereits programmatisch ist, die Kunst als die von der Realität abgehobene Sphäre der Schönheit. Im »Bild« findet die Versöhnung statt mit »der Menschheit Leiden«: »Aber in den heitern Regionen,/ Wo die reinen Formen wohnen,/ Rauscht des Jammers trüber Sturm nicht mehr.« Der Kunstgenuß bedeutet auch für den Rezipienten die Befreiung von »menschlicher Bedürftigkeit«, die Betrachtung des Kunstwerks reißt ihn aus der Beschränkung des Wirklichen – »und des Erdenlebens/ Schweres Traumbild sinkt und sinkt und sinkt«[304].

In einem Brief an Wilhelm von Humboldt skizziert Schiller das Projekt einer Idylle, die er als Anwendung der im Gedicht theoretisch (»lehrend«) entfalteten ästhetischen Anschauungen konzipiert.

Denken Sie sich aber den Genuß, lieber Freund, in einer poetischen Darstellung alles Sterbliche ausgelöscht, lauter Licht, lauter Freiheit, lauter Vermögen – keinen Schatten, keine Schranke, nichts von dem allem mehr zu sehen. – Mir schwindelt ordentlich, wenn ich an diese Aufgabe – wenn ich an die Möglichkeit ihrer Auflösung denke. Eine Szene im Olymp

303 F. Schiller, *Ankündigung* der *Horen,* in: ders., *Sämtliche Werke,* Bd. V, 870.

304 F. Schiller, *Das Ideal und das Leben,* in: ders., *Sämtliche Werke,* Bd. I, 201 ff.

darzustellen, welcher höchste aller Genüsse! Ich verzweifle nicht ganz daran, wenn mein Gemüt nur erst ganz frei und von allem Unrat der Wirklichkeit recht rein gewaschen ist[305].

Hier taucht an historisch früher Stelle eine Vorstellung auf, die ein Jahrhundert später den Künstlern des *Fin de siècle* vertraut sein wird: die Vorstellung von einem absoluten Kunstwerk – ohne Inhalt (denn die Darstellung des Olymp meint die Abkehr vom Stoff der Wirklichkeit). Der Gehalt eines solchen Werks ist die Negation der Wirklichkeit; das Werk geht auf in der Form. – Wilhelm von Humboldt bestimmt folgendermaßen die »Objectivität« (für ihn der Begriff, der den Grad der ästhetischen Vollendung eines Werks anzeigt): »Da ist der Stoff bis auf seine kleinsten Theile besiegt; da ist alles Form«[306].

Schillers ästhetische Theorie hat die (Wieder-)Herstellung der Totalität des Menschen durch die Kunst zum Ziel. Der Gedanke wird von Wilhelm von Humboldt aufgenommen und radikalisiert: »Daß die Poesie bestimmt ist, der Menschheit ihren möglichst vollständigen Ausdruck zu geben, ist das größeste Wort, das je über sie ausgesprochen werden kann, und drückt zugleich ihre Beschaffenheit, ihren Umfang und ihre Würde aus«[307]. Zugleich wird bei Humboldt die Kehrseite der Autonomieästhetik erkennbar, dort vor allem, wo er sich auf Fragen der Rezeption einläßt: »Sobald also der Dichter nur dahin gelangt, in uns jede auf die Kenntnis der Wirklichkeit gerichtete Stimmung zu unterdrücken, und alle sonst damit beschäftigten Kräfte unsres Geistes allein der Einbildungskraft unterzuordnen, so hat er seinen Zweck erreicht«[308]. Die Begrifflichkeit des

305 Schiller an W. von Humboldt, 30. Nov. 1795, in: *Der Briefwechsel zwischen Friedrich Schiller und Wilhelm von Humboldt,* hrsg. v. S. Seidel, 2 Bde, Berlin (DDR) 1962, Bd. I, 243.

306 W. von Humboldt, *Ästhetische Versuche I. Über Goethes Hermann und Dorothea,* in: ders., Studienausgabe, Bd. I, 74.

307 W. von Humboldt an Schiller, 18. 12. 1795, in: *Der Briefwechsel zwischen Friedrich Schiller und Wilhelm von Humboldt,* Bd. I, 265.

308 W. von Humboldt, *Ästhetische Versuche I,* in: ders., Studienausgabe, Bd. I, 55.

Satzes (unterdrücken, unterordnen, Zweck) verrät den geheimen Widerspruch der klassischen Ästhetik: die verheißene Befreiung von den Zwängen der Realität meint nicht die Autonomie des Rezipienten, den sie vielmehr zum Objekt der schöpferischen Tätigkeit des Kunstproduzierenden macht. Dieser allein verfügt über die Wirklichkeit, die er in der Absicht bearbeitet, »das Gemüth zu stimmen«. »Ist die Seele einmal künstlerisch gestimmt, hat ihr der Dichter einmal jene zarte Empfänglichkeit, jene leise Erregbarkeit mitgetheilt, so hängt es allein von seiner Willkühr ab, wie viele einzelne Objecte er ihr wirklich vorführen, wie viele einzelne Empfindungen er in ihr rege machen will«[309]. Die Empfindungen, die die Kunst in den Aufnehmenden hervorrufen soll, werden, Humboldt zufolge, nicht auf die Wirklichkeit zurückgelenkt; es handelt sich nicht um die Freisetzung schöpferischer Energien in den Rezipienten, die auf die Gestaltung der Welt sich richten könnten. Der von Humboldt verwendete emphatische Begriff des Menschen setzt vielmehr diesen (als Rezipienten) ebenso radikal der Wirklichkeit entgegen wie das Kunstwerk selbst:

> Eben daher kommt es auch, dass die Kunst uns immer in uns zurückversenkt, da die Wirklichkeit uns aus uns herausführt [. . .] Erst, indem es [das Kunstwerk] den Menschen sich selbst giebt, schenkt es ihn der Welt. Es spricht gar nicht zu demjenigen Theile seines Wesens, mit dem er der Wirklichkeit angehört[310].

Die klassische Ästhetik, die gerade mit den Formulierungen Wilhelm von Humboldts den Literaturunterricht der Gymnasien und die Literaturvorstellung der Universitäten bis in unser Jahrhundert hinein bestimmt hat, enthält eine Reihe recht problematischer Annahmen, die hier nur angedeutet werden können. Die von Humboldt propagierte Rezeptionsweise, die auf der »Empfänglichkeit« des Rezipienten gründet, beinhaltet die Unterscheidung zwischen »empfänglichen«, »reizbaren« und

309 Ebd., 55 f.
310 Ebd., 50.

stumpfen Rezipienten[311]. Dieselbe Hierarchisierung nimmt Humboldt auch für die Kunstproduzenten vor: Die Fähigkeit, die Rezipienten »künstlerisch zu stimmen«, besitzt einzig die »ächte Künstlernatur«[312]. Mit dieser Rede vom »echten« Künstler, der Dichotomie von Dichter und Schriftsteller, ist die Möglichkeit gegeben, engagierte Literatur, als solche, die auf die gesellschaftliche Wirklichkeit Bezug nimmt, abzuwerten gegenüber »reiner« Kunst. Schließlich birgt die Humboldtsche Bestimmung des Kunstwerks, das allein der Phantasie zugeordnet ist, die Gefahr, daß Versuche rationaler Erklärung von Kunstwerken als diesen unangemessen abgewiesen werden können, eine Gefahr, die im Lauf des 19. Jahrhunderts in Konzepten irrationalistischer Literaturaneignung zur Entfaltung kommt[313].

311 Vgl. z. B. W. von Humboldt an Schiller, 21. Aug. 1795, in: a.a.O., Bd. I, 95 ff. – Noch E. Staiger postuliert: »Nicht jeder Beliebige kann Literarhistoriker sein. Begabung wird erfordert, außer der wissenschaftlichen Fähigkeit ein reiches und empfängliches Herz, ein Gemüt mit vielen Saiten, das auf die verschiedensten Töne anspricht« (Titelaufsatz in: *Die Kunst der Interpretation [. . .]* [dtv, 4078]. München 1971, 10).

312 W. von Humboldt, *Ästhetische Versuche I*, in: ders., Studienausgabe, Bd. I, 55.

313 Vgl. z. B. folgenden Satz Humboldts: »Das Letzte, worauf die Dichtkunst führt, ist immer, wie sie selbst, etwas Unauflösbares, Unerklärbares« (*Über ›Wallenstein‹*, in: ders., *Studienausgabe*, Bd. I, 134. – Zur Diskussion über das »Zerreden« von Dichtung in der didaktischen Literatur des 19. Jahrhunderts vgl. H. J. Frank, *Geschichte des Deutschunterrichts. Von den Anfängen bis 1945*. München 1973, 300 ff.

6. Kunst und Lebenspraxis am Weimarer Hof

a) Festveranstaltungen des Weimarer Hofes

Die Autonomiesetzung der Literatur entwickelt sich unter den materiellen Bedingungen des höfischen Mäzenats, aber in einem historischen Augenblick, wo das Selbstbewußtsein der Schriftsteller bereits bürgerlich geprägt ist. Dieser Widerspruch legt es nahe, die kulturellen Kommunikationsformen des Weimarer Hofes zu untersuchen und die Frage zu stellen, wie Goethe sich zu diesen verhält.

Als Goethe nach Weimar kommt, findet er dort eine Hofgesellschaft vor, deren Leben nach einem scheinbar spontanen, in Wirklichkeit eher streng geregelten Programm abläuft. Dieses Programm, bestehend aus kulturellen und geselligen Veranstaltungen der verschiedensten Art, ist Ausdruck einer nahezu existenziellen Angst vor der Langeweile, Zeichen einer Gesellschaft von Privilegierten, die freigesetzt sind vom Zwang der Arbeit, ohne doch die damit gegebenen Möglichkeiten humaner Entfaltung nutzen zu können. Daß die Langeweile in der Tat ein Existenzproblem dieser Hofgesellschaft gewesen ist, läßt sich belegen. In dem unter Mitwirkung von Goethe gegründeten *Tiefurter Journal*, in dem die Angehörigen der Weimarer Aristokratie zur gegenseitigen Unterhaltung literarische Gelegenheitsarbeiten (Gesellschaftsspiele und dergleichen) veröffentlichen, erscheint gleich im ersten Jahrgang eine lange pedantische Abhandlung mit dem Titel *Manifest der Langeweile*. Das Fräulein von Göchhausen, die erste Hofdame der Anna Amalia, der Herzoginmutter, spricht in ihren Briefen von der »*maladie contagieuse* des Hof-*ennui*«. In der Sucht nach dem ständigen Wechsel geselliger Veranstaltungen entdeckt sie ein tieferes Bedürfnis, sich über die Nichtigkeit dieses Daseins hinwegzutäuschen: »Die Zeit des Carnevals hat indessen für jetzt zu allerley *Selbstbetrug* Anlaß gegeben, und man ist wenigtstens darauf bedacht gewesen, die maladie contagieuse des Hof-ennui

Die Herzoginnen von Weimar im Park

recht brillant zu machen«[314]. Die Funktion Goethes sieht sie in dessen Fähigkeit, das Festprogramm der Hofgesellschaft zu organisieren und zu erweitern, wenn sie in dem zitierten Brief fortfährt: »Auch Freund Göthe hat sein Goldstück zu Anderer Scherflein gelegt und auf der Herzogin Luise Geburtstag, der den 30ten war, eine artige *Comédie ballet* geliefert«[315]. Einen Unterschied der Unterhaltungsbeiträge Goethes zu denen anderer Mitglieder der Hofgesellschaft erkennt sie allenfalls in deren formaler Qualität, nicht in den Inhalten.

Gemessen am Luxus des höfischen Festes, wie wir ihn aus dem Frankreich Ludwigs XIV. kennen, reduziert sich der Aufwand des Weimarer Hofes auf eher bescheidene Maße. Da nach der Zerstörung des alten Hoftheaters beim Schloßbrand von 1774 die Mittel des Hofes für den Bau eines neuen Theaters nicht ausreichen, suchen zwei durch soziale Herkunft der Mitglieder

314 L. von Göchhausen an Merck, 11. Febr. 1782, in: *Die Göchhausen. Briefe einer Hofdame aus dem klassischen Weimar,* hrsg. v. W. Deetjen. Berlin 1923, 29; Hervorhebung von mir.
315 Ebd.

und gesellschaftliche Funktion der Darbietungen unterschiedene Zirkel von Dilettanten, die Theaterbedürfnisse der Weimarer zu befriedigen[316]: Der Zirkel des Grafen Putbus, des Oberhofmarschalls der Anna Amalia, besteht aus Mitgliedern der Hofgesellschaft und spielt für diese, wobei die Aufführungen Bestandteil höfischer Festlichkeiten sind. Gespielt werden vor allem klassizistische französische Stücke (Voltaire) und Singspiele, meist in französischer Sprache[317]. Initiator der zweiten, bürgerlichen, Theatergruppe ist der Fabrikant Bertuch. In meist nur improvisierten Aufführungen bringt er zeitgenössische deutsche Lustspiele. Auf den Vorschlag von Karl August übernimmt Goethe 1778 die Leitung des Weimarer Liebhabertheaters, für das er eine Reihe von Gelegenheitsarbeiten schreibt.

Goethes Tätigkeit richtet sich, wie wir das bereits im Bereich der Verwaltung gesehen haben, auf die *ganze* Theaterpraxis. Er leitet die Probenarbeiten, wirkt mit bei der Planung der Dekorationen und Kostüme, engagiert Künstler (Corona Schröter). In diesen Aufführungen spielen neben Mitgliedern der Hofgesellschaft (Karl August selbst, dessen Bruder, Prinz Konstantin, Frau von Stein, Fräulein von Göchhausen, Knebel, Seckendorff etc.) auch einige Bürgerliche (Goethe, Bertuch, Amalie Kotzebue, Musäus etc.)[318]. Auch im absolutistischen Frankreich wirken Mitglieder der Hofgesellschaft, u. a. Ludwig XIV. selbst, bei den Festveranstaltungen als Tänzer im Ballett mit. In Weimar jedoch ist die Teilnahme des Adels an den höfischen Festlichkeiten auch auf produktive Mitarbeit gerichtet: Anna Amalia komponiert und setzt eine ganze Reihe kleiner Lustspiele in Musik (z. B. Goethes *Jahrmarktsfest zu Plunderswei-*

316 Erst 1780 wird ein neues Haus eröffnet, das 1790 zum Hoftheater ernannt und der Direktion Goethes unterstellt wird. Vgl. dazu I.-M. Barth, *Literarisches Weimar [. . .]* (Sammlung Metzler, 93). Stuttgart 1971, 105 ff.

317 Die Vorliebe des Herzogs für das klassische und klassizistische französische Theater bestimmt mit die Theaterproduktion Goethes (Voltaire-Adaptationen) und Schillers *(Phädra)*.

318 Vgl. dazu I.-M. Barth, *Literarisches Weimar,* 106 f.

Das Neueste von Plundersweilern
Aquarellzeichnung von Kraus, 1781

lern). Dergleichen verweist auf ein Charakteristikum des Weimarer Hofes: die Reduktion des höfisch Repräsentativen auf die Intimität der bürgerlichen Familie.

Die Theateraufführungen finden statt in der an bürgerliche Privatheit grenzenden Intimität der herzoglichen Residenzen, im Sommer in Ettersburg und Tiefurt, wo man im Freien spielen und das Ufer der Ilm als Kulisse benutzen kann (z. B. für Goethes Singspiel *Die Fischerin, ein Wald- und Wasserdrama* – mit der Musik von Corona Schröter), im Winter in einem Saal im Wittumspalais. Zu diesen Aufführungen sind nur geladene Gäste des Hofes zugelassen[319]. Im Weimarer Redoutenhaus dagegen sind auch Plätze für Bürger aus der Stadt vorgesehen[320].

319 Vgl. ebd., 109.
320 Vgl. dazu W. H. Bruford, *Kultur und Gesellschaft im klassischen Weimar*, 120.

Szene aus der Tiefurter Aufführung der »Fischerin«
Aquarell von Kraus, 1782

Diese Aufführungen dürfen nicht als abgehobene Kunstpraxis betrachtet werden, sie sind ebenso Teil des höfischen Lebens wie die *Freundschaftstage* der Luise von Göchhausen, die von Goethe initiierten *Mittwochs-Kränzchen*, die *Mittwochs-* und *Freitags-Gesellschaft*[321]. Wenn man die Organisation dieser scheinbar gleichwertigen Gesellschaftstage zu fassen sucht, wird man den spezifischen Beitrag Goethes erkennen können. Die Freundschaftstage der Göchhausen erinnern – sieht man von der aristokratischen Salons im Frankreich des 17. Jahrhunderts. bedingten Einfachheit des Ortes (Mansardenzimmer im Wittumspalais) und der Bewirtung (Tee) einmal ab – an die *ruelle* der aristokratischen Salins im Frankreich des 17. Jahrhunderts. Die einzige Erwartung, die in die Gäste gesetzt wird, besteht darin, einen Beitrag zur *Unterhaltung* der Gesellschaft zu leisten.

321 Vgl. dazu I.-M. Barth, *Literarisches Weimar*, 51 f., 70 ff.

Geselliges Zusammensein bei der Herzogin Anna Amalia

Anders verhält es sich mit den von Goethe angeregten und wesentlich getragenen Veranstaltungen. Hier gibt es Regeln, die eingehalten werden müssen, einen vorgeschriebenen Kode: die Sprache der Wissenschaft, eingeschriebene Mitglieder, festgelegte Themen, vor allem aber eine kulturpolitische Zielsetzung: Goethe will »das Elend der jetzigen gesellschaftlichen Zustände [...] die Geistesleerheit und Gemüthlosigkeit [...] im geselligen Verkehr« durch die Gründung gelehrter Gesellschaften bzw. Vereine beheben[322].

Die Veränderungen, die Goethe in die Formen der höfischen Geselligkeit einführt, bedürfen einer Interpretation: Am Ende des 18. Jahrhunderts ist die höfische Kultur auch in Deutschland in das Stadium der Selbstkritik eingetreten. Goethe selbst erkennt die Bedeutungslosigkeit einer auf die Funktion der Selbstdarstellung und der Unterhaltung reduzierten Kultur, der

322 Zit. nach ebd., 70.

höfischen[323]. Als Bürgerlicher, der sich in eine höfische Gesellschaft hat integrieren lassen, und der an dem politischen Modell der aufgeklärten Monarchie zeitlebens mit Überzeugung festhält, versucht er nun, der höfischen Kultur neue Funktionen zuzuweisen: Wissenschaft läßt er an die Stelle bloßer Unterhaltung treten[324].

Wichtiger ist etwas anderes: Die Statuten des Goetheschen Mittwochs-Kränzchens untersagen den Mitgliedern Gespräche über Politik[325]. Die Bedeutung dieser Einschränkung des geselligen Umgangs wird in ihrer gesellschaftlichen Dimension sogleich deutlich, wenn man sich vergegenwärtigt, daß, wie Habermas gezeigt hat, die Funktion der »gemischten Gesellschaften« des 18. Jahrhunderts gerade im Räsonieren bestand. Habermas kann sich auf Kant berufen, wenn er das in solchen Gesellschaften sich konstituierende räsonierende Publikum als politische Öffentlichkeit beschreibt[326], die zum »Organisationsprinzip des liberalen Rechtsstaats« wird. »Vor der Öffentlichkeit müssen sich alle politischen Handlungen auf die Grundlage der Gesetze zurückführen lassen, die ihrerseits vor der öffentlichen Meinung als allgemeine und vernünftige Gesetze ausgewiesen sind«[327]. Den Sinn geselliger Veranstaltungen sieht der bürgerliche Aufklärer Kant darin, daß sie das Selbstverständnis der miteinander verkehrenden Privatleute fördern und damit zugleich das Projekt einer vernünftigen Gesellschaft, in der Politik und Moral eins sind:

323 Vgl. dazu den Schluß dieses Abschnitts.

324 Vgl. als Kontextillustration einen Brief der Göchhausen an Knebel: »Was die Evolutionen im Stade bedreffen, davon nehmen wir wenig Notiz, und sehen diese kommenden und gehenden Gewitter blos im Wiederschein auf den Phisionomien derer, die am Ruder sitzen [...] Wir sind ietzt beschäftigt, ein kleines französisches Stück zu memorieren« (19. Aug. 1782, in: *Die Göchhausen*, 45).

325 Vgl. dazu I.-M. Barth, *Literarisches Weimar*, 70.

326 Vgl. J. Habermas, *Strukturwandel der Öffentlichkeit*, 212.

327 Ebd., 122 f.

Wenn man auf den Gang der Gespräche in gemischten Gesellschaften, die nicht bloß aus Gelehrten und Vernünftlern, sondern auch aus Leuten von Geschäften oder Frauenzimmern bestehen, acht hat, so bemerkt man, daß außer dem Erzählen und Scherzen noch eine Unterhaltung, nämlich das Räsonieren, darin Platz findet[328].

Für die von Goethe wesentlich bestimmte Weimarer Kultur ist nun gerade die Trennung der Bereiche Kunst, Geselligkeit und Politik konstitutiv.
Daß Goethe die Tabuierung der Politik auf den Bereich der Geselligkeit ausdehnt, weist auf das Zweideutige seiner gesellschaftlichen Haltung. Der Verzicht auf gesellschaftliche Wirkung betrifft nicht nur den von der Lebenspraxis abgehobenen Bereich der Kunst. Die politische Verantwortung des Intellektuellen überhaupt ist problematisch geworden.
Goethes Beitrag zur Gestaltung der höfischen Lebenskultur reicht weit über den Bereich des Theaters hinaus. Fügt man die einzelnen Elemente seiner Tätigkeit im Dienst des Weimarer Hofes zusammen, so scheint es ihm um etwas wie die Realisierung des höfischen Festes als Gesamtkunstwerk zu gehen. Das Widerspruchsvolle der gesellschaftlichen Position Goethes wird von einem scharfsichtigen Zeitgenossen wie Herder als historischer Anachronismus gewertet:

Er [sc. Goethe] ist also jetzt wirklicher Geheimer Rat, Kammerpräsident, Präsident des Kriegskollegii, Aufseher des Bauwesens bis zum Wegbau hinunter, Direktor des Bergwerks, dabei auch *directeur des plaisirs*, Hofpoet, Verfasser von schönen Festivitäten, Hofopern, Balletts, Redouten-Aufzügen, Inskriptionen, Kunstwerken usw., Direktor der Zeichen-Akademie, in der er den Winter über Vorlesungen über die Osteologie gehalten; selbst überall der erste Akteur, Tänzer, kurz das *factotum* des Weimarischen und, so Gott will, bald der *major domus* sämtlicher Ernestinischer Häuser, bei denen er zur Anbetung herumzieht. Er ist baronisiert, und an seinem Geburtstage [. . .] wird die Standeserhebung erklärt werden. Er ist aus seinem Garten in die Stadt gezogen und macht ein adlig Haus, hält

328 Kant, *Kritik der praktischen Vernunft*, zit. nach J. Habermas, *Strukturwandel der Öffentlichkeit*, 121.

Lese-Gesellschaften, die sich bald in Assembleen verwandeln werden usw. usw.[329].

Aus der fast satirischen Häufung der Titel spricht die Verachtung des Bürgerlichen für den »Fürstendiener«[330]. Wenn Goethe sich bereitfindet, als das *factotum* eines der unzähligen deutschen Fürsten zu gelten, so sucht Herder das Motiv für eine solche Erniedrigung im Aufstiegswillen des bürgerlichen Intellektuellen. So schwer wiederlegbar der Vorwurf ist, den Herder Goethe gegenüber erhebt, wird man doch sehen müssen, daß dieser im Unterschied etwa zu den Künstlern am Hof Ludwigs XIV. sich gegenüber der Lebenswelt, in der er lebt, reflektiert verhält und daß er in das höfische Fest bürgerliche Momente einführt.

Es ist auch kaum denkbar, daß ein Künstler vom Rang Goethes sich total in eine Institutionalisierung der Kunst integrieren läßt, die in ihren Gehalten und in ihrer Funktion bereits als obsolet erkennbar geworden ist. So paradox dies scheinen mag, die künstlerischen Aktivitäten Goethes und die unternehmerischen des Weimarer Fabrikanten Bertuch weisen eine ähnliche Tendenz auf: die Verbürgerlichung der höfischen Kunst, wobei die Bemühungen Goethes auf die Entwicklung künstlerischer Techniken gerichtet sind, die Bertuchs auf die Verwertungsmöglichkeiten kultureller Produkte. Bertuchs *Journal des Luxus und der Moden,* die von ihm in Jena verlegte *Allgemeine Literatur-Zeitung* und sein *Landesindustriekomptoir* dienen als eine Art Reklamebüro für die Produkte der Kultur und des Handwerks in Weimar[331]. Goethes Beitrag zur Verbürgerlichung der höfischen Kultur ist natürlich nicht kommerzieller Natur, er betrifft nicht die Distributionsformen der Kunst,

329 Herder an Hamann, 11. Juli 1782, in: W. Hoyer, *Goethes Leben dokumentarisch.* Leipzig 1960, 507.

330 In seinen Gesprächen mit Eckermann sucht Goethe sich gegen diesen Vorwurf zu verteidigen (vgl. besonders das Gespräch vom 27. Apr. 1825).

331 Vgl. dazu W. H. Bruford, *Kultur und Gesellschaft im klassischen Weimar,* 282 ff.

Großherzog Carl August, 1824

sondern zielt auf deren inhaltliche Veränderung. Im folgenden soll nun der spezifische Beitrag Goethes bei der Ausbildung der Weimarer Kultur erörtert werden.

Es scheint mir aufschlußreich, daß die Erinnerungen des Freiherrn von Lyncker, der als Page und später Kammerherr Anna Amalias nicht nur Augenzeuge, sondern Akteur in vielen Maskenzügen und Ballettaufführungen gewesen ist und von dem wir eine der ausführlichsten Schilderungen der Festlichkeiten am Weimarer Hof haben, seinen Bericht beginnt mit der Darstellung von Goethes Verhältnis zu Kindern – eben weil hier ein Moment sichtbar wird, das den Rahmen des höfischen Festes sprengt. In den Kindern nämlich entdeckt Goethe ein neues Subjekt festlicher Veranstaltungen. Für die Kinder des Weimarer Adels und gehobenen Bürgertums veranstaltet er Feste, deren Hauptattraktionen sportliche Wettspiele, waghalsige Schlitten- und Schlittschuhpartien in abenteuerlicher Verkleidung, schlaraffenlandähnliche, die Regeln des in der Gesellschaft sonst geforderten Wohlanstands sprengende Freßorgien gewesen sein müssen. Begreiflicherweise rufen diese Veranstaltungen Befremden hervor[332], nicht nur weil man dem bürgerlichen Arrivé mißtraut oder der herausfordernden Unkonventionalität des »Kraftgenies«[333], sondern vor allem weil Goethe, den zeitgenössischen Normenhorizont verachtend, den Anspruch der Kinder auf die allseitige Entfaltung ihrer Kräfte im Spiel ernst nimmt.

Andere zeitgenössische Berichte über Goethes Kinderfeste lassen das bürgerliche Moment deutlich erkennen. Goethe erscheint darin als Inbegriff des bürgerlichen Familienvaters. Die Rede von Goethe »als Mensch« erfährt eine inhaltliche Bestimmung, indem sein Verhältnis zu Kindern als Maßstab vollendeter Menschlichkeit dient:

332 Vgl. dazu K. Frhr. von Lyncker, *Am Weimarischen Hofe unter Amalien und Karl August*, 46 ff.

333 Vgl. die Darstellung von Goethes Weimarer »Genieperiode« bei K. A. Böttiger, *Literarische Zustände und Zeitgenossen*, 51 ff.

Goethe mit seinem Zögling Fritz von Stein. Um 1780

Ich lernte Goethe zuerst an einem Tage persönlich kennen, wo seine Menschlichkeit sich ganz heilig und rein offenbarte. Er gab ein Kinderfest in einem Garten unweit Weimar. Es galt, Ostereier aufzuwittern. Die muntere Jugend, worunter auch kleine Herder und Wielande waren, zerschlug sich durch den Garten und balgte sich bei dem Entdecken der schlau versteckten Schätze mitunter nicht wenig. Ich erblicke Goethe noch vor mir. Der stattliche Mann, im goldverbrämten blauen Reitkleide, erschien mitten in dieser mutwilligen Quecksilbergruppe als ein wohlgewogener oder ernster Vater, der Ehrfurcht und Liebe gebot. Er blieb mit den Kindern beisammen bis nach Sonnenuntergang und gab ihnen am Ende noch eine Naschpyramide preis, welche die Kokagnen zu Neapel gar nicht übel nachbildete. Ein Mann, der an Kindern und an der Musik Ergötzen findet, ist ein edler Mann[334].

334 F. v. Matthisson, *Erinnerungen*, zit. in: W. Hoyer, *Goethes Leben dokumentarisch*, 514 (die Notiz über das Kinderfest datiert vom April 1783).

Anders als dies aus aristokratischer Sicht, bei Lnycker, geschieht, hebt der Verfasser des zitierten Berichts nicht das Ausschweifende, Normverletzende von Goethes Kinderfesten hervor, sondern das erzieherische Moment.
Allgemeine Anerkennung findet Goethe mit einem anderen Typus von Veranstaltung, dem *Landschaftsarrangement*. Er erfindet dafür zwei Variationen: Anläßlich eines Sommerfestes für die Herzogin Luise läßt Goethe auf einem landschaftlich nicht besonders reizvollen Platz, dem Stern in Weimar, eine kleine »Einsiedelei« errichten. Den Festverlauf legt er in einem Spiel fest: Mönche, darunter der Herzog und Goethe in der Rolle des *Pater decorator*, begrüßen die Hofgesellschaft; die Enttäuschung der Gesellschaft angesichts einer wenig festlich, eher ländlich gedeckten Tafel, verstärkt die vorbereitete Überraschung: Die hintere Tür der Einsiedelei öffnet den Blick auf eine veränderte Landschaft (Goethe hat einen Wasserfall umleiten lassen) und auf eine fürstlich gedeckte Tafel; aus dem Gebüsch erklingt Musik[335]. Die gewaltsam umgestaltete Landschaft, der inszenierte Wechsel der Stimmungen – dergleichen Momente lassen den Bezug zum höfischen Fest des französischen 17. Jahrhunderts erkennen. Das höfische Fest ist eine auf den raschen Wechsel der Stimmungen hin komponierte Abfolge verschiedenartiger Elemente. R. Alewyn erklärt die Sucht nach der Verwandlung als *horror vacui* des höfischen Daseins, das er als totales Fest bestimmt[336]. Das Goethesche Festszenarium enthält jedoch noch etwas anderes als das Spiel der Verwandlungen; es zielt nämlich auf eine neue Sehweise: Die höfische Gesellschaft soll die Landschaft als bereits gedeutete nachempfinden, wobei die zeitgenössische Kloster- und Ruinenlandschaft das Kulturmuster abgibt. Dies nun, daß das Fest nicht

335 Vgl. dazu W. Bode, *Goethes Leben im Garten am Stern*. Berlin 1909, 142 ff.

336 Vgl. dazu R. Alewyn/K. Sälzle, *Das große Welttheater. Die Epoche der höfischen Feste in Dokument und Deutung* (rowohlts deutsche enzyklopädie, 92). Hamburg 1959, 13.

mehr bloß unmittelbarer Bestandteil des höfischen Lebens ist, sondern daß es zum Vergleich mit Kunstwerken provoziert, daß es nach einer Deutung verlangt, wird man als Auflösung des höfischen Festes verstehen dürfen. Die sich darin möglicherweise andeutende Tendenz zur Verbürgerlichung des höfischen Festes ist in einer zweiten Variation des Landschaftsarrangements noch deutlicher. Goethe veranstaltet ein Gartenfest für die Herzoginmutter: Bei Anbruch der Dunkelheit öffnet er die Tür der Einsiedelei, und man sieht das im Rembrandtgeschmack erleuchtete Ufer der Ilm[337]. Dominierend in dem Arrangement ist der Gedanke, ein Naturerlebnis zu provozieren im Nachvollzug einer bereits ästhetisch gedeuteten Landschaft.

Es fällt schwer, die Naturkonzeption zu deuten, die dem skizzierten Festszenarium zugrunde liegt. Höfisch wird man sie nicht nennen können, denn die Natur ist nicht mehr gefaßt als beliebig zu verwandelnde Kulisse höfischer Repräsentation. Wieder frappiert der intime Charakter der Veranstaltung: Die kleine Gesellschaft um Anna Amalia trinkt einen Rheinwein, den Goethes Mutter der Herzogin zum Geschenk gemacht hat. Ist sie bürgerlich? Die Philosophie des 18. Jahrhunderts entwickelt in dialektischer Gegenbewegung zu der Erkenntnis, daß mit geschichtlicher Notwendigkeit die Natur zum Objekt menschlicher Herrschaft und Nutzung wird, eine ästhetische Deutung der Landschaft, »um das, was die Gesellschaft in der für sie notwendigen Verdinglichung der Welt zu ihrem Objekt außer sich setzen muß, dem Menschen zurückzugeben und für ihn einzuholen«[338]. Die ästhetische Vergegenwärtigung der Na-

337 Vgl. dazu W. Bode, *Goethes Leben im Garten am Stern,* 145 f. – Wieland schildert diese von Goethe entworfene Illumination in einem Brief an Merck vom 27. August 1778, in: *Johann Heinrich Mercks Schriften und Briefwechsel,* hrsg. v. K. Wolff. Leipzig 1909, Bd. II, 127 f.

338 J. Ritter, *Landschaft. Zur Funktion des Ästhetischen in der modernen Gesellschaft* (Schriften d. Ges. z. Förderung d. Westf. Wilhelms-Univ. zu Münster, 54). Münster 1963, 30.

tur als Landschaft hat in dieser geschichtlichen Situation die Funktion, die Beziehung des Menschen zu der »entgleitenden *ganzen* Natur« wachzuhalten[339] und so die Entfremdung des Menschen von der Natur ästhetisch aufzuheben.

Ästhetische Vergegenwärtigung der Natur als Landschaft – dies dürfte der Grundgedanke des Goetheschen Festszenariums sein. Dessen reale Funktion besteht aber nicht darin, mittels ästhetischer Erziehung eine die verdinglichenden Tendenzen der Zeit überwindende authentische Wahrnehmung zu provozieren, vielmehr erstarrt das Landschaftsbild zur Kulisse, die dem Genuß einer erlesenen höfischen Gesellschaft dient, welcher aufgrund ihrer anachronistischen Verfassung eine geschichtlich vorwärtsweisende Deutung des Szenariums verwehrt ist. So muß auch die Funktion, die hier der Kunst zugewiesen ist, unbestimmt bleiben: Weder ist diese Teil höfischer Lebenspraxis, noch ästhetische Versöhnung des Menschen mit der Natur. Diese Zweideutigkeit weist auf das Dilemma des Künstlers Goethe, der nach bürgerlichen Ausdrucksformen im Rahmen einer höfisch institutionalisierten Kunst sucht.

Wenn in Goethes Landschaftsarrangements der Versuch unternommen ist, Natur ästhetisch zu vergegenwärtigen, so geht es in dem von ihm für die Weimarer Hofgesellschaft organisierten *lebenden Bildern* um die unmittelbare Vergegenwärtigung von Kultur. Goethe läßt in seinen lebenden Bildern zeitgenössische, meist französische Gemälde reproduzieren[340]. Es wäre zweifellos zu kurz gegriffen, wollte man die Erklärung für dergleichen Festveranstaltungen in der schwachen Finanzkraft des Weimarer Hofes, der sich den Ankauf wertvoller Originalgemälde nicht leisten kann, suchen. Daß die Kupferstichreproduktionen von Werken bedeutender Zeitgenossen und älterer Maler, die der Weimarer Hof sammelte, den lebendigen Eindruck der Gemälde nicht vermitteln konnten, ist sicher, und auch, daß die

339 Vgl. dazu ebd., 29 f.; Hervorhebung von mir.

340 Vgl. dazu die Einleitung des Hrsg. zu Goethes Maskenzügen, in: *Werke,* hrsg. v. K. Heinemann, Bd. XVIII, 362.

Weimarer Gesellschaft von der größeren Lebendigkeit der bildlichen Darstellung fasziniert sein mußte. Goethes lebende Bilder überbieten die abstrahierende Reproduktion durch das lebendige Material. Auch hier läßt sich Goethes zweideutige Haltung gegenüber der Funktion der Kunst erkennen. Wie sehr auch das Moment der Deutung – denn im lebenden Bild wird das Originalwerk nicht einfach reproduziert, sondern interpretiert – als ein diesem fremdes auf die Aufhebung des höfischen Festes hinzustreben scheint, so fördern doch die lebenden Bilder, die, ähnlich, wie wir es bei der Rembrandtlandschaft beobachten konnten, das Kunstwerk augenblicksweise in die Wirklichkeit zurückverwandeln, eine Rezeptionshaltung, bei der das Einzelwerk im Gesamtkunstwerk des höfischen Festes aufgeht, d. h. als Teil höfischer Lebenspraxis erlebt wird.
Goethes lebende Bilder müssen jedoch noch unter einem anderen Aspekt gesehen werden. Es ist bekannt, daß der Weimarer Hof und andere wohlhabende Mitglieder der Weimarer Gesellschaft systematisch Kupferstiche sammelten, Goethes Jugendfreund Merck erfüllt die doppelte Aufgabe eines beratenden Kunstkenners und geschäftstüchtigen Zwischenhändlers. Derselbe Merck veröffentlicht 1778 in Wielands *Teutschem Merkur* einen kleinen Aufsatz unter dem Titel *Wie eine Kupferstichsammlung anzulegen sey*[341]. Diesem Aufsatz kommt ein besonderes Interesse deswegen zu, weil Merck über den künstlerischen Wert einzelner Blätter zwar sich – knapp – äußert, vor allem aber praktische Ratschläge gibt hinsichtlich der Preise, der Verkaufsstrategien der Kunsthändler, des Problems der Fälschungen etc. Eindeutig ist in dem Aufsatz die Tendenz, Graphik weniger als künstlerische Technik, sondern vielmehr als Reproduktionstechnik aufzufassen. Hier deutet sich eine Auffassung an, derzufolge Kunstwerke Waren unter anderen vergleichbaren Waren sind; folgerichtig betrachtet Merck das einzelne graphische Blatt als Aktie. In diesem Zusammenhang gesehen, lassen sich die lebenden Bilder, in denen es um Deu-

341 In: *Johann Heinrich Mercks Schriften und Briefwechsel*, Bd. I, 195-199.

tung, nicht um Reproduktion geht, als Protest gegen die skizzierte historische Tendenz sehen, auch das Kunstwerk dem allgemeinen Prinzip der bürgerlichen Gesellschaft, dem Markt, zu unterwerfen. Teil höfischer Geselligkeit, bleibt freilich dieser Protest historisch blind und gesellschaftlich folgenlos.

Eine besondere Deutung verdient ein von Goethe-Biographen gern berichteter »Geniestreich« des jungen Goethe aus der Weimarer Frühzeit, der eine groteske Variante zu der Grundform der lebenden Bilder darstellt. Die Episode ist überliefert in den Erinnerungen des Weimarer Berghauptmanns von Trebra:

> Von jenem bürgerlich eleganten Kaufherrns Portrait hatte er [sc. Goethe] das breite, blonde, fade Gesicht ausgeschnitten; durch die hiermit erlangte Öffnung, schob er sein eigenes, männlich braunes, geistiges Gesicht, mit den flammenden schwarzen Augen, zwischen der weißen, dicken Perücke durch; setzte sich auf einen Lehnstuhl, stellte das Gemählde im goldnen Rahmen vor sich auf die Knie, und verhing die Beine mit einem weißen Tuche. So wie die lustige Gesellschaft endlich wieder heraufgetobt war, um in dem Speisezimmer Caffee zu trinken, öffnete sich die Tür der dran stoßenden Kammer, und das Contrastportrait zog überraschend hin, beydes zum Gelächter; und zum Denken zugleich[342].

In unserem Zusammenhang soll nicht die aus dem Dokument mit krasser Deutlichkeit sprechende Verachtung des Aristokraten für den bürgerlichen Kaufmann erörtert werden, auch nicht die Brutalität der physischen Gewalt, die an vergangene Zeiten des Feudalismus erinnert (der Herzog und seine Begleiter verwüsten das Lager des Kaufmanns und Glasfabrikanten), ebensowenig die schmale Distanz Goethes gegenüber der Roheit der übrigen Gesellschaft[343]. Der Einfall Goethes, dessen Bedeutung einzig in der Belustigung einer Gruppe aristokratischer Müßiggänger zu liegen scheint, hält schockartig im Bild Goethes Ab-

342 Zit. in: H. Amelung, *Goethe als Persönlichkeit,* Bd. I, 174 f.

343 Vgl. Goethes Tagebucheintragung vom Juli 1776, in: *Goethes Werke.* Weimar 1887, Bd. III, 1 (*Goethes Tagebücher,* Nr. 26 zur »Wirthschaft bey Glasern«).

kehr von der Kunst des Sturm und Drang fest. Die überlieferte Szene erinnert an Veranstaltungen der Dadaisten und Surrealisten. Ihre Wirkung beruht auf dem Schock, den der im lebenden Bild zur Anschauung gebrachte Kontrast von Natur (Goethes eigenes lebendiges und bewegliches Gesicht) und kulturellem Deutungsmuster (das ehrwürdige Portrait aus der Ahnengalerie) im Betrachter auslöst. Dieser Schock kann im Rezipienten die Einsicht provozieren, daß die Kunst nur als praktische einen Legitimationsgrund hat. Gegen eine in Konventionen erstarrte Kunst stellt Goethe als Wert das lebendige Leben. Damit ist jedoch nur ein Aspekt der Szene erfaßt. Deren ambivalente Bedeutung wird in dem zeitgenössischen Bericht bereits angedeutet, demzufolge Goethes Einfall Gelächter und Nachdenken zugleich hervorruft. Das Gelächter gilt einer toten Kunst, über die das Leben triumphiert. Das Nachdenken – und hierin liegt das Problematische der Szene – stellt sich her als Folge der schockartig gewonnenen Erkenntnis der Genialität Goethes. Die Auratisierung des genialen Künstlers, die, wie wir gesehen haben, als Antwort der Rezipienten auf die mit der Institutionalisierung der Trennung von Kunst und Leben zu verstehen ist, findet sich hier bereits angedeutet, im Bild erkennbar, bevor sie als wirkliche Rezeptionshaltung vorhanden ist.

Bisher haben wir Formen des höfischen Festes betrachtet, deren Besonderheit darin besteht, daß sie bürgerliche Momente sich assimilieren. Mit den *Ombres chinoises* jedoch nimmt Goethe eine damals gerade in Mode kommende bürgerliche Technik auf, um sie für das höfische Theater umzufunktionieren. Der Scherenschnitt entsteht in einer Epoche, die die Fotografie noch nicht kennt, wo jedoch das Bürgertum nach Möglichkeiten kultureller Selbstdarstellung verlangt[344]. Das von Künstlern in Auftragsarbeit angefertigte Portrait ist aber nur für eine kleine Anzahl bürgerlicher Kaufleute, Bankiers etc. erschwinglich. Der mechanisch herstellbare Scherenschnitt, den umherreisende

344 Anregungen zu dem Abschnitt verdanke ich Gesprächen mit H. Buddemeier (Bremen).

Spezialisten mit einfachen technischen Mitteln herstellten, kam daher einer massenhaften Nachfrage entgegen. Indem trotz der mechanischen Herstellung kein Scherenschnitt dem andern glich, ist diese Technik Ausdruck eines bürgerlichen Individualismus[345], freilich eines in der Linie des Profils auf einer Reduktionsstufe sich manifestierenden Individualismus.
Der Scherenschnitt, von Goethe aufs Theater gebracht, bedeutet die unangemessene Monumentalisierung der Dimensionen dieser Technik. Dies kommt vor allem in der Wahl der Gegen-

Minervens Geburt.
Goethe-Huldigung im Schattenspiel

345 Lavater z. B. »[empfindet] die Wichtigkeit der Porträtmahlerey als Interesse der Menschheit«, weil das Portrait »eine menschliche Seele von eignem persönlichem Charakter zu erkennen giebt« (*Physiognomische Fragmente zur Beförderung der Menschenkenntnis und Menschenliebe.* Leipzig 1775, Bd. II, 78 ff.).

stände zum Ausdruck. Ein Beispiel der *Ombres chinoises* schildert Lyncker:

Es wurden nämlich sogenannte *Ombres chinoises* mit lebenden Figuren gegeben. Der Gegenstand war die Geburt der Minerva. Siegmund Seckendorff hatte die Musik dazu gesetzt, und die ganze Vorstellung, bei welcher hinter einer transparenten Leinewand die Figuren natürlich nur im Profil erscheinen, und sich bewegen konnten, nahm sich doch artig genug aus[346].

Wie bei den lebenden Bildern geht es auch hier um die Verfügbarmachung des Kunstwerks im Stoff der Natur. Hier aber zeigt sich am deutlichsten, wie die Formen höfischer Geselligkeit die von Goethe entwickelten bürgerlichen Momente sich mühelos assimilieren. Die ihnen zugewiesene Funktion innerhalb des höfischen Gesamtkunstwerks verzehrt den genuin bürgerlichen Inhalt auch neuer Techniken. Statt Ausdruck bürgerlicher Individualität zu sein, bedeuten die von Lyncker geschilderten *Ombres chinoises* eine historisch überholte Verwendung der mythologischen Apparate: Diese dienen der Glorifizierung adliger Mäzene[347].

346 K. Frhr. von Lyncker, *Am Weimarischen Hofe,* 118. – Die unentschiedene Haltung Goethes gegenüber den von ihm selbst entworfenen Festveranstaltungen des Hofes wird deutlich, wenn man sich vergegenwärtigt, daß ihm in den *Lehrjahren* ein allegorisches Vorspiel, das Wilhelm Meister zum Preis der militärischen Tüchtigkeit eines Prinzen arrangieren soll mit der Auflage seines gräflichen Auftraggebers, eine Erscheinung der Minerva darin unterzubringen, zur Enthüllung der Wesenlosigkeit aristokratischer Lebensformen dient (vgl. III. Buch, Kap. 6 und 7).

347 Es läßt sich schwer ausmachen, wieweit Goethe dergleichen Darbietungen ernst nimmt. Wenn man die Darstellung des oben erwähnten Schattenspiels von der Geburt der Minerva, wie sie K. Koch und W. Bode geben, für authentisch halten darf, so würde man einen Hinweis für die Interpretation haben. Am Schluß des Schattenspiels erscheint diesem Bericht zufolge »ein geflügelter Genius in den Wolken, Goethes Namen tragend. Minerva bekränzt diesen Namen und weiht ihm zugleich die bei ihrer Huldigung allerseits erhaltenen Göttergeschenke, wie z. B. die goldene Leyer Apollos und die Blüthenkränze der Musen; dabei wird nur die Peitsche der Venus, an deren Riemen das Wort ›aves‹, eine heitere Anspie-

Wenn der Beitrag, den Goethe bei der Organisation des höfischen Lebens in Weimar geleistet hat, hier nicht nur als Teil seiner Verwaltungsaufgaben betrachtet, sondern auf seinen Gehalt hin untersucht wird, so weil dieser Teil der Goetheschen Produktion wichtig ist für die Erfassung der in Weimar sich langsam entwickelnden historisch neuen Institutionalisierung der Kunst. (Eine traditionelle Literaturwissenschaft könnte immerhin die Legitimation einer Beschäftigung mit den für den Hof geschriebenen Gelegenheitsarbeiten Goethes auf die Tatsache gründen, daß dieser seine Maskenspiele, Prologe und Singspiele in die von ihm selbst besorgten Ausgaben aufgenommen hat; er muß sie demnach als einen Teil seiner literarischen Produktion auffassen.)
Den *divertissement*-Charakter dieser Produkte hebt das Fräulein von Göchhausen in ihren Briefen an Freunde stets hervor. Sie schickt z. B. Merck eine wohl von ihr selbst angefertigte

lung auf die Vögel des Aristophanes und die Nachahmung dieses Stücks von Goethe, stand, von der Göttin beiseite gelegt und verworfen, wogegen die Namen ›Iphigenie‹ und ›Faust‹ auf Feuer-Transparent in den Wolken erschienen. Zum Schlusse kam Venus unerschrocken herbei und brachte dennoch Goethe die verbannten Zeichen seiner Kunst zum Geschenk. Hiermit war die solenne Eröffnung und Einweihung des neuen Weimar-Tieffurter Hof- und Park-Theaters feierlich vor sich gegangen. Man sieht, daß das ganze Schattenspiel lediglich darauf berechnet war, Goethe, dem Dirigenten des Theaters selbst, an seinem Geburtstage eine würdige, allegorische Feier zu bereiten« (*Aus Weimars Glanzzeit.* Minden (J. C. C. Bruns) 1886, 40; vgl. auch W. Bode, *Goethes Leben. 1781-1786. Pegasus im Joche.* Berlin 1925, 106 f.). Vorausgesetzt, wir haben es hier nicht mit einer nachträglichen Umdeutung im Sinn des Goethekults des 19. Jahrhunderts zu tun, so würde man mit der Tatsache sich konfrontiert sehen, daß Goethe, der bürgerliche Schriftsteller, dieselben überlebten Formen festlicher Huldigung für seine Person in Anspruch nimmt wie der Hof. Nicht nur wäre zuzugestehen, daß der Kult mit Goethes Persönlichkeit nicht ohne dessen Willen und Förderung sich entwickeln konnte, sondern dieser Kult selbst erhielte eine weitere problematische Dimension: er diente Goethe als diejenige Instanz, mittels derer er seine Integration in die höfische Welt realisierte.

Abschrift einer »kleinen Operette von Freund Göthe« (es handelt sich um die *Fischerin,* die in Tiefurt aufgeführt worden war). Ihr Bericht über diese Aufführung lautet: »Der schöne Abend, die Musik und Beleuchtung machten das ganze zu einem sehr artigen *Divertiment*«[348]. Für die Hofdame sind der »schöne Abend«, die Musik und die Beleuchtung ebenso wie die Verse Goethes, ohne Unterschied der künstlerischen Qualität, Bestandteile eines festlichen Gesamtkunstwerks, wo das Einzelwerk aufgeht in der Festatmosphäre.

Goethe selbst begründet den ästhetischen Wert eines von ihm entworfenen Balletts – wie das Fräulein von Göchhausen – mit der technischen Vollkommenheit der Aufführung, der »Artigkeit der Kinder« und der »gefälligen Musik«[349]. In Briefen an Lavater geht er so weit, seinen Beitrag zu den Festveranstaltungen des Hofes zu verurteilen: »Die lezten Tage der vorigen Woche hab ich im Dienste der Eitelkeit zugebracht. Man übertäubt mit Maskeraden offt eigne und fremde Noth. Ich traktiere diese Sachen als Künstler und so geht's noch [. . .] Wie Du die Feste der Gottseeligkeit ausschmückst so schmück ich die Feste der Thorheit«[350]. Seine Funktion als Künstler sieht Goethe hier darin, mit Hilfe »glänzender Erfindungen« – die Ähnlichkeit dieser Formulierung mit der oben zitierten Briefstelle der Göchhausen, wo sie über den Hof-*ennui* spricht, ist aufschlußreich – die Langeweile des Hofes zu vertreiben. Daß er diese kritisiert mit Begriffen einer religiös gefärbten Moral und daß er in die Kritik auch die eigne Tätigkeit mit einbezieht, weist eher auf die seismographische Anpassungsfähigkeit Goethes an den jeweiligen Kommunikationszusammenhang – hier mit dem von seinem Glauben überzeugten Pfarrer Lavater – als auf die Verurteilung einer sich in den Dienst des Hofes stellenden Kunstpraxis, seiner eigenen. Im Gegenteil, Goethe insistiert

348 L. von Göchhausen an Merck, 16. Aug. 1782, in: *Die Göchhausen,* 44.

349 Goethe an Knebel, 9. März 1782, in: *Briefwechsel zwischen Goethe und Knebel,* 28.

350 Goethe an Lavater, Febr. 1781, in: *Goethes Briefwechsel,* Bd. I, 344.

darauf, daß er selbst noch die Gelegenheitsproduktion für den Hof »als Künstler« betreibt. Immerhin gibt es im Briefwechsel mit Frau von Stein Stellen ähnlicher Art: »Hier die Versicherung, daß ich, wenn meine Narren-Rolle heut abend gespielt sein wird, ich mit Sehnsucht zu den Wohnungen der Weisheit und Güte zurückkehren werde«[351]. (Goethe spielt an auf seine Rolle als Zauberer in einem seiner Maskenzüge.) Aber auch dieses Zeugnis ist nicht eindeutig. Es liegt nahe, daß Goethe die Geliebte glauben machen will, das Tête-à-tête mit ihr sei ihm wichtiger als seine »Narrenrolle« bei Hofe.

Nur in einem Brief an Schiller spricht Goethe einem seiner Maskenspiele jede künstlerische Qualität ab, zugleich entschuldigt er den trivialen Charakter der eignen Produktion für den Hof mit der intellektuellen Bedürfnislosigkeit der Rezipienten: »so hoffen wir mit der größten Pfuscherei in dem gedankenleersten Raum die zerstreuten Menschen zu einer Art von Nachdenken zu nötigen«[352]. Aber auch hier gilt: Goethe muß daran interessiert sein, dem kritischen Mitarbeiter gegenüber auf der qualitativen Unterscheidung zwischen authentischen (autonomen) Kunstwerken und Gelegenheitsarbeiten (für den Hof) zu bestehen.

Wir haben gesehen, daß sich nur schwer aus den Äußerungen Goethes seine Haltung gegenüber der höfischen Gelegenheitsproduktion eindeutig bestimmen läßt. Es vermag gleichwohl zu überraschen, wie ernsthaft er bisweilen auf der ästhetischen Qualität dieser Arbeiten besteht. Noch 1814 schreibt Goethe: »Hier in Weimar aber habe ich seit vielen Jahren darauf gehalten, daß man selbst das Nahe in eine solche Ferne rückt, damit es auch als schön empfunden werden könne«[353]. In Goethes

351 Zit. nach H. G. Gräf, *Goethe über seine Dichtungen*, Bd. 5 (2/III), 367.

352 Goethe an Schiller, 26. Jan. 1798, in: *Der Briefwechsel zwischen Schiller und Goethe*, hrsg. v. H. G. Gräf/A. Leitzmann. Leipzig 1955, Bd. II, 26.

353 Zit. nach H. G. Gräf, *Goethe über seine Dichtungen*, Bd. 5 (2/III), 386 f.

Formulierung ist eine Auffassung des Kunstwerks angedeutet, wie wir sie aus der Benjaminschen Bestimmung der Aura kennen. *Aura* definiert Benjamin als »einmalige Erscheinung einer Ferne, so nahe sie sein mag«[354]. Was den jungen Goethe zu einer nahezu aggressiven Polemik provozierte (man denke an die Profanierung des Ahnenportraits), die Entrücktheit der Kunst, deren Entfernung von der Lebenspraxis, gilt ihm jetzt als Kriterium des ästhetischen Werts. Die künstlerische Bearbeitung vermag noch das Beliebigste, die zur Feier herzoglicher Geburtstage verfertigten Gelegenheitsarbeiten (das »Nahe«), mit der Aura der Schönheit zu umgeben. So, aus der Ferne, fordert es, wie das authentische Werk, zu einer kontemplativen Rezeptionshaltung auf. Zugleich vermag das Zitat zu dokumentieren, daß die von Goethe praktizierte Distanzierung der Gelegenheitsarbeiten gegenüber der höfischen Lebenswelt, für die sie bestimmt sind, ein emanzipatorisches Moment enthält: Es geht *auch* um die Herauslösung dieser Kunstproduktion aus dem unmittelbaren Lebensvollzug der höfischen Gesellschaft.

b) Goethes Maskenzüge und Festspiele

Wir haben versucht, Goethes Beitrag zu den geselligen Veranstaltungen des Weimarer Hofes zu erfassen und gesehen, daß dieser vor allem in dem Versuch besteht, bürgerliche Momente in das höfische Fest einzuführen. Die Widersprüche, in die er sich dabei verwickelt, treten noch schärfer hervor, wenn man die *Gehalte* der für den Weimarer Hof geschriebenen Gelegenheitsarbeiten betrachtet. Das bürgerliche Moment, das die von Goethe entwickelten Formen des geselligen Lebens prägt, fehlt in diesen Texten fast gänzlich. Herrscherlob ist deren expliziter Gehalt[355].

354 W. Benjamin, Titelaufsatz in: ders., *Das Kunstwerk im Zeitalter seiner technischen Reproduzierbarkeit. Drei Studien zur Kunstsoziologie* (ed. suhrk., 28). Frankfurt 1963, 18.

355 Vgl. u. a. den Prolog *An die Herzogin Amalia* (Oktober 1800) oder

Im Maskenzug von 1818, *Festzug, dichterische Landeserzeugnisse, darauf aber Künste und Wissenschaften vorführend*, zu dem er nicht nur einen skizzenhaften Programmentwurf geliefert hat, sondern eine ausgeführte Fassung in Versen, hat Goethe das Verhältnis von Kunst und Herrschaft in allegorischer Verkleidung dargestellt. Goethe läßt in diesem Spiel charakteristische Figuren aus Werken der großen Weimarer Schriftsteller Revue passieren. Auswahl und Anordnung dieser Figuren und deren von Goethe suggerierte Deutung folgen einer Grundidee: dem Preis des monarchischen Prinzips im allgemeinen und der Herrschaft des Hauses Sachsen-Weimar im besonderen. Die Bedeutung des Künstlers bemißt sich an der Anerkennung durch den Fürsten. Goethe leitet die Revue mit einem Selbstzitat ein, mit Versen aus dem *Westöstlichen Diwan:* »Wenn vor deines Kaisers Throne/[. . .] Je dein Name wird gesprochen/ [. . .] Solchen Augenblick verehre,/ Wenn das Glück dir solchen gönnte«[356]. Der Gehalt von Wielands »Lebensweisheit«, Herders Heldenliedern, Goethes *Faust* und *Götz,* Schillers *Wallenstein* und *Tell* reduziert sich in dem Festzug auf die Aufforderung, der Weisheit des Fürsten zu vertrauen; einzig unter dessen vorausschauender Leitung vermögen alle Kräfte zusammenzuwirken und die Erde in ein »Paradies« zu verwandeln[357]. Die Deutung der Figuren wird bekräftigt auf einer Ebene höherer Allgemeinheit; die Figur des Epos illustriert am Beispiel von Schillers *Demetrius* die kulturstiftende Wirkung der Einigung aller sonst zerstreuten und widerstreitenden Kräfte unter einem Herrscher, »daß alle, sich bewußt/ Des eignen Heils, dem Herrscherwort sich fügen,/ Sich bildend adeln zu der Welt Vergnügen«[358]. Der Epilog, in dem die Wissenschaften und Künste auftreten, leistet den Bezug auf die Gegenwart: erst

den Epilog aus dem erwähnten Maskenzug von 1818, in: *Goethes Werke,* hrsg. v. K. Heinemann, Bd. 18, 342 f. und 407 ff.

356 Maskenzug 1818, in: *Goethes Werke,* hrsg. v. K. Heinemann, Bd. 18, 414.

357 Vgl. ebd., besonders Verse 596 ff., 700 ff., 815 ff.

358 Ebd., 432.

durch den Willen des Fürsten erhalten Künste und Wissenschaften eine Richtung für ihre Tätigkeit, werden alle zusammengefaßt im Wirken für das Ganze unter der Zielvorstellung der Humanität:

Hier thronet er, der uns erheitert,/ Daß jede schnell das Beste schafft,/ Der unsern Wirkungskreis erweitert/ Zu Tätigkeiten jeder Kraft [. . .] Und Fürst und Fürstin schmücken diese [sc. Erdkunde und Botanik],/ Daß sie sich selber wohlgefällt;/ Die Gegend wird zum Paradiese,/ Hier blüht die ganze weite Welt[359].

Indem Goethe die Revue der Figuren aus berühmten Werken der Weimarer Schriftsteller mit einem Selbstzitat einleitet (die Verse aus dem *Diwan*), erscheint er als das, was er *auch* ist, *directeur des plaisirs* eines kleinen Provinzfürsten[360].

Dennoch läßt sich selbst in diesen entfremdeten Formen künstlerischer Äußerung ein Moment ausmachen, das über die bereits als obsolet zu erkennende Vereinnahmung der Kunst für Zwecke der höfischen Repräsentation hinausweist: wie sehr auch diese Gelegenheitsarbeiten politische sind in ihrem manifesten Gehalt (Herrscherlob), so ist doch in ihnen die Trennung von Kunst und Politik zumindest theoretisch gefordert, und damit die Herauslösung aus höfischen Bindungen: »Zwar werdet ihr von tiefer Politik,/ Warum die Menschen Kriege führen, was/ Der letzte Zweck von allen Schlachten sei,/ Fürwahr in unserm Lustspiel wenig hören« – so beginnt, programmatisch, der Prolog, den Goethe anläßlich einer Aufführung von Goldonis *Krieg* vortragen läßt[361]. Wenn Goethe hier die Kunst aufs

359 Ebd., 437 f.; vgl. auch den Prolog vom August 1811: »So laßt mich enden und zum Schlusse, wie sich ziemt,/ Den Männern uns empfehlen, die am Ruder stehn/ Und deren Leitung, deren Schutz wir uns vertraun!« (ebd., 349).

360 Daß es Goethe mit dem Herrscherlob ernst ist, zeigt u. a. das Gedicht *Ilmenau*, wo das Motivmaterial des hier analysierten Maskenzuges verarbeitet ist, nicht in der objektivierten Form der Allegorie, sondern als Rechenschaftsbericht des reflektierenden lyrischen Subjekts.

361 *Prolog zu dem Lustspiel »Der Krieg« von Goldoni.* 15. Okt. 1793, in: *Goethes Werke*, hrsg. v. K. Heinemann, Bd. 18, 339.

rein Menschliche verweist – »Ihr werdet sehen, daß die Liebe sich/ So gut ins Zelt als in die Häuser schleicht [. . .]/ Und daß der Eigennutz, der viel verderbt,/ Auch dort nur sich und seinen Vorteil denkt«, fährt der Prolog fort[362] – so gibt er in anderen Prologen eine noch weitergehende Definition, wo der für die Institution Kunst in der bürgerlichen Gesellschaft konstitutive Autonomieanspruch formuliert ist:

Denn das ist der Kunst Bestreben,/ Jeden aus sich selbst zu heben,/ Ihn dem Boden zu entführen;/ Link und recht muß er verlieren/ Ohne zauderndes Entsagen;/ Aufwärts fühlt er sich getragen!/ Und in diesen höhern Sphären/ Kann das Ohr viel feiner hören,/ Kann das Auge weiter tragen,/ Können Herzen freier schlagen[363].

Einer derart vom Leben abgehobenen Kunst spricht Goethe die Wirkung zu, der »Sitten Widerstreit zu versöhnen« und die durch die Verfassung der Gesellschaft entzweiten Individuen im Ideal der Menschlichkeit zu vereinigen, das in der Realität Getrennte in der Idee zu versöhnen:

In der Himmelsluft der Musen/ Öffnet Busen sich dem Busen,/ Freund begegnet neuem Freunde,/ Schließen sich zur Allgemeinde,/ Dort versöhnt sich Feind dem Feinde[364].

Zugleich aber enthüllt sich hier, am Beginn der Institutionalisierung bürgerlicher Kunst, deren ideologischer Charakter: Unter der Aura des Sakralen, von der bürgerliche Kunst geprägt ist, verbirgt sich deren Funktion, Instrument von Herrschaft zu sein: »Nun ist es ein Tempel, und Priester sind wir;/ Wo alles zum Höchsten, zum Besten gemeint,/ Um unseren Herrscher entzückt sich vereint«[365].

362 Ebd., 340.

363 *Prolog zur Eröffnung des Berliner Theaters* (1821), ebd., 309. Vgl. auch den Schluß des Prologs *Bei Eröffnung der Darstellungen des weimarischen Hoftheaters in Leipzig den 24. Mai 1807*, ebd., 345.

364 Ebd., 310.

365 Ebd., 312.

c) Tasso. Die höfische Institution Kunst in der Phase ihrer Selbstkritik

Wir haben in den beiden vorausgegangenen Abschnitten sozusagen die Außenansicht von Goethes künstlerischer Aktivität als *directeur des plaisirs* eines kleinen spätabsolutistischen Hofes betrachtet. Die Analyse der zeitgenössischen Dokumente führte zu dem Ergebnis: Die von Goethe in das höfische Fest eingebrachten bürgerlichen Momente werden mühelos von diesem assimiliert, sie sind wohl für den heutigen Interpreten, nicht aber für den zeitgenössischen Betrachter als solche erkennbar. Nach diesem dokumentarischen Teil soll nun ein Abschnitt folgen, in dem die »Innenansicht« derselben Situation zur Sprache kommt. Die Analyse von Goethes *Tasso* wird von der Subjektseite her erfolgen. Es geht dabei um die Frage, wie das künstlerische Subjekt diese Situation – der bürgerliche Schriftsteller im Mäzenat – erlebt und verarbeitet; oder, unter dem Aspekt des Materials formuliert: Welche Rückwirkungen hat Goethes Auseinandersetzung mit höfischen Formtraditionen auf das Material des bürgerlichen Trauerspiels. In seinen Gesprächen mit Eckermann sucht Goethe nach einer Erklärung für die Erfolglosigkeit seiner Bemühungen um die Begründung eines deutschen Nationaltheaters. *Tasso* und *Iphigenie* nennt er in diesem Zusammenhang als Modelle eines solchen Theaters.

Ich hatte wirklich einmal den Wahn, als sei es möglich, ein deutsches Theater zu bilden. Ja ich hatte den Wahn, als könne ich selber dazu beitragen und als könne ich zu einem solchen Bau einige Grundsteine legen. Ich schrieb meine ›Iphigenie‹ und meinen ›Tasso‹ und dachte in kindischer Hoffnung, so würde es gehen. Allein es regte sich nicht und rührte sich nicht und blieb alles wie zuvor. Hätte ich Wirkung gemacht und Beifall gefunden, so würde ich euch ein ganzes Dutzend Stücke wie die ›Iphigenie‹ und den ›Tasso‹ geschrieben haben. An Stoff war kein Mangel. Allein, wie gesagt, es fehlten die Schauspieler, um dergleichen mit Geist und Leben darzustellen, und es fehlte das Publikum, dergleichen mit Empfindung zu hören und aufzunehmen[366].

366 J. P. Eckermann, *Gespräche mit Goethe in den letzten Jahren seines Lebens. 1823-1832*, hrsg. v. K. Ritschel/G. Seidel. ²Berlin (DDR) 1956, 182.

Goethes Versuch, den Mißerfolg seiner ersten klassischen Stücke auf die ungenügende Ausbildung der deutschen Schauspieler zurückzuführen, muß in dem Maße unbefriedigend bleiben, wie hier eine gewissermaßen technische Erklärung an die Stelle der historischen Deutung tritt. Nur an zweiter Stelle erwähnt Goethe in dem zitierten Gespräch, es fehle in Deutschland ein Publikum für Werke vom Typus der *Iphigenie* und des *Tasso*, er weiß mithin sehr wohl, daß es zwar ein literaturfähiges Publikum in Deutschland gibt, daß dieses aber festhält an einem Literaturbegriff, den er mit seiner klassischen Produktion gerade überwinden will – dem bürgerlich-aufklärerischen[367].
In einem anderen Gespräch, ebenfalls mit Eckermann, umreißt Goethe die Bedingungen, die ihm für eine angemessene Rezeption des *Tasso* unerläßlich erscheinen:

> Die Hauptsache beim ›Tasso‹, sagte Goethe, ist die, daß man kein Kind mehr sei und gute Gesellschaft nicht entbehrt habe. Ein junger Mann von guter Familie mit hinreichendem Geist und Zartsinn und genugsamer äußeren Bildung, wie sie aus dem Umgang mit vollendeten Menschen der höheren und höchsten Stände hervorgeht, wird den ›Tasso‹ nicht schwer finden[368].

Indem Goethe hier eine soziale Herkunft, die den geselligen Umgang mit Angehörigen der Aristokratie und des gehobenen Bildungsbürgertums ermöglicht, und ein Bildungsniveau, wie es ausschließlich für diese Schichten erreichbar ist, zur Voraussetzung für das Verständnis seiner klassischen Stücke macht, schränkt er von vornherein den Kreis seines potentiellen Publi-

367 Vgl. zum Desinteresse des Publikums gegenüber der späteren Produktion Goethes auch Kap. 3c dieser Arbeit. – Als Direktor des Weimarer Hoftheaters ist Goethe genötigt, den literarischen Erwartungen des Publikums entsprechend, den Stücken Ifflands und Kotzebues einen bedeutenden Platz im Spielplan einzuräumen, denn anders als die Dramen der Weimarer Klassiker befriedigen jene die Bedürfnisse der Rezipienten nach Orientierung im bürgerlichen Leben (vgl. dazu I.-M. Barth, *Literarisches Weimar*, 113).

368 J. P. Eckermann, *Gespräche mit Goethe*, 155.

kums auf eine Elite von Kennern ein. »*Meine Sachen können nicht populär werden*; wer daran denkt und dafür strebt, ist in einem Irrtum. Sie sind nicht für die Masse geschrieben, sondern nur für einzelne Menschen, die etwas Ähnliches wollen und suchen«[369]. Insofern er sich explizit auf den gebildeten Teil der Nation als Adressaten seiner künstlerischen Produktion beschränkt, müssen Goethes Hoffnungen auf die Entwicklung eines deutschen Nationaltheaters von vornherein als unbegründet erscheinen. Das Desinteresse des Publikums gegenüber Stücken wie *Tasso* darf als Antwort der Rezipienten angesehen werden auf eine von der Lebenspraxis abgehobene Kunstproduktion, in einer Phase des Übergangs, wo die bürgerlich-aufklärerische Institutionalisierung der Literatur noch die Rezeptionshaltung des bürgerlichen Publikums bestimmt.

Das Desinteresse ist jedoch nur *eine* mögliche Reaktionsform des zeitgenössischen Publikums. Daneben gibt es einen anderen Rezeptionstypus: Hier schlägt die Gleichgültigkeit gegenüber dem Werk um in eine psychologische Neugier, die sich auf die persönlichen Verhältnisse des Autors richtet. Karoline Herder tadelt die Deutungsversuche des Weimarer Bildungsbürgertums, dessen Interesse am *Tasso* einzig dahin geht, in den fiktiven Figuren wirkliche Personen wiederzuerkennen (den Herzog und die Herzogin, Frau von Stein)[370]. Beides, das verständnislose Desinteresse und die Verschiebung des Rezeptionsinteresses vom Werk auf die Person des Autors sind als komplementäre Rezeptionsformen anzusehen, wie sie entstehen in einer Epoche der sich langsam herausbildenden bürgerlichen Institution Kunst (Autonomiestatus), wo die Erwartungen des Publikums noch von einer früheren Institutionalisierung der Literatur geprägt sind. Zur Entstehungszeit des *Tasso* ist das Interesse des Publikums noch auf die praktische Funktion der

369 Ebd., 421.

370 Vgl. dazu Karoline Herder an Herder, März 1789, zit. nach den Anmerkungen des Hrsg. zu *Tasso*, in: *Goethes Werke* (Hamburger Ausgabe), Bd. V, hrsg. v. J. Kunz, 442.

Literatur gerichtet, auf deren Fähigkeit, gesellschaftliche Erfahrung zu verarbeiten und zu deuten.

Goethes *Tasso* nun, das wird die folgende Untersuchung zeigen müssen, steht am Anfang einer Entwicklung, in deren Verlauf die Kunst sich immer weiter von der Lebenspraxis entfremdet und der gesellschaftliche Gehalt der Einzelwerke sich allmählich verflüchtigt. In ihrem bereits zitierten Brief insistiert Caroline Herder auf der allgemeinen Bedeutung des *Tasso*, zu deren Erfassung sie eine ihr von Goethe selbst suggerierte Formel vorschlägt: »Es ist die Disproportion des Talents mit dem Leben«[371]. Es gilt demnach, Goethes Situation als Schriftsteller in ihrer historischen Bedeutung zu erkennen. Selbst dort, wo Äußerungen Goethes über das Stück Anlaß dazu geben, wird man sich nicht auf bloß biographische Spekulationen einlassen dürfen, sondern man wird die subjektiven Erfahrungen Goethes auf ihren allgemeinen geschichtlichen Gehalt untersuchen. Zu einer Rezension des *Tasso* in einer französischen Zeitung bemerkt Goethe:

[Der Rezensent] hat den abwechselnden Gang meiner irdischen Laufbahn und meiner Seelenzustände im tiefsten studiert und sogar die Fähigkeit gehabt, das zu sehen, was ich nicht ausgesprochen und was sozusagen nur zwischen den Zeilen zu lesen war. Wie richtig hat er bemerkt, daß ich in den ersten zehn Jahren meines weimarischen Dienst- und Hoflebens so gut wie gar nichts gemacht, daß die Verzweiflung mich nach Italien getrieben, und daß ich dort, mit neuer Lust zum Schaffen, die Geschichte des ›Tasso‹ ergriffen, um mich in Behandlung dieses angemessenen Stoffes von demjenigen freizumachen, was mir noch aus meinen weimarischen Eindrücken und Erinnerungen Schmerzliches und Lästiges anklebte. Sehr treffend nennt er daher auch den ›Tasso‹ einen gesteigerten ›Werther‹[372].

371 Ebd.

372 J. P. Eckermann, *Gespräche mit Goethe*, 322 f. (Gespräch vom 3. Mai 1827). Auf das autobiographische Moment des *Tasso* hat Goethe häufig hingewiesen, vgl. z. B. seinen Brief an Karl August vom 11. Aug. 1787, wo er von »einer Rekapitulation meines Lebens« spricht (in: *Goethes Briefe*, Bd. II, 63) oder das Gespräch mit Eckermann vom 6. Mai 1827 (in: J. P. Eckermann, *Gespräche mit Goethe*, 330).

Goethe selbst weist hier Deutungsversuche zurück, die in dem Stück die Vergegenwärtigung einer vergangenen Lebenswelt sehen wollen. Er will den *Tasso* nicht als historische Tragödie, sondern als Verarbeitung gegenwärtiger, subjektiver Erfahrung verstanden wissen. Man wird daher bei der Interpretation des Stücks zwischen der *Darstellungs-* (die historische Figur Tasso) und der *Bedeutungsebene* (die Situation des modernen Schriftstellers) zu unterscheiden haben. Im Stoff vergangener Geschichte reflektiert Goethe eigene Erfahrungen, wobei gerade die durch die Trennung von Darstellungs- und Bedeutungsebene erzeugte Distanz es ihm ermöglicht, die subjektive Erfahrung als objektive aus sich herauszustellen: Es geht um die Selbstwertkrise des bürgerlichen Schriftstellers in der Situation des höfischen Mäzenats.

Nicht allein das Mäzenat als *materielle Bedingung künstlerischer Produktion* ist für den bürgerlichen Schriftsteller Goethe problematisch geworden, sondern ebenso die *Gehalte* einer im Mäzenat gründenden Kunst. Die bürgerlichen Schriftsteller der Aufklärung polemisierten gegen die Formen feudaler Herrschaft und machten die Literatur zum Instrument bürgerlichen Selbstverständnisses. Goethes Interesse richtet sich weniger auf die gesellschaftliche Wirkung der Kunst, als auf die individuellen Entfaltungs- und Wirkungsmöglichkeiten des künstlerischen Subjekts. Im *Tasso* reflektiert er über den Zusammenhang der materiellen Bedingungen der künstlerischen Produktion mit den Gehalten der Einzelwerke. Und er läßt die problematische Subjektivität des bürgerlichen Autors an diesen Bedingungen scheitern. Das Scheitern Tassos ist zu verstehen als Ausdruck einer Phase der Entwicklung der Kunst, von der aus die höfische Institution Kunst in ihrer historischen Problematik erkennbar geworden ist.

In einer Epoche, wo das Mäzenat die einzige und nicht in Frage zu stellende Basis künstlerischer Aktivität war, wo der Künstler innerhalb eines geschlossenen sozialen Systems produzierte, konnte er die Legitimation und den Gehalt seiner Werke, die den Normenvorstellungen dieses Systems entsprachen, auf die

Übereinstimmung mit den Erwartungen der Trägerschicht gründen[373]. Auf dieser unmittelbaren Übereinstimmung zwischen den Gehalten und Formen der Werke einerseits und den Werten der Gesellschaft andererseits beruht das unproblematische Selbstverständnis des Künstlers in der höfischen Gesellschaft. Tasso nun verkörpert bereits die problematische Subjektivität des modernen, bürgerlichen Künstlers, sucht sich aber dennoch – entgegen der historischen Entwicklung – innerhalb eines geschlossenen traditionalen Systems zu verwirklichen. Der Widerspruch, von dem das Stück geprägt ist, zeigt sich auch in der Tatsache, daß Tasso nicht wie der konsequent bürgerliche Schriftsteller das ästhetische Beurteilungsvermögen als allgemein menschliches und je individuelles faßt und den Wert seiner Werke aus dem Selbstbewußtsein seiner genialen Produktivität zieht, sondern sich dem Urteilsspruch des Mäzens unterwirft:

Hier spricht Erfahrung, Wissenschaft, Geschmack;/ Ja, Welt und Nachwelt seh' ich vor mir stehn./ Die Menge macht den Künstler irr' und scheu:/ Nur wer euch ähnlich ist, versteht und fühlt,/ Nur der allein soll richten und belohnen (*Tasso*, I, 3; 452 ff.).

Im Stück selbst kommt das Problem der Rezeption zur Verhandlung, dem Goethe in dem oben zitierten Gespräch mit Eckermann nachdenkt: die in der Form des Werks selbst angelegte Beschränkung des Rezipientenkreises auf eine kleine Elite von Kennern. Allerdings wird man berücksichtigen, daß Goethe das Urteilsvermögen der höfischen Gesellschaft – diese stellt hier den Zirkel der Kenner dar – nicht als eine Qualität versteht, die mit deren sozialem Rang unmittelbar gegeben ist, sondern als erworbene, als Resultat menschlicher Vollendung.
Die Wahl des Helden macht es Goethe – zumindest auf der Ebene der Darstellung – leicht, die in seiner Gegenwart bereits möglichen Formen einer bürgerlichen Existenz des Schriftstellers auszusparen. Der Anachronismus der Figur Tassos ist

373 Vgl. dazu Th. Neumann, *Der Künstler in der bürgerlichen Gesellschaft*, 4.

jedoch zugleich eine Vorwegnahme der Außenseiterposition des Künstlers, die im Verlauf des 19. Jahrhunderts immer radikalere Formen annimmt. Der Konflikt, in dem Tasso sich befindet, kann seine Lösung nicht finden in der Großzügigkeit und im verständnisvollen Wohlwollen des Hofes – im Gegenteil, Tragik entsteht gerade dadurch, daß Goethe das Mäzenat als bürgerliches Individualverhältnis faßt und darstellt. Die humane Qualität des Verhältnisses macht erst fühlbar, wo der Ursprung des Konflikts liegt: »Darin nämlich, daß die Begründung der Darstellung, wenn sie einzig in der genialen Produktivität des Dichters verankert wird, die Legitimation seiner Subjektivität als der formgebenden Kraft einer nicht mehr darstellbaren, weil nicht mehr objektiv sanktionierten vorbildlichen Realität, nur außerhalb der Erwartungen der vorhandenen Gesellschaft zu realisieren ist«[374]. Der bürgerliche Künstler entspricht den Normvorstellungen der höfischen Gesellschaft nicht mehr. Daher bringt auch das Werk Werte zur Darstellung, die außerhalb der Erwartungen einer höfischen Gesellschaft liegen. Das Werk sprengt den bisher als objektiv gültig gesetzten Rahmen höfischer Repräsentation. Auf diese Entwicklung vermag die höfische Gesellschaft nicht adäquat zu reagieren. Sie kann das Werk nur als Huldigung, nicht als Ausdruck der selbst wertbezogenen Subjektivität des Produzenten auffassen: »Dann soll das Vaterland, es soll die Welt/ Erstaunen, welch ein Werk vollendet worden./ Ich nehme meinen Teil des Ruhms davon« (*Tasso*, I, 2; 289 ff.). Für den fürstlichen Mäzen besteht die Funktion des Kunstwerks darin, die eigene »Größe« zu verkünden. An dieser Stelle erweist sich die gehaltliche Produktivität des Ineinanderreflektierens von Darstellungs- und Bedeutungsebene: Das Einzelwerk, innerhalb einer höfischen Institution Kunst funktionierend, geht in dieser auf: Tassos Werke verherrlichen die »liedeswerte Tat« (*Tasso*, II, 1; 805), »die Kunst der Waffen«, »des Feldherrn Klugheit« und »der Ritter Mut« (ebd., I, 3; 433 ff.), er produziert im Dienst des Mäzens, den seine

374 Ebd., 39.

Werke preisen, und er erfährt die eigne Produktivität als Wirkung des Fürsten. Dieser wiederum empfängt die Produkte als Bestandteile seines Eigentums (vgl. dazu *Tasso*, I, 3; 391 ff.). Auf der Bedeutungsebene des Stücks dagegen ist der dramatische Diskurs bestimmt durch die Subjektivität des modernen Schriftstellers; dessen Leiden an der Gesellschaft sind der Gehalt des Werks (vgl. die berühmten Schlußverse des *Tasso*, V, 5; 3421 ff.).

Wenn einerseits der von Goethe unternommene Versuch der Rettung aus der Selbstwertkrise des bürgerlichen Autors in der Situation des Mäzenats darin besteht, den Hof darzustellen im Modus der Intimität der bürgerlichen Familie, so ist andererseits das »Leid« des Künstlers nur möglich aufgrund eines bürgerlichen Begriffs vom Menschen. Die höfische Gesellschaft im Zeitalter des französischen Absolutismus gründet in der legitimen Ungleichheit des Menschen[375]. Ein so differenziertes psychologisches Verhältnis wie das zwischen Tasso und seinem Mäzen ist in einer so verfaßten Gesellschaft nicht denkbar. Racine hört auf zu produzieren, als er von Ludwig XIV. eine Pension als Hofhistoriograph erhält. Der Widerspruch zwischen feudaler Partikularität und bürgerlicher Egalität wird in Goethes *Tasso* jedoch gar nicht angesprochen: Den Werthorizont des Stückes bildet der *honnêteté*-Begriff des 17. Jahrhunderts. Das im aristokratischen Salon der Marquise de Rambouillet entstandene Ideal ist nicht im engen Sinne ständisch; es ist prinzipiell jedermann zugänglich. »Und das Resultat war eben dieses: daß der Betreffende von jeder besonderen Qualität gereinigt wurde, nicht mehr Zugehöriger eines Standes, eines Berufes, eines Bekenntnisses war, sondern eben honnête homme. Freilich ist damit, gerade damit, das Kennen und Beachten der Abstände verbunden; zum honnête homme gehört notwendig auch das *se connaître*, es ist eine der wichtigsten

375 Vgl. dazu P. Bürger, *Institution Kunst als literatursoziologische Kategorie*, in: ders. (Hrsg.), *Literatur- und Kunstsoziologie* (Neue Wiss. Bibl.). Köln/Berlin 1977.

Eigenschaften, die der Bürgerliche als honnête homme besitzen muß«[376]. Das meint jedoch, daß der Typus von *honnêteté*, der von dem Bürgerlichen verlangt wird, ein anderer ist als der, den durch das Privileg seiner Geburt der Adlige repräsentiert, und insofern handelt es sich letztlich doch um ein ständisches Ideal. In dem ersten großen Dialog zwischen Tasso und der Prinzessin geht es um die Verwirklichung dieses Ideals durch den bürgerlichen Schriftsteller, von dem als moralische Leistung erwartet wird, daß er seine eigenen »Grenzen« erkennt. Goethe nennt diese Fähigkeit »Schicklichkeit« und, wie im absolutistischen Frankreich, erscheinen im *Tasso* vor allem die Frauen als Träger und Vermittler des Ideals der *honnêteté*. Das Ereignis nun, das zur Entfremdung zwischen Tasso und der höfischen Gesellschaft führt, besteht darin, daß der bürgerliche Schriftsteller die ihm gesetzten Grenzen überschreitet. Dies ist im Stück jedoch nicht als Akt der Befreiung, sondern als tragische Verfehlung gefaßt. Im Wahn nur enthüllt sich Tasso die Scheinhaftigkeit und Wesenlosigkeit der höfischen Gesellschaft (vgl. *Tasso*, V, 5; 3294 ff.).
Zwischen Selbstwertkrise und Hypostasierung der eigenen schöpferischen Subjektivität schwankend, vermag Tasso weder, sich der Schicklichkeit als dem Gesetz der höfischen Gesellschaft zu fügen, noch sein Selbstverständnis gerade aus der Opposition gegen die ihm von der Struktur des Mäzenats auferlegten Bindungen und Zwänge zu entwickeln. Auf Goethes *Tasso* trifft daher die Lukácssche Bestimmung der modernen Tragödie in exemplarisch reiner Form zu: die Einsamkeit. »Diese Einsamkeit ist nicht nur dramatisch, sondern auch psychologisch, denn sie ist nicht allein die Apriorität aller *dramatis personae*, sondern zugleich das Erleben des zum Helden werdenden Menschen; und wenn die Psychologie im Drama nicht unverarbeiteter Rohstoff bleiben soll, so kann sie sich nur als

376 E. Auerbach, *La Cour et la ville*, in: ders., *Vier Untersuchungen zur Geschichte der französischen Bildung*. Bern 1951, 38.

Seelenlyrik äußern«[377]. So sind die berühmten Schlußverse Tassos zu verstehen: Das Scheitern des Künstlers in der gesellschaftlichen Wirklichkeit ist die Bedingung für seine Produktivität (vgl. *Tasso*, V, 5; 3426 ff.). Lukács erkennt in der Einsamkeit des Helden ein produktives Moment, das den Gehalt der modernen Tragödie bestimmt: »Diese Einsamkeit ist nicht bloß der Rausch der vom Schicksal erfaßten, zum Gesang gewordenen Seele, sie ist zugleich die Qual der zum Alleinsein verdammten, sich nach Gemeinschaft verzehrenden Kreatur. Diese Einsamkeit entläßt aus sich neue tragische Probleme, das eigentliche Problem der neuen Tragödie: das Vertrauen«[378]. In der Tat kann man dies als Leitmotiv des *Tasso* verstehen. Dessen Weg geht von der Geborgenheit im »schönen Kreis geselligen Vertrauns« (*Tasso*, III, 4; 2109) in die bis an den Rand des Wahnsinns führende Krise des Vertrauens, wo Tasso das auf dem unproblematischen Wertekonsens beruhende partikulare Verhältnis zwischen Mäzen und Künstler als ein (allgemeines) Besitz- und Herrschaftsverhältnis erscheint (*Tasso*, V, 5; 3313 ff.).

377 G. Lukács, *Die Theorie des Romans [. . .]*. 3Neuwied/Berlin 1965, 41.
378 Ebd., 40.

7. Iphigenie – die Entstehung der bürgerlichen Institution Kunst

a) Iphigenie als Paradigma der Trennung von Kunst und Leben

Wie die Maskenzüge und Prologe wird man Goethes *Iphigenie* auch im Rahmen höfischer Festveranstaltungen zu sehen haben. Das Stück ist, wie der *Tasso,* in gewisser Weise ein Versuch der Synthese von höfischem Theater und bürgerlicher Literatur. Goethe intendiert ein Werk, das innerhalb einer höfischen Institution Kunst funktionieren, zugleich aber bürgerliche Gehalte aufnehmen kann.

Betrachtet man die *Iphigenie* nicht nur unter dem Aspekt der ästhetischen Vollendung, sondern im sozialgeschichtlichen Kontext ihrer Entstehung, so stößt man auf ein Phänomen, das heute, nach dem Angriff der historischen Avantgardebewegungen auf die bürgerliche Institution Kunst, den um Applikation kultureller Objektivationen der Vergangenheit bemühten Interpreten zu beunruhigen vermag: die Diskrepanz zwischen der Esoterik der ästhetischen Form der *Iphigenie* und der Fülle konkreter Erfahrungsmöglichkeiten, über die Goethe verfügte. Gerade dem Interpreten der Gegenwart muß angesichts des restringierten Erfahrungshorizonts heutiger Schriftsteller der Reichtum des von Goethe reflektierten Wirklichkeitsmaterials nahezu phantastisch erscheinen. Dieses Erfahrungsmaterial geht jedoch nicht ins Werk ein. Man wird annehmen dürfen, daß die Diskrepanz zwischen der Abstraktheit des ästhetischen Objekts und der Konkretheit des dem Autor verfügbaren Erfahrungsmaterials das gegenwärtige Interesse an der *Iphigenie* mit zu erklären vermag.

Wie kein anderes Stück ist *Iphigenie* das Resultat einer bewußt gelebten Trennung von künstlerischer Produktion und Lebenspraxis. Goethe arbeitet an dem Stück in den kurzen Abendstunden, die er während einer Dienstreise, wo er mit Rekrutenaushebung und der Urteilsfindung in Fällen von Rechtsverstößen der am Rande des Elends dahinvegetierenden vorwiegend ländlichen Bevölkerung in der Umgebung Weimars beschäftigt ist, sich freihalten kann. Goethes Briefe an Frau von Stein aus der Zeit der Niederschrift der *Iphigenie* geben Auskunft über den Umfang seiner Erfahrungsmöglichkeiten und über die Art, wie er diese verarbeitet, als Politiker, als Reflektierender und als Schriftsteller. Als Politiker empfiehlt er dem Herzog Milde beim Drill der von ihm ausgehobenen Rekruten[379], an denen ihn

Rekrutenaushebung.
Zeichnung von Goethe

379 »Grüsen Sie den Herzog und sagen ihm daß ich ihn vorläufig bitte mit den Rekrouten säuberlich zu verfahren wenn sie zur Schule kommen. Kein sonderlich Vergnügen ist bey der Ausnehmung, da die Krüpels gerne dienten und die schönen Leute meist Ehehafften haben wollen. Doch ist ein Trost, mein Flügelmann von allen (11 Zoll 1 Strich) kommt mit Vernügen und sein Vater giebt den Seegen dazu« (an Frau von Stein, 6. März 1779, in: *Goethes Briefe an Frau von Stein*, Bd. I, 142).

im übrigen weniger ihr menschliches Schicksal, als die Mühe, die es ihn kostet, die geforderte Zahl zusammenzubringen, interessant ist. Vor der Aufgabe, die elende materielle Lage der arbeitenden Bevölkerung durch Verwaltungsreformen zu verbessern, kapituliert er und rekurriert auf die Vorstellung einer durch menschliche Praxis nicht zu verändernden naturgegebenen Not des Menschen: »Könnten wir nur auch bald den armen Maulwürfen von hier Beschäfftigung und Brod geben [. . .] Die Menschen sind vom Fluch gedrückt der auf die Schlange fallen sollte sie kriechen auf dem Bauche und fressen Staub«[380]. Die Verhöre, die er als Bevollmächtigter der herzoglichen Gerichtshoheit mit bäuerlichen Delinquenten vornimmt, deren physisches und moralisches Elend er täglich sehen kann, bedeutet für ihn Zuwachs an Menschenkenntnis und veranlaßt ihn zu philosophischen Reflexionen über den »Werth und Unwerth menschlicher Thaten«[381]. Dem Reflektierenden erscheint das Elend, das er wahrnimmt, als notwendiger Teil einer letztlich doch zu bejahenden Ordnung.

Der Schriftsteller erlebt die ihn umgebende Wirklichkeit als Beschmutzung: »[. . .] denn ich fliehe das Unreine«[382]. »Dann las ich zur Abwaschung und Reinigung einiges griechische«[383].

380 An Frau von Stein, 7. Sept. und 8. Sept. 1780, in: ebd., Bd. II, 34 f.

381 »Heute früh haben wir alle Mörder, Diebe und Hehler vorführen lassen und sie alle gefragt und konfrontirt. Ich wollte anfangs nicht mit, denn ich fliehe das Unreine – es ist ein gros Studium der Menschheit und der Phisognomick, wo man gern die Hand auf den Mund legt und Gott die Ehre giebt, dem allein ist die Krafft und der Verstand pp. in Ewigkeit Amen. Ein Sohn der sich selbst und seinen Vater des Mords mit allen Umständen beschuldigt. Ein Vater der dem Sohn ins Gesicht alles wegläugnet. Ein Mann der im Elende der Hungersnoth seine Frau neben sich in der Scheune sterben sieht, und weil sie niemand begraben will sie selbst einscharren muß, dem dieser Jammer iezt noch aufgerechnet wird, als wenn er sie wohl könnte ermordet haben, weil andrer Anzeigen wegen er verdächtig ist« (an Frau von Stein, 9. Sept. 1780, in: ebd., Bd. II, 37).

382 Ebd.

383 An Frau von Stein, 8. Sept. 1780, in: ebd., Bd. II, 35.

Hier ist eine Denkform bereits angelegt, die für das Bildungsbürgertum des 19. Jahrhunderts kennzeichnend sein wird: die »Reinheit« der Kunst bzw. des Kunsterlebnisses wird als besondere Sphäre dem »Schmutz« der Wirklichkeit, des Alltagsdaseins gegenübergestellt.

Goethes Briefe an Frau von Stein beleuchten die Haltung eines Schriftstellers, der nur deswegen zugleich Verwaltungsbeamter sein kann, weil die Kunst ihm die Möglichkeit gibt, die Realität durch den Schein des Schönen zu negieren. »Mit meiner Menschenglauberey [Goethe spricht von der Rekrutenaushebung] bin ich hier fertig und habe mit alten Soldaten gegessen und von vorigen Zeiten reden hören. Mein Stück rückt«[384]. »Knebeln können Sie sagen daß das Stück sich formt, und Glieder kriegt. Morgen hab ich die Auslesung [sc. der Rekruten], dann will ich mich in das neue Schloß sperren und einige Tage an meinen Figuren posseln«[385]. Künstlerische Tätigkeit und zweckgebundene Arbeit treten auseinander. Goethe faßt jene als Instrument der Befreiung aus den Zwängen des Alltags: »Meine Seele löst sich nach und nach durch die lieblichen Töne aus den Banden der Protokolle und Ackten. Ein Quatro neben in der grünen Stube, sizz ich und rufe die fernen Gestalten [sc. der *Iphigenie*] leise herüber«[386].

Die lebenspraktischen Erfahrungen, die den Hintergrund der

384 An Frau von Stein, 1. März 1779, in: ebd., Bd. I, 140. – Welcher Art die Erfahrungen sind, die Goethe aus solchen Gesprächen mit Veteranen, die der Hölle des Söldnerdaseins entronnen sind, gewinnen konnte, vgl. H. Ivo, *Die politische Dimension des Deutschunterrichts. Zum Beispiel: Goethes »Iphigenie«*, in: *Zur politischen Dimension des Deutschunterrichts* (Diskussion Deutsch, Sonderband). Frankfurt 1973, 18 ff.

385 An Frau von Stein, 2. März 1779, in: *Goethes Briefe an Frau von Stein*, Bd. I, 140.

386 An Frau von Stein, 22. Febr. 1779, in: ebd., Bd. I, 139. – Zu dem oben zitierten Brief sollte man sich klar machen, daß Goethe von seiner sozialen Situation her in der Lage ist, sich ein Musikerquartett kommen zu lassen, das für ihn musiziert, wenn er in depressiver Stimmung ist; davon nämlich ist in dem Brief die Rede.

Iphigenie bilden, werden von Goethe unter einem doppelten Aspekt reflektiert: Als bürgerlicher Schriftsteller, der für eine höfische Gesellschaft, im Dienst eines fürstlichen Mäzens produziert, will er ein Stück schreiben, dessen Bedeutung die Funktion, Teil höfisch-repräsentativer Daseinsentfaltung zu sein, transzendiert, er will »etwas bringen, das nicht ganz mit Glanzleinwand Lumpen gekleidet sey«[387]. Als Bürger, zu dessen Lebenspraxis, im Gegensatz zur höfischen, das Moment der Arbeit als wesentliches gehört, beginnt er eine Konzeption der Kunst auszubilden, in der der Bereich der Arbeit ausgespart bleibt. »Hier will das Drama gar nicht fort, es ist verflucht, der König von Tauris soll reden als wenn kein Strumpfwürcker in Apolda hungerte«[388]. Der berühmte Satz Goethes weist voraus auf das, was als Institution Kunst in der bürgerlichen Gesellschaft sich langsam herauszubilden beginnt: deren Autonomie bedeutet auch die Versöhnung mit der schlechten Realität. Damit kann Kunst nicht mehr, wie innerhalb einer bürgerlich-aufklärerischen Institutionalisierung, Gegenstand des Selbstverständnisses der miteinander über die Formen ihres gesellschaftlichen Zusammenlebens diskutierenden Bürger sein, sondern sie wird für den Rezipienten zum Mittel der Flucht aus der Realität.

Es ist zu fragen, zunächst, ob, und dann, in welcher Weise die von Goethe *reflektierte* Trennung von Kunst und Lebenspraxis (Arbeit) im *Gehalt* der *Iphigenie* sich niederschlägt. Höfische Lebenspraxis – und dies entscheidet über die Funktion der Werke in der höfischen Gesellschaft – kennt den Begriff der Arbeit nicht. Deren Fehlen ist höfischem Dasein immanent; die gesellschaftliche Gruppe, die Kunst produziert und rezipiert, ist vom Zwang der Reproduktion des eigenen Lebens freigesetzt. So darf das höfische Fest als die Grundform der auf Repräsentation und *divertissement* ausgerichteten höfischen Lebenspraxis angesehen werden. Am Hof Ludwigs XIV. kommt kein Autor

387 An Frau von Stein, 14. Febr. 1779, in: ebd., Bd. I, 139.
388 An Frau von Stein, 6. März 1779, in: ebd., Bd. I, 142.

auf den Gedanken, den Bereich der Arbeit zum Gegenstand eines Kunstwerks zu machen. Für den bürgerlichen Autor, Goethe, wird dagegen die Aussparung der Arbeit als des für die bürgerliche Gesellschaft konstitutiven Moments zum ästhetischen Problem.

Die Verbannung der Arbeit aus dem Bereich der Kunst bedeutet für den Künstler zunächst ein stoffliches Problem, vor allem aber ein formales: Es geht nämlich darum, die Spuren der künstlerischen Arbeit aus dem Werk zu tilgen. Die Verdeckung der Arbeit ist für Schiller geradezu die Bedingung der ästhetischen Wirkung[389]:

Aber dringt bis in der Schönheit Sphäre,/ Und im Staube bleibt die Schwere/ Mit dem Stoff, den sie beherrscht, zurück./ Nicht der Masse qualvoll abgerungen,/ Schlank und leicht, wie aus dem Nichts gesprungen,/ Steht das Bild vor dem entzückten Blick./ Alle Zweifel, alle Kämpfe schweigen/ In des Sieges hoher Sicherheit,/ Ausgestoßen hat es jeden Zeugen/ Menschlicher Bedürftigkeit[390].

In der von Schiller geforderten Herrschaft der Form über den Stoff liegt zugleich der Grund für das prekäre ästhetische Gelingen klassischer Werke. In diesen verrät nicht selten die Angespanntheit der formalen Vollendung die Macht der verdrängten Wirklichkeit. »Aus dem neueren Drama ist das Leben nicht organisch verschwunden, es kann höchstens aus ihm verbannt werden. Aber die Verbannung, die die Klassizisten

389 Das Moment der »Verdeckung der Arbeit« spielt in der Ästhetik Th. W. Adornos eine wichtige Rolle: »Die Kunstwerke verdanken ihr Dasein der gesellschaftlichen Arbeitsteilung, der Trennung geistiger und körperlicher Arbeit. Dabei jedoch treten sie selbst als Dasein auf; ihr Medium ist nicht der reine, für sich seiende Geist, sondern der, welcher in die Existenz sich zurückbegibt und kraft solcher Bewegung das Getrennte als vereint behauptet. Dieser Widerspruch zwingt die Kunstwerke dazu, vergessen zu lassen, daß sie gemacht sind«. Für Adorno »läßt überhaupt keine Autonomie der Kunst ohne Verdeckung der Arbeit sich denken« (*Versuch über Wagner* [Knaur, 54]. ²München/Zürich 1964, 88 f.).

390 Schiller, *Das Ideal und das Leben*, in: ders., *Sämtliche Werke*, Bd. I, 203.

vollziehen, bedeutet das Anerkennen nicht nur des Seins, sondern auch der Macht des Verbannten: es ist in jedem Wort und jeder Gebärde, die in angstvoller Selbstüberspannung sich überbieten, um sich von ihm in unbefleckter Ferne zu halten, gegenwärtig«[391].

Von Goethes *Iphigenie* liegt eine ursprüngliche Fassung, in Prosa, vor. Es ist bekannt, daß Goethe, der diese Prosafassung unzureichend fand, auf die Versbearbeitung der *Iphigenie* große Mühe gewandt hat. Der endgültigen Fassung gehen drei weitere Bearbeitungen voraus, und jene bringt Goethe nur aufgrund der sachkundigen Beratung durch Herder und K. Ph. Moritz zum Abschluß[392]. Wenn Goethe als Kriterium für die Umarbeitung sich auf den Begriff des »Harmonischen« beruft[393], so ist damit gemeint, daß die Versform dem Stück jene Fremdheit verleiht, die der auf der Ebene des Gehalts eingehaltenen Distanz zur Realität entspricht[394]. Der Vers erscheint als diejenige ästhetische Bearbeitungsform, die den Stoff der Wirklichkeit entrückt. Mehr als alle anderen künstlerischen Mittel vermag er zu stiften, was Walter Benjamin *Aura* genannt hat. Die hier vorgeschlagene Deutung kann sich auf eine poetologische Reflexion Wilhelm von Humboldts stützen. In einem Brief an Schiller versucht Humboldt, die ästhetische Besonderheit der *Iphigenie* im Gegensatz zu Stücken wie *Götz* oder *Egmont* zu bestimmen. Letzteren weist er die Prosa als dem Stoff gemäße Form zu, weil sie an die »wirkliche Welt anknüpfen«: *Götz* und *Egmont* »greifen so sehr in das Leben, das uns immer umgibt, ein, sie stellen so sehr wirkliche und größtenteils auch bürgerliche Szenen dar, daß für mich hieraus nun bei Versen ein Mißver-

391 G. Lukács, *Die Theorie des Romans*, 37 f.

392 Vgl. dazu die Anmerkungen des Hrsg. in: *Goethes Werke* (Hamburger Ausgabe), Bd. V, hrsg. v. J. Kunz, 407, und die Äußerungen Goethes über das Stück in Briefen, ebd., 404, und in der *Italienischen Reise*, ebd. 406.

393 Vgl. Goethe an Herder, 13. Jan. 1787, in: ebd., 404.

394 Vgl. dazu Goethe an F. H. Jacobi, 17. Nov. 1782, in: *Goethes Briefe*, Bd. I, 414.

hältnis zwischen dem Stoff und der Form entsteht«. *Iphigenie* dagegen erscheint Humboldt »aus einem fremden Gebiet, und zwar aus einem solchen, wo die Kunst [. . .] herrscht«, und wie zu »allem echt Poetischen« gehört zu ihr die metrische Form[395]. Ohne den Begriff zu haben, unterscheidet Humboldt hier zwischen zwei verschiedenen Institutionalisierungen von Kunst, wobei ihm der Wirklichkeitsbezug der Werke als Kriterium gilt. Was wir als bürgerlich-aufklärerische Institutionalisierung der Kunst bezeichnen, faßt er unter dem Aspekt der Produktion als »prosaisch«, unter dem der Rezeption als »ins Leben eingreifend« auf, autonome Kunst entsprechend als »echt poetisch« und »idealisch«, von der Lebenspraxis abgehoben (»fremd«)[396].

Auf der Ebene des Gehalts kommt die Verdeckung der Arbeit darin zum Ausdruck, daß die Sprache selbst zum Gegenstand des Stücks wird. Um die Wirkung von Sprache auf die Wirklichkeit geht es darin. In einer vorzüglichen strukturalistischen Analyse der *Iphigenie* vermag Erika Fischer-Lichte zu zeigen, daß der Gehalt des Stücks in der Aufhebung der im gesellschaftlichen Normensystem festgehaltenen Opposition von *Tat* und *Wort* besteht[397]. Diese Opposition realisiert sich in zwei verschiedenen Kommunikationsbereichen, bestimmt einmal durch die Beziehung zwischen den »Nahverwandten«, in der Sprache der *Iphigenie* den »Vertrauten«, zum andern durch die zwischen Fremden (Griechen versus Skythen). Die Beziehungen der Tantaliden untereinander sind verzerrt durch die »verruchten Taten« der Ahnen. Indem Orest Iphigenie gegenüber die Wahrheit ausspricht und sich zu erkennen gibt, schafft er die Voraussetzung für seine Heilung, diese ereignet sich auf dem

395 W. von Humboldt an Schiller, 26. März 1796, in: *Der Briefwechsel zwischen Friedrich Schiller und Wilhelm von Humboldt*, Bd. II, 56.

396 Vgl. ebd.

397 Vgl. dazu E. Fischer-Lichte, *Goethes »Iphigenie« – Reflexion auf die Grundwidersprüche der bürgerlichen Gesellschaft*, in: Diskussion Deutsch, Nr. 21 (Febr. 1975), 20.

Hintergrund des wiederhergestellten »vertraulichen Gesprächs«, das nun, statt der blutigen Taten, die Beziehungen zwischen den Vertrauten regelt. Im Wachtraum sieht Orest auch seine Vorfahren friedlich miteinander verkehren, und diese Vision wird von Fischer-Lichte gedeutet als »Beglaubigung« der »neuen Art der zwischenmenschlichen Beziehungen [. . .], die auf Wahrheit, Vertrauen und ›Worte‹ gegründet ist«[398]. Die Herstellung authentischer zwischenmenschlicher Beziehungen zwischen Fremden, also zwischen Griechen und Skythen, wird möglich durch die »unerhörte Tat« der Iphigenie, die im Aussprechen der Wahrheit liegt. »Die Sprechsituation am Ende des Dramas ist eben jene ideale Sprechsituation, deren ›kontrafaktische Bedingungen‹ Habermas als ›Bedingungen einer idealen Lebensform‹ ansieht«[399].
Fischer-Lichte hat die Gefahr der strukturalistischen Analyse, die nämlich, bei der *Beschreibung der Kunstmittel* stehenzubleiben, erkannt und skizziert am Schluß ihres Aufsatzes eine historische Wertung des Stücks, deren Kriterien sie aus dem Vergleich mit der affirmativen Wirkung von Unterhaltungsliteratur gewinnt. Den Vorwurf, das abstrakte Humanitätsideal der *Iphigenie* vermöchte beim Rezipienten keine Handlungsimpulse freizusetzen, versucht sie durch den Nachweis zu widerlegen, daß Goethe die Bedingungen, unter denen im Stück die Versöhnung geleistet wird, »als contradictio in adiecto [. . .] selbst ständig reflektiert«. »Das Verfahren, als dramatis personae Gestalten der griechischen Mythologie einzusetzen, läßt für den Rezipienten nicht die Möglichkeit, diesen hier realisierten Soll-Zustand als tatsächlichen Ist-Zustand auf eine konkrete historische Realität zu beziehen, sondern weist ihn eben als einen solchen aus. In der Anwendung dieses Verfahrens wird die Spannung zwischen Realität und Idealität im Drama selbst reflektiert«[400]. Dieser Versuch, die Kritik des klassischen Hu-

398 Ebd., 12.
399 Ebd., 21.
400 Ebd., 22 f.

manitätsideals als Reflexionsleistung Goethes in der Form des Stücks selbst aufzuweisen, vermag jedoch den Widerspruch, von dem dieses geprägt ist, nicht auf jener Ebene aufzufinden, wo er dem Autor selbst aufgrund seines gesellschaftlichen Standorts nicht bewußt wird. Adorno hat diesen Widerspruch benannt: Der Inhalt der Goetheschen Humanität basiert auf dem Privileg. Nicht nur wird in der *Iphigenie* ein Ideal entworfen, das nur einer Elite zugänglich ist, mehr noch, es ist erkauft mit dem stummen Leid der Unterdrückten. »Die Opfer des zivilisatorischen Prozesses, die, welche er herabdrückt und welche die Zeche der Zivilisation zu bezahlen haben, sind um deren Früchte geprellt worden, gefangen im vorzivilisatorischen Stande«. »Zivilisation, die Phase des mündigen Subjekts, überflügelt die mythischer Unmündigkeit, um dadurch schuldig an dieser zu werden und in den mythischen Schuldzusammenhang hineinzugeraten«[401]. Das inhumane Moment einer Humanität, deren Geltung sich auf eine Elite von Auserwählten beschränkt und die die Kosten des Fortschritts auf die von ihr Ausgeschlossenen abwälzt, wird im Stück, folgenlos freilich, auch angesprochen: »[Arkas:] Denn nirgends baut die Milde, die herab/ In menschlicher Gestalt vom Himmel kommt,/ Ein Reich sich schneller, als wo trüb und wild/ Ein neues Volk, voll Leben, Mut und Kraft, / Sich selbst und banger Ahnung überlassen,/ Des Menschenlebens schwere Bürden trägt« (IV, 2; 1477 ff.). Trotz der Mahnung des Arkas, daß die Wahrheit der Humanität sich in der Verbreitung aufklärerischen Lichts unter den noch Unmündigen bewährt, verläßt Iphigenie das Volk der Skythen, die auf sie angewiesen sind für den Prozeß der Humanisierung, und begnügt sich damit, ihnen den Titel »Menschen« zuzuerkennen; mit dem Ideal der Humanität selbst ist so der Verzicht auf gesellschaftliche Wirkung gegeben. Iphigenie empfindet als Schuld, daß sie, vor dem Werk der Aufklärung versagend, nur

401 Th. W. Adorno, *Zum Klassizismus von Goethes Iphigenie*, in: ders., *Noten zur Literatur IV*, hrsg. v. R. Tiedemann (Bibl. Suhrk., 395). Frankfurt 1974, 23 und 14.

für sich selbst und die Ihrigen die Heimkehr in das Reich der Humanität erstrebt: »so/Lag Tauris hinter mir. Nun hat die Stimme/ Des treuen Manns mich wieder aufgeweckt,/ Daß ich auch Menschen hier verlasse, mich/ Erinnert« (IV, 3; 1521 ff.).

Der Widerspruch, der darin besteht, daß gerade der Fortschritt von Humanität, vermöge des ihm innewohnenden Prinzips der Naturbeherrschung, auch die Repression befördern muß, reicht tief in das Stück hinein[402]. Wenn Adorno dessen elitären Sprachduktus denunziert als »Index des Partikularen, Ausschließenden jener Humanität«[403], so trifft dieser Vorwurf das klassische Theater insgesamt. Und sicher liegt hier eine mögliche Erklärung für die Abwendung des zeitgenössischen Publikums von der literarischen Produktion der Weimarer Klassiker, setzt diese doch, anders als die Literatur der Aufklärung, das voraus, was das 19. Jahrhundert als höhere Bildung von der volkstümlichen abgrenzt.

Nicht nur der Sprache der *Iphigenie* ist das Moment des Partikularen, des Abschließenden, immanent, dieses begegnet auch auf der Ebene des Inhalts: Das Volk, Bedingung und Opfer des geschichtlichen Fortschritts, besitzt im Stück keine Sprache.

402 Dieser dialektische Fortschrittsbegriff wird in der Goethe-Forschung der DDR nicht selten aufgehoben zugunsten einer Festlegung der Aussage des Stücks auf die gesellschaftlichen Auseinandersetzungen zwischen bürgerlicher und feudaler Ethik, auf den historischen Sieg der »höheren, humanistischen Ethik« des Bürgertums (vgl. z. B. H. Friederici, *Die Konflikte in Goethes »Iphigenie« als Abbildungen gesellschaftlicher Widersprüche,* in: Weimarer Beiträge 1960, 1964). Festgehalten wird auch hier letztlich an der Trennung von Kunst und Lebenspraxis: Im Werk ist das Bild einer humanen Menschheit gestaltet – von den konkreten gesellschaftlichen Kämpfen, denen es sich verdankt, »berichten seine [sc. Goethes] Tagebücher« (ebd.). In einer neueren Arbeit wird dagegen Goethes Unbehagen gegenüber der *Iphigenie* »aus einem kritischen Verhältnis zu ihrer Humanitätsidee« erklärt (vgl. H.-G. Werner, *Antinomien der Humanitätskonzeption in Goethes »Iphigenie«,* in: Weimarer Beiträge 14 [1968], Nr. 2, 381).

403 Th. W. Adorno, *Zum Klassizismus von Goethes Iphigenie,* 22.

Die Skythen sind stumm wie das Volk von Rom in Racines *Bérénice*. In der *Iphigenie* muß jedoch die Sprachlosigkeit des Volkes um so schwerer wiegen, als der Gehalt des Stücks darin besteht, zu erweisen, daß im rationalen Diskurs, vermittels der Sprache also, Humanität allererst hergestellt wird. Das »Wort« des Herrschers entscheidet über Krieg oder Frieden, Vernichtung oder Versöhnung, und vom Ausgang ihrer wechselseitigen »Rede« hängt das Schicksal ihrer Völker ab: »[Thoas:] Keiner/ Beschädige den Feind, solang' wir *reden*. [Orest:] Ich nehm' es an. Geh, sammle, treuer Freund,/ Den Rest des Volkes; *harret still*, welch Ende/ Die Götter unsern *Taten* zubereiten« (V, 5; 2022 ff. Hervorhebung von mir).

Partikularen und ausschließenden Charakter hat auch die Verteilung der Sprechakte. Das Verhältnis von Sprache und Realität ändert sich mit dem gesellschaftlichen Status der Redenden, Distanz gehört zur Sphäre der Herrschenden wie Identifikation zu der der Diener. Arkas und Pylades sprechen eine Sprache, die das Signum des die bürgerliche Gesellschaft bestimmenden Prinzips der Zweckrationalität trägt; sie kalkulieren, berechnen, wägen ab und verhandeln: »[Arkas:] Bedenke, was du tust und was dir nützt« (I, 2; 156); »[Pylades:] Du rechnest sicherer/ Auf sie« (II, 1; 792 f.); »Man sieht, du bist nicht an Verlust gewohnt,/ Da du, dem großen Übel zu entgehen,/ Ein falsches Wort nicht einmal opfern willst« (IV, 4; 1674 ff.) etc. Die Sprache des Kalküls ist Indiz für ein Denken, das sich den herrschenden Normen als einem Naturgesetz beugt; Maßstab des Handelns ist nicht die moralische Qualität, sondern der Erfolg: »[Pylades:] die ehrne Hand/ Der Not gebietet, und ihr ernster Wink/ Ist oberstes Gesetz« (IV, 4; 1680 ff.); »Das Leben lehrt uns, weniger mit uns/ Und andern strenge sein: du lernst es auch./ So wunderbar ist dies Geschlecht gebildet,/ So vielfach ist's verschlungen und verknüpft,/ Daß keiner in sich selbst, noch mit den andern/ Sich rein und unverworren halten kann« (IV, 4; 1654 ff.). Die Herren dagegen dürfen sich dem Wagnis des »Wortes«, der Humanität, überlassen. Ihr Sprechen ordnet sich nicht Zwecken unter, dient nicht der Erhaltung und Reproduktion der eigenen Existenz; es hat, indem sein Gehalt Humanität ist, auch nur sich selbst zum Zweck. Kriterium der Rede wie des Handelns ist nicht der Erfolg, sondern die Wahrheit. Nicht vorgegebenen Normen folgt Iphigenie, sondern ihrem »eigenen Herzen« (IV, 4; 1648). Die Verfügung über das Wort impliziert auch die Befreiung aus dem traditionalen Normengefüge, das die von der Herrschaft Ausgeschlossenen bindet. Das mündige Subjekt entmachtet die Tradition und setzt sich selbst als Stifter eines neuen, auf Humanität verpflichteten Gesetzes. »[Orest:] So beginne/ Die neue Sitte denn von dir und mir!/ Nachahmend heiliget ein ganzes Volk/ Die edle Tat der Herrscher zum Gesetz« (V, 6; 2046 ff.).

Die in der *Iphigenie* dargestellte Welt der herrschaftsfreien Kommunikation muß jedoch in dem Maße bloßer Schein der Versöhnung bleiben, wie deren reale Bedingungen ausgespart sind[404]. In Goethes *Iphigenie* – und dies weist auf den ideologischen Charakter des Stücks – konstituiert sich die Menschheit (als griechische) im Gegensatz zu den (skythischen) Barbaren. Es ist Pylades, der das – mit Rücksicht auf den Stand der gesellschaftlichen Entwicklung notwendige – repressive Moment der Humanitätsidee ausspricht: »So schaff uns Luft,/ Daß wir aufs eiligste, den heil'gen Schatz/ Dem rauh unwürd'gen Volk entwendend, fliehn« (IV, 4; 1601 ff.). Und Iphigenie widerspricht ihm nicht. Auch die ironische Distanz in der Replik des Thoas vermag über das historisch Adäquate seines »barbarischen« Selbstbewußtseins nicht hinwegzutäuschen: »Du glaubst, es höre/ Der rohe Skythe, der Barbar, die Stimme/ Der Wahrheit und der Menschlichkeit« (V, 3; 1937 ff.).

404 Vgl. auch G. Lukács' Deutung der ästhetischen Utopien Goethes und Schillers, die er im Zusammenhang mit frühsozialistischen Vorstellungen sieht und deren »elegische Trauer« er als das Ende des »heroischen Kampfes der besten Vertreter der Periode bürgerlicher Revolutionen um den harmonischen Menschen« bezeichnet (*Das Ideal des harmonischen Menschen in der bürgerlichen Ästhetik* [1938], in: ders., *Essays über Realismus* [Probleme des Realismus, 1]. *Werke*, Bd. 4. Neuwied/Berlin 1971, 304 ff.).

Der Gegensatz Griechen – Barbaren macht die Lösung des Stücks möglich und enthüllt zugleich deren ideologischen Charakter. Humanität wird gestiftet durch den Tausch von nur vorgeblich Gleichem: Wahrheit gegen Wahrheit, Freundschaft gegen Freundschaft; aber nur von einem, Thoas, wird verlangt, daß er sich entäußere: der Macht, die ihm die Überlegenheit der Waffen gibt, der Liebe, die allein ihm den Sinn humanen Verhaltens verbürgt, der Sicherheit, die ein traditionelles Normengefüge verleiht. Adornos Satz bezeichnet daher zu Recht das Bedenkliche dieser Lösung: »Wohl heischt Humanität [...] daß der verruchte Tausch von Äquivalenten aufhöre, in dem der uralte Mythos in der rationalen Ökonomie sich wiederholt. [...] Trotz aller Sublimierung indessen fällt ihr Widerschein [sc. ökonomischer Kategorien] in ein Gefüge, das als eines reiner Menschlichkeit sich weiß und verkennt in einem geschichtlichen Augenblick, in dem jene durch den zur Totalität sich ausbreitenden Funktionszusammenhang der Gesellschaft schon verdrängt wird«[405].
Problematisch muß auch, in dieser Betrachtung, Goethes Behandlung des Tantalidenmythos bleiben. Wie nur wenige Intellektuelle seiner Epoche kennt Goethe aus den Erfahrungen seiner Verwaltungstätigkeit das Elend der arbeitenden Bevölkerung, die Kehrseite der entstehenden bürgerlichen Gesellschaft. Gegen solche Einsicht schreibt er ein Stück, dessen Handlung so organisiert ist, als ob im Prozeß der Humanisierung einzig der Widerstand im Inneren der Subjekte überwunden werden müßte. Die Tantaliden sind zu verstehen als die im Verlauf der geschichtlichen Entwicklung nur unvollkommen gebändigte (furchtbare) Seite der Natur, der Rest Rebellion, der übrig bleibt, wenn der Mensch sich als Vernunftwesen von sich selbst als Naturwesen abspaltet[406]. Insofern behält Adorno recht,

405 Th. W. Adorno, *Zum Klassizismus von Goethes Iphigenie*, 25. – Zur Problematik des Iphigenienschlusses vgl. auch H.-G. Werner, *Antinomien der Humanitätskonzeption in Goethes »Iphigenie«*, 379 ff.

406 Eine politisch progressive Deutung der Tantaliden im Gegensatz zu

wenn er Goethe »realistischer« nennt als den Sturm und Drang[407]: In der Tat geht Goethe in der Idealisierung nicht so weit wie Schiller. Er stellt das subjektiv »Böse« in der Natur des Menschen dar; es regt sich sogar in Iphigenie selbst (vgl. IV, 5). Insofern jedoch in dem Stück die Dimension von Arbeit und Herrschaft fehlt, ist hier auf der Ebene des Gehalts realisiert, was später in der entwickelten Institution Literatur der bürgerlichen Gesellschaft als Formbestimmtheit erscheint: die Abgehobenheit des Kunstwerks von der Lebenspraxis, konkret: von den Bereichen Arbeit und Politik.

Im Gehalt der *Iphigenie* selbst deutet sich daher die neue Institution Kunst an – nicht nur in der Lebensform und in den Kunstanschauungen Goethes. Die Faszination, die gerade heute das Stück auf bestimmte Lesergruppen wieder auszuüben scheint[408], erklärt sich daher vielleicht aus der Tatsache, daß in

der hier vorgeschlagenen gibt Edith Braemer, indem sie sich auf den bekannten Satz aus *Dichtung und Wahrheit* beruft, wo Goethe Tantalus und Sisyphus als »Glieder einer ungeheuren Opposition« bezeichnet, die den Hintergrund der Iphigenienhandlung bildeten (Teil 3, Buch 15): »Die Fürstenerziehung, wie sie in ›Iphigenie auf Tauris‹ durchgeführt wird, die Umwandlung des barbarischen Herrschers in einen bürgerlich denkenden und handelnden Herrscher, das ›verteufelt Humane‹ dieses Werkes, von dem Goethe späterhin spricht, alles dies beruht auf dem Bewußtsein des historischen Antagonismus zwischen denen, deren Stühle ›um den goldenen Tisch‹ stehen, und denen, die ›ohne Gericht‹ liegen ›gebunden in der Finsternis‹« (*Goethes Prometheus und die Grundpositionen des Sturm und Drang* [Beiträge zur deutschen Klassik, 8]. Weimar 1959, 335).

407 Vgl. dazu Th. W. Adorno, *Zum Klassizismus von Goethes Iphigenie*, 12. – Vgl. auch H. A. Korff, der den ästhetischen Wert der *Iphigenie* gegenüber Lessings *Nathan*, den er als *comédie larmoyante* abtut, darauf gründet, daß Humanität in diesem »glücklicher Besitz« sei, in jener aber errungen werden müsse gegenüber »elementaren menschlichen Leidenschaften« (*Geist der Goethezeit [. . .]*. Leipzig 1923/1930, Bd. II, 164).

408 Vgl. dazu neben den in diesem Kapitel erörterten Arbeiten: M. Walser, *Imitation oder Realismus*, in: ders., *Erfahrungen und Leseerfahrungen* (ed. suhrk., 109). Frankfurt 1965, 66-93; P. Hacks, *Iphigenie oder Über die Wiederverwendung von Mythen*, in: ders., *Das Poetische. Ansätze zu einer*

einer Epoche, wo die bürgerliche Literatur als affirmative der Kritik unterliegt, die historische Bedeutung eines Stücks erkennbar wird, in dem zuerst jene für die Kunst in der bürgerlichen Gesellschaft charakteristische Trennung von Kunst und Leben radikal vollzogen ist.

b) Zeitgenössische Rezeption der Iphigenie[409]

Goethe selbst ist sich darüber im klaren, daß er mit der *Iphigenie* ein Kunstwerk geschaffen hat, das in keiner der herrschenden Institutionalisierungen der Literatur funktioniert und das daher auch kaum von den Zeitgenossen angemessen rezipiert werden kann. Das Stück geht nicht auf in einer höfisch institutionalisierten Literatur. Es hat nicht die heroischen Leidenschaften fürstlicher dramatis personae zum Gegenstand, die,

postrevolutionären Dramaturgie (ed. suhrk., 544). Frankfurt 1972, 79-82, oder die Bearbeitung von Rainer Werner Faßbinder, greifbar in: R. W. Faßbinder, *Iphigenie auf Tauris von Johann Wolfgang von Goethe 1968* (Theater am Turm. Materialien, 3). Frankfurt 1974/75.

409 Der als Paradigma rezeptionsästhetischer Analysen geltende Iphigenieaufsatz von H. R. Jauß trägt zu unserer Fragestellung wenig bei, weil Jauß zum einen Goethes *Iphigenie* als Antwort auf die *Iphigénie* von Racine begreift, ohne diesen von ihm angenommenen »Gipfeldialog« zweier Autoren zu belegen und historisch zu situieren, und weil er zum andern außer den in zwei für Schulzwecke zusammengestellten fragmentarischen Quellensammlungen keine Dokumente der Rezeption der *Iphigenie* analysiert. Da der Arbeit keine historische Konstruktion zugrunde liegt und er die wenigen von ihm verwendeten Rezeptionsdokumente nicht im Kontext der zeitgenössischen Institutionalisierungen von Literatur erörtert, reduziert sich die Bedeutung der Dokumente auf die seit Beginn des 19. Jahrhunderts tradierte Interpretation der *Iphigenie* als »Seelendrama« (*Racines und Goethes Iphigenie [. . .]*, in: Neue Hefte für Philosophie, Nr. 4 [1973], 1-46); zur Kritik an dem Aufsatz vgl. Erika Fischer-Lichte, *Probleme der Rezeption klassischer Werke – am Beispiel »Iphigenie«*, in: K. O. Conrady (Hrsg.), *Deutsche Literatur zur Zeit der Klassik*. Stuttgart 1977.

selbst repräsentativ, einer höfisch-aristokratischen Gesellschaft zum Instrument der Selbstdarstellung zu werden vermöchten. Am deutlichsten wird dies, wenn man sich die Funktion des Tantalidenmythos vergegenwärtigt. In der *Iphigenie* verkörpern die Tantaliden die dem Prozeß fortschreitender Zivilisation widerstrebende menschliche Natur. Racines Phèdre beschwört ihre Verwandten als tragische Exempla großer, von den Göttern verhängter Leidenschaften[410]. Die Ahnen sind das illustre Publikum, vor dem Phèdre repräsentiert und dem sie ihre eigene Liebesleidenschaft als *spectacle horrible* vorstellt[411]. Rezipiert von der höfischen Gesellschaft Weimars, in deren ideellem Auftrag Goethe das Stück konzipiert hat, wird die *Iphigenie* zu einem Ausstattungsstück, an dem man, da sein Gehalt sich der Funktion, Teil einer höfischen Festveranstaltung zu sein, nicht fügen will, die faszinierende Fremdartigkeit der griechischen Kostüme bewundert. Goethes Rückgriff auf die Antike, wie der Racines oder Corneilles im absolutistischen Frankreich des 17. Jahrhunderts, muß erscheinen als Verherrlichung der Regierung des Mäzens als eines neuen perikleischen Zeitalters. Die allgemein als kultiviert und geistreich anerkannte Göchhausen berichtet über die Uraufführung der *Iphigenie* auf der höfischen Liebhaberbühne in Ettersburg genauso wie über andere »Guckelspiele«, die zum Amüsement der Weimarer Hofgesellschaft im Rahmen eines großen Festprogramms, also umgeben von »grosem Banquet« und »mächtigem Ball« aufgeführt werden[412].

Ich will mich also alles Geschwätzes darüber [sc. über die *Iphigenie*] enthalten und nur so viel sagen, daß er [sc. »der Herr Doctor«, nämlich

410 Vgl. Racine, *Phèdre* (I, 3): »O haine de Vénus! O fatale colère!/ Dans quels égarements l'amour jeta ma mère! [. . .] Ariane, ma sœur! de quel amour blessée,/ Vous mourûtes aux bords où vous fûtes laissée.«

411 Vgl. besonders ebd. IV, 6: »[. . .] je soutiens la vue/ De ce sacré Soleil dont je suis descendue?/ J'ai pour aïeul le père et le maître des Dieux;/ Le ciel, tout l'univers est plein de mes aïeux [. . .].«

412 An Frau Rat Goethe, 25. Aug. 1778, in: *Die Göchhausen*, 18.

Goethe] seinen Orest meisterhaft gespielt hat. Sein Kleid so wie des Pylades seins war Grigisch, und ich hab' ihm in meinem Leben noch nicht so schön gesehn. Überhaupt wurde das ganze Stück so gut gespielt –, daß König und Königin hätten sagen mögen: Liebes Löbchen brülle noch einmal![413].

Ganz ähnlich lautet das Urteil des herzoglichen Leibarztes Hufeland: »Nie werde ich den Eindruck vergessen, den er [sc. Goethe] als Orestes im griechischen Costüm in der Darstellung seiner Iphigenie machte«[414]. Besonders in dem Brief der Göchhausen wird die Rezeptionsweise der Weimarer Hofgesellschaft deutlich: Was zählt, ist die Anwesenheit »hoher Herrschaften«[415], für sie wird gespielt, nicht um den Gehalt der Stücke geht es, sondern um die Unterhaltung der höfischen Gesellschaft.

Goethes »zweideutige« Haltung gegenüber der *Iphigenie* geht aus vielen Dokumenten hervor[416], sie erklärt sich aus dem Bewußtsein des Autors, ein Stück geschrieben zu haben, das sich keiner der bestehenden Institutionalisierungen von Kunst fügt. Die Uraufführung der *Iphigenie* findet im kleinsten Kreise statt, als Aufführung einer höfischen Liebhaberbühne (Goethe selbst, Corona Schröter als einzige Berufsschauspielerin, Knebel, Prinz Konstantin, gelegentlich der Herzog) für auserwählte und geladene Gäste[417]. Trotz der Intervention Dalbergs, den er als Politiker schätzt, lehnt Goethe es ab, das Stück dessen Bruder, dem Intendanten des Mannheimer Nationaltheaters,

413 An Frau Rat Goethe, 12. Apr. 1779, in: ebd., 20.

414 Zit. nach: J. Angst/F. Hackert (Hrsg.), *Erläuterungen und Dokumente: J. W. Goethe, Iphigenie auf Tauris,* Stuttgart 1969, 55.

415 Vgl. den schon erwähnten Brief an Frau Rat Goethe vom 25. Aug. 1778, in: *Die Göchhausen*, 18.

416 Vgl. z. B. Schillers Brief an Körner, 21. Jan. 1802, in: W. Bode (Hrsg.), *Goethe in vertraulichen Briefen seiner Zeitgenossen*, 711.

417 Vgl. dazu die Erinnerungen von K. Koch: »Es soll bei dieser Aufführung alles sehr *incognito* zugegangen sein. Nur etwa 12 Personen vom Adel und die nächste Umgebung der Herzogin waren geladen« (*Aus Weimars Glanzzeit*, 49).

Corona und Goethe
als Iphigenie und Orest

zur Aufführung zu überlassen. Interessant ist die Begründung, die Goethe für seine Ablehnung gibt. Diese enthält neben allgemeinen und unspezifischen Argumenten (Wichtigkeit einer verständnisvollen Interpretation durch die Schauspieler, Hinweis auf die Vorläufigkeit der Prosafassung) auch eine wirkungsästhetische Reflexion: »Ein Drama ist wie ein Brennglas, wenn der Acteur unsicher ist, und den *focum* nicht treffend findet, weiß kein Mensch, was er aus dem kalten und vagen Scheine machen soll. Auch ist es viel zu nachlässig geschrieben, als daß es von dem gesellschaftlichen Theater sich so bald in die

freire Welt wagen dürfte«[418]. Goethe hält eine adäquate Rezeption des Stückes durch das zeitgenössische Publikum nicht für möglich, und zwar vor allem dann nicht, wenn es sich um ein vorwiegend *bürgerliches* Publikum handelt, wie es das Nationaltheater in Mannheim erwarten läßt. Er beschreibt im voraus die Rezeptionsweise eines Publikums, dessen Erwartungshorizont durch die die bürgerlich-aufklärerische Dramentradition fortsetzenden Stücke von Iffland und Kotzebue bestimmt ist; ein solches Publikum muß, so argumentiert Goethe, ein Stück, in dem es nicht um die Diskussion bürgerlicher Normenvorstellungen und Verhaltensweisen geht, sondern dessen Bedeutung gerade in der Distanz zur gesellschaftlichen Wirklichkeit besteht, als »kalten und vagen Schein« aufnehmen.
Es gibt sogar Zeugnisse, die dafür sprechen, daß Goethe das Stück nicht einmal in den Druck geben will[419]. Diese ihm sonst ganz fremde Scheu vor einer Veröffentlichung weist darauf hin, daß er weiß, wie fern das Stück den Erwartungen des zeitgenössischen bürgerlichen Publikums sein muß. Bereits 1782 gesteht er F. H. Jacobi: »Ich kann dir wenig sagen darum schick ich dir Iphigenien nicht als Werk, oder Erfüllung jener alten Hoffnungen werth, sondern daß sich mein Geist mit dem Deinigen unterhalte, wie mir das Stück mitten unter kümmerlichen Zerstreuungen, vier Wochen eine stille Unterhaltung mit höheren Wesens war«[420]. Subjektiv gefaßt, klingt hier dasselbe Motiv an wie in dem Brief an Dalberg. Die *Iphigenie* ist ein Werk, für das die Distanz von der Wirklichkeit konstitutiv ist und das daher bei den Zeitgenossen Befremden hervorrufen muß, bei dem Jugendfreund zumal, in dem die Erinnerung an die Epoche lebt, in der Goethe – im Rahmen einer bürgerlich-aufkläreri-

418 Goethe an K. Th. von Dalberg, 21. Juli 1779, in: H. G. Gräf, *Goethe über seine Dichtungen*, Bd. 5 (2/III), 167; auch abgedruckt in: J. Angst/F. Hackert (Hrsg.), *Erläuterungen und Dokumente*, 45.
419 Vgl. dazu den Brief von Therese Heyne an ihre Eltern, Mai 1783, in: W. Bode (Hrsg.), *Goethe in vertraulichen Briefen seiner Zeitgenossen*, 304.
420 Goethe an F. H. Jacobi, 17. Nov. 1782, in: *Goethes Briefe*, Bd. I, 414.

schen Institutionalisierung von Kunst – Werke geschrieben hat, *Werther* oder *Götz*, die die gesellschaftlichen Hoffnungen einer ganzen Generation auszudrücken vermochten, Hoffnungen, an deren Realisierung Goethe nicht mehr glaubt. Die Wirklichkeitsferne der *Iphigenie* provoziert in Goethe selbst zur Zeit der Kampagne in Frankreich einen fast pathologischen Zustand, in dem er es nicht verträgt, Freunden auf ihre Bitte aus einem Stück vorzulesen, dem er sich, in einer Epoche kriegerischer Auseinandersetzungen von weltgeschichtlicher Bedeutung, »entfremdet« fühlt[421]. Und wenn anläßlich der ersten öffentlichen Aufführung der *Iphigenie* in Weimar Schiller das Spezifische des Stücks zu fassen sucht, so ist es wieder jene Distanz zur Realität, die er hervorhebt. Schiller sucht nach einer Erklärung für Goethes »zweideutige« Haltung dem Stück gegenüber; dieses sei, so meint er, »in dem Zeitmoment, wo es entstand, ein wahres Meteor gewesen«. Auch Schiller erkennt in der *Iphigenie* ein Werk, das die herrschende Institutionalisierung der Literatur negiert, um eine neue zu begründen, deren Charakteristikum darin besteht, daß in ihr das Werk »bloß als ein poetisches Geisteswerk« rezipiert werden will[422], d. h. sich aus

421 »Dem zarten Sinne [sc. der *Iphigenie*] fühlt ich mich entfremdet, auch von andern vorgetragen war mir ein solcher Anklang lästig. Indem aber das Stück sehr bald zurückgelegt ward, schien es, als wenn man mich durch einen höhern Grad von Folter zu prüfen gedenke. Man brachte ›Ödipus auf Kolonos‹, dessen erhabene Heiligkeit meinem gegen Kunst, Natur und Welt gewendeten, durch eine schreckliche Campagne verhärteten Sinn ganz unerträglich schien; nicht hundert Zeilen hielt ich aus« (*Campagne in Frankreich*, in: *Goethes Werke* [Hamburger Ausgabe], Bd. X, 311). Die Aversion Goethes gegen eine so radikal von der Lebenspraxis abgehobene Kunst sitzt damals so tief, daß er kurz nach der verunglückten *Iphigenien*-Lektüre eine erstaunliche Fehlleistung produziert: Auf einem Abend bei der Fürstin Gallitzin übersieht er – unbewußt – ein absichtsvoll plaziertes Exemplar der Voßschen *Luise*, aus dem er, dem Wunsch der Freunde gemäß, hätte vorlesen sollen (vgl. ebd., 344 ff.).

422 Schiller an Körner, 21. Jan. 1802, in: W. Bode (Hrsg.), *Goethe in vertraulichen Briefen seiner Zeitgenossen* 711. – Auch in seiner Rezension

allen lebenspraktischen Bezügen herauslöst und sich in einen von der Gesellschaft abgesonderten Bereich des Ästhetischen zurückzieht.

Noch während der Arbeit an der *Iphigenie* äußert Goethe die Befürchtung, daß das Stück am Weimarer Hof keine Rezeptionsbasis hat:

Die Lust, die ich diese acht Tage her in Betrachtung und Bildung meines Stücks gehabt habe, ist in ihrem Laufe durch die Abneigung gehemmt worden, die Du mir gestern gegen das Erscheinen auf dem Theater mitunter hast sehen lassen. Wenn Du Dich bereden kannst, mit mir auch noch *dieses Abenteuer* zu bestehen, einigen guten Menschen Freude zu machen und *einige Hände Salz* in's Publikum zu werfen, so will ich muthig an's Werk gehen. Ist aber Dein Widerwille unüberwindlich, so mag es auch mit andern, *ernstlicheren* Planen und Hoffnungen in die stille Tiefe des Meeres versinken[423].

Die von Schiller angesprochene zweideutige Haltung Goethes dem eigenen Werk gegenüber wird hier faßbar: Konzipiert im Rahmen einer höfischen Institution Kunst und für eine höfische Liebhaberbühne, wertet Goethe das Stück im Verhältnis zu anderen künstlerischen Arbeiten als weniger »ernstlich«. Zugleich jedoch sieht er, daß gerade seines humanen Gehaltes wegen das Stück den *divertissement*-Charakter des höfischen Theaters sprengt und daher mit der Verständnislosigkeit des höfischen Publikums zu rechnen hat[424].

Die höfische Gesellschaft Weimars vermag in der Tat keine den Gehalten von Goethes Dramen – sofern diese nicht bloße

der *Iphigenie* (1789) hebt Schiller hervor, daß die darin waltende »Ruhe« dieses »Produkt aus der gegenwärtigen Epoche herausrückt« (*Sämtliche Werke*, Bd. V, 943).

423 Goethe an Knebel, 24. März 1779, zit. nach J. Angst/F. Hackert (Hrsg.), *Erläuterungen und Dokumente*, 44; Hervorhebung von mir.

424 Die Andeutungen des Briefes – »Abenteuer«, »einige Hände Salz in's Publikum werfen« – lassen erkennen, daß Goethe von Anfang an das »verteufelt Humane« als Gehalt der *Iphigenie* faßt (vgl. seinen Brief an Schiller vom 19. Jan. 1802, in: *Der Briefwechsel von Schiller und Goethe*, hrsg. v. H. G. Gräf/A. Leitzmann. Leipzig 1955, Bd. II, 389).

Auftragsarbeiten sind, wie die Singspiele, Maskenzüge etc. – adäquate Rezeptionshaltung zu entwickeln; die die Tradition der *Iphigenie* fortsetzende *Natürliche Tochter* vertieft eher noch die Entfremdung zwischen dem Weimarer Publikum und der klassischen Dramenproduktion Goethes. Den Grund für die unangemessene Rezeptionshaltung des Weimarer Hofes gibt, von einem dezidiert bürgerlichen Standpunkt aus, Karoline Herder an: Einer höfischen Institutionalisierung von Kunst, die diese als Teil der höfischen Lebenspraxis versteht, widerstreiten alle gesellschaftliche Erfahrungen verarbeitenden Gehalte: »In der fürstlichen Loge wußte man nicht, was daraus [sc. aus der *Natürlichen Tochter*] zu machen sei. Sie hatten den ruhigen Sinn nicht für den Geist und die Simplizität dieses Stücks«[425].

Aber auch die wenigen bürgerlichen Freunde und Bekannten Goethes, denen die *Iphigenie* bekannt wird, wissen es nicht einzuordnen; die Reaktionsformen reichen hier von der Verständnislosigkeit bis zu verärgerter Polemik. Goethe selbst scheint dergleichen Reaktionen erwartet zu haben, denn er gewährt nur wenigen Einsicht in das Stück und auch diesen meist mit der Bitte um Vertraulichkeit[426]. Nach dem »einhelligen Urteil« des Jacobikreises ist das Stück »ziemlich weit unter Goethes früheren Arbeiten«[427]. Die Ablehnung gründet sich auf Urteile wie »steif«, »ohne Wärme«, »Kälte«, vor allem aber kritisieren die ersten Rezipienten der *Iphigenie* deren als künstlich empfundenen Stil[428]. In der *Italienischen Reise* sucht Goethe über die ablehnende Haltung, auf die das Stück auch bei Freunden trifft, Klarheit zu gewinnen; er kommt zu dem

425 Karoline Herder an Knebel, 12. April 1803, in: W. Bode (Hrsg.), *Goethe in vertraulichen Briefen seiner Zeitgenossen*, 756.

426 Vgl. dazu den Brief Bodmers an Pfarrer Schinz, 25. Juli 1780, in: W. Bode (Hrsg.), *Goethe in vertraulichen Briefen seiner Zeitgenossen*, 270, oder den Ifflands an den Intendanten von Dalberg vom 2. Okt. 1785, ebd., 334.

427 F. Jacobi an Heinse, 20. Okt. 1780, ebd., 276.

428 Vgl. dazu die Dokumente in J. Angst/F. Hackert (Hrsg.), *Erläuterungen und Dokumente*, 56 f.

Ergebnis, daß die *Iphigenie* die Erwartungshaltung derer enttäuschen muß, die auf »etwas Berlichingisches« gefaßt sind; hier ist von Goethe selbst, wie zuvor von Schiller, die Tatsache angesprochen, daß mit der *Iphigenie* die Abkehr vom Material des bürgerlichen Dramas vollzogen ist. Um das Neue des Stücks positiv zu fassen, bedient Goethe sich an derselben Stelle eines Bildeinfalls des Malers Tischbein, mit dem er sich in Italien befreundet und der einer Lesung der *Iphigenie* beigewohnt hatte:

Tischbein, dem auch diese fast gänzliche Entäußerung der Leidenschaft kaum zu Sinne wollte, brachte ein artiges Gleichnis oder Symbol zum Vorschein. Er verglich es [sc. die *Iphigenie*] einem Opfer, dessen Rauch, von einem sanften Luftdruck niedergehalten, an der Erde hinzieht, indessen die Flamme freier nach der Höhe zu gewinnen sucht[429].

Was Tischbein im Bilde »so hübsch und bedeutend« dargestellt hat, ist die Distanz des Kunstwerks zum Leben.
Diese Abgehobenheit des Kunstwerks von der gesellschaftlichen Wirklichkeit erschwert den zeitgenössischen Rezipienten, deren allgemeine Vorstellungen über Literatur an der bürgerlich- aufklärerischen Institutionalisierung gebildet sind, den Zugang zur *Iphigenie*. Das läßt sich besser noch an der Rezeption der *Natürlichen Tochter* und des *Mahomet* ablesen, in dem Goethe wohl am eindeutigsten dem Material der (klassizistischen) höfischen Tragödie sich angepaßt hat. Ganz offen tadelt Karoline Herder Goethes Rückgriff auf das dramatische Material der höfischen Tragödie als Rückfall in eine vom Geschmack des fürstlichen Mäzens abhängige Kunstproduktion. Sie beklagt, unter Verwendung der aus der *Götz*-Diskussion bekannten Kategorie der »Unnatur«, Goethes Abwendung vom bürgerlich-aufklärerischen Literaturbegriff, der für sie durch den Namen Shakespeare charakterisiert ist[430]. Das Wertungskrite-

429 *Goethes Werke* (Hamburger Ausgabe), Bd. XI, 157 f.

430 »Ach, und die Ziererei der Kunst, uns *Deutsche* mit dem französischen Kothurn zu beschenken, weil es der Herr v. Haren durch den Herzog so bestellt hat!« (Karoline Herder an Knebel, 31. Jan. 1800, in: W. Bode

rium dieser Gruppe bürgerlicher Intellektueller am Weimarer Hof ist der Wirklichkeitsbezug des Kunstwerks, gemäß der Tradition der Literatur der Aufklärung. Ein Rückgriff auf die Antike erscheint in diesem Zusammenhang als problematisch, weil das dadurch angestrebte »allgemein Menschliche« von der gesellschaftlichen Wirklichkeit der Gegenwart abgelöst ist: »Nur diese Abstrakta hasse ich!« ruft Böttiger aus, und er will so die »neue Ästhetik« – er meint die Autonomieauffassung – treffen: »Wahrlich auch Sophokles' ›Ödipus‹ ist ein Ideal, spricht eine Gesamtheit einer Klasse von Herrschern und Unglücklichen aus. Aber dies Allgemeine, dies aus Tausenden Erlesne wird in Theben lokalisiert, heißt Ödipus und erhält dadurch festen Boden und dramatische Individualität«[431]. Die Form der klassischen Tragödie, selbst in der Bearbeitung Goethes, gilt dem Zeitgenossen nicht mehr als ein Material, das geeignet ist, Problemen der Gegenwart einen literarisch angemessenen Ausdruck zu verleihen.

Weniger noch als die bürgerlichen Intellektuellen aus dem Goethe-Kreis hat die Öffentlichkeit, als 1787 anläßlich der bei Göschen verlegten vierbändigen Ausgabe von Goethes Werken die *Iphigenie* zum erstenmal im Druck erscheint, das Stück einordnen können. Daß die *Iphigenie* nur einen einzigen – unverkäuflichen – Nachdruck erfährt, läßt bereits erkennen, wie gering in der zeitgenössischen »Buchhändler-Speculation« die Absatzchancen des klassischen Dramas beurteilt werden[432]. Die Rezensenten betonen mit einer seltenen Übereinstimmung, daß

[Hrsg.], *Goethe in vertraulichen Briefen seiner Zeitgenossen*, 660); vgl. auch das Urteil Böttigers (ebd., 661): »Uns hat neulich Goethes ›Mahomet‹ dreimal hinter einander an die schönen Tage der französischen Stelzentragödie erinnert, die bei uns nie greifen wird.« Derselbe Böttiger notiert in sein Tagebuch, Wieland habe mit »Unwillen« von Goethes *Natürlicher Tochter* gesprochen, weil dieser damit nur das Lob von Hofdamen suche, nicht einer bürgerlichen literarischen Öffentlichkeit (vgl. ebd., 755).

431 Böttiger an Rochlitz, 4. Apr. 1803, in: ebd., 754.

432 Vgl. dazu J. W. Braun, *Goethe im Urteil seiner Zeitgenossen [. . .]*. Berlin 1884, Bd. II, 335.

es sich um ein Stück handelt, das überhaupt nur einer Bildungselite zugänglich ist. Bereits diese Tatsache entfernt die *Iphigenie* für die Mehrheit der zeitgenössischen Rezipienten vom herrschenden, d. h. dem bürgerlich-aufklärerischen Material. Es gibt nicht wenige Kritiker, die die Publikumsfeindlichkeit des Stücks verurteilen: »Er [sc. Goethe] thut wohl, daß er sie [sc. die *Iphigenie*] dem Publico vorenthält. Welcher Stolz nur für einen Theil der Nation schreiben zu wollen, den man sich, sagt man, gebildet hat«[433].

Andererseits bemerken die zeitgenössischen Rezensenten mit einiger Ironie, daß auch der »gebildete Teil der Nation« das Stück nicht angemessen aufnehmen kann, weil er, sofern man ihn mit dem Adel gleichsetzt, nicht am Gehalt eines Theaterstücks, sondern an der festlichen Selbstdarstellung interessiert ist. Anläßlich der Wiener Erstaufführung der *Iphigenie* in Anwesenheit des Hofes (1800) berichtet ein Journalist:

So hätte man glauben sollen, die auserlesenen, gesitteten und gebildeten Zuschauer würden dies sichtbar eifrige Bestreben der Darsteller mit ungetheilter Aufmerksamkeit und Theilnahme erwiedert haben, aber man irrt sich. Der ganze gegenwärtige hohe Adel war in größter Gala [. . .]. Was war also natürlicher, als daß man das prächtig erleuchtete Theater zum zweiten Aushängegewölbe in Auerbachshofe auf der Leipziger Messe zu machen, und das Parterre mit der Präsentation der Familien-Geschmeide zu blenden, und so in Respecte zu halten suchte?[434]

Wenn man die zwischen 1787 und 1800 erschienenen Rezensionen zur *Iphigenie* durchgeht, so wird man überrascht sein über die Monotonie, mit der die Kritiker immer wieder dieselben Beurteilungen liefern. Übereinstimmend heben sie zwei Momente besonders hervor: die »Simplizität« des mit der Kunst der Griechen wetteifernden Stückes und dessen Sentenzenreichtum[435].

433 Bodmer an Myller, Frühjahr 1782, zit. nach J. Angst/F. Hackert, *Erläuterungen und Dokumente*, 56.

434 J. W. Braun, *Goethe im Urteil seiner Zeitgenossen*, Bd. II, 355.

435 Zur »Simplizität« vgl. ebd., 13, 53 ff., 134, 156 f.; zu den Sentenzen vgl. ebd., 3 f., 57, 135.

Die zeitgenössische Rezeption der *Iphigenie* als eines Hausschatzes von Sentenzen und Maximen macht darauf aufmerksam, wie früh bereits jener Prozeß der musealen Aneignung der klassischen Literatur einsetzt. Von der bürgerlich-aufklärerischen Institutionalisierung der Literatur, wo das über öffentliche Angelegenheiten räsonierende Publikum selbst Thema der Werke war, sind zu Sentenzen geronnene allgemeine Sätze übriggeblieben. Zu Versatzstücken einer affirmativen Kultur herabgekommen, dienen die abstrakt gewordenen bürgerlichen Ideale einem bürgerlichen Publikum zur Erbauung in Stunden feierlicher Erholung, in eben dem Maße, wie dieses zu einer authentischen Rezeption von Kunstwerken nicht mehr fähig ist. In Bertuchs *Journal des Luxus und der Moden* berichtet ein Theaterkritiker über die Erstaufführung von *Maria Stuart*, und er stellt fest, daß »weniger Gebildete« nicht in der Lage sind, das »Ganze« zu erfassen, aber: »so fielen dafür einzelne schöne Sentenzen und Sprüche desto schwerer aufs Herz«[436]. Die Masse der Rezipienten ist danach nicht imstande, die in der klassischen Ästhetik dem Werk zugesprochene gesellschaftliche Funktion zu realisieren. Die Spaltung der literarischen Öffentlichkeit in eine Schicht Gebildeter, die Zugang hat zur »höheren« Kultur, und die Masse der von dieser aufgrund des herrschenden Bildungssystems Ausgeschlossenen, wird hier nicht kritisch reflektiert, sondern als selbstverständlich hingenommen. Aber selbst dort, wo zeitgenössische Kritiker an dem Sentenzenreichtum der *Iphigenie* Anstoß nehmen – Iffland unterstellt dem Stück »Trivialität«[437] – geschieht dies nicht, um

436 *Journal des Luxus und der Moden*, hrsg. v. F. J. Bertuch/G. M. Kraus. Reprint, hrsg. v. W. Schmidt. 2 Bde, Hanau 1967, Bd. II (1796-1805), 229.
437 Brief an den Intendanten von Dalberg, 2. Okt. 1785, zit. nach: J. Angst/F. Hackert (Hrsg.), *Erläuterungen und Dokumente*, 56. – Bodmer äußert nach seinem ersten Leseeindruck: »Die Personen reden in Sentenzen zur Zeit und zur Unzeit; und sie kleiden die geläufigsten Lebensregeln in Sprüche« (Brief an Ch. H. Myller, 5. März 1782, zit. nach: ebd.). Selbst Schiller rät Goethe, die Zahl der »Gemeinsprüche« zugunsten des »dramati-

den affirmativen Charakter des klassischen Dramas aufzudekken, sondern weil die Abstraktheit der Form das Werk von der Lebenspraxis entfremdet. Kritiker wie Bodmer oder Iffland halten demnach an einem bürgerlich-aufklärerischen Literaturbegriff fest.

Der heutigen Rezipienten erkennbare humane (utopische) Gehalt der *Iphigenie* bleibt mit wenigen Ausnahmen den Zeitgenossen verborgen. Nur Fichte erfaßt die historische Bedeutung der *Iphigenie,* die er feiert als »edelste Blüthe der Humanität, welche durch die Natur nur einmal unter dem griechischen Himmel hervorgetrieben und durch eins ihrer Wunder im Norden wiederholt wurde«[438]. Bezeichnenderweise aber diskutiert Fichte das Stück als funktionierend innerhalb einer bürgerlichen Institution Kunst. Die Funktion der Kunst in der bürgerlichen Gesellschaft besteht Fichte zufolge in der Fähigkeit, im Rezipienten eine »ästhetische Stimmung« hervorzurufen, und diese setzt er scharf ab gegen den Eindruck, den »der Anblick des Arbeiters, der seinen Zweck zu erreichen strebt«, in uns produziert[439]. In dieser Reflexion Fichtes treten zweckrationale Tätigkeit (Arbeit) und künstlerische Produktion, Kunst und Lebenspraxis unversöhnbar – zumindest in der Gegenwart – einander gegenüber. Zugleich erkennt Fichte, daß eine solchermaßen autonome Kunst mit einem weitgehenden Verzicht auf Wirkung in der Gesellschaft der Gegenwart erkauft ist. In der Gegenwart gibt es höchstens eine kleine Elite von Rezipienten, die fähig sind, sich in jene »ästhetische Stimmung« versetzen zu lassen, wo wir »unter dem Einflusse des Künstlers eine Fassung in uns [entdecken], die wir im Laufe des Lebens gewöhnlich nicht behalten; wir fühlen uns höher gehoben, und veredelt«[440]. Nicht an das Publikum der Gegenwart wendet sich

schen Interesses« zu reduzieren (Brief an Goethe, 7. Jan. 1800, in: *Briefwechsel zwischen Schiller und Goethe,* Bd. II, 300).

438 Fichte, *Über Geist und Buchstab in der Dichtung,* zit. nach J. W. Braun, *Goethe im Urteil seiner Zeitgenossen,* Bd. II, 305.

439 Ebd., 304.

440 Ebd., 305.

daher ein Stück wie die *Iphigenie*, sondern an ein zukünftiges, ein auf dem Wege über die ästhetische Erziehung allererst zu bildendes. So vermittelt nur, vermag die Kunst einen Beitrag zur Beförderung der Humanität zu leisten. Anders als Hegel faßt Fichte die griechische Kultur nicht als endgültig vergangen, sondern als Vorschein eines mit Hilfe der Kunst zu erreichenden neuen Zeitalters vollendeter Humanität.

Dem Dichter, von dem ich rede [sc. Goethe], war es gegeben, zwei verschiedene Epochen der menschlichen Cultur mit allen ihren Abstufungen auszumessen. Er nahm sein Zeitalter bei der letztern Stufe [sc. der Gegenwart] auf, um es bei der erstern [sc. der Antike] niederzusetzen. Aber seyn Genius überflog, wie es seyn mußte, den langsamen Gang desselben. Er bildete wie jeder wahre Künstler soll, sein Publikum selbst, arbeitete für die Nachwelt, und wenn unser Geschlecht höher steigt, so ist es nicht ohne sein Zuthun[441].

Goethes *Iphigenie* muß scheitern, weil sie ihrer Form nach sich an eine repräsentative Öffentlichkeit, ein höfisches Publikum wendet, das reale Publikum jedoch die bürgerliche Öffentlichkeit ist[442]. Diese bürgerliche Öffentlichkeit ist von Anfang an ein Lesepublikum[443], sie entwickelt sich in dem Maße, wie die Bürger das öffentliche Interesse als ihr eigenes begreifen und diskutieren. In dieser frühen Phase der Entwicklung der bürgerlichen Gesellschaft wird Kunst als Teil der Öffentlichkeit begriffen und hat Praxisfunktion. Die von den Weimarer Klassikern ausgehende Trennung von Kunst und Leben bedeutet daher einmal Widerstand gegen eine alle Lebensbereiche dem Prinzip der Zweckrationalität unterwerfende Gesellschaftsverfassung, zugleich aber Verzicht auf die Möglichkeit, in die Entscheidungen der bürgerlichen Öffentlichkeit regulierend einzugreifen. Das an der Praxisfunktion der Kunst zunächst festhaltende bürgerliche Lesepublikum fügt sich diesem Auto-

441 Ebd., 306.

442 Zu den Begriffen repräsentative und bürgerliche Öffentlichkeit vgl. J. Habermas, *Strukturwandel der Öffentlichkeit*, passim.

443 Vgl. dazu ebd., 34 f.

Huldigung für Goethe.
Zeichnung der Angelika Kauffmann für Kupfer in Goethes Schriften

nomieanspruch der Kunst nicht und wendet sich von Werken ab, die seine Bedürfnisse nach Praxisorientierung nicht erfüllen. Diese Abwendung erfolgt in doppelter Weise, als Hinwendung zu einer lebenspraktische Funktionen wahrnehmenden Trivialliteratur und als Verschiebung des Rezeptionsinteresses von den Werken auf die Person des Autors. Wir sehen uns daher mit einem einigermaßen seltsamen Phänomen konfrontiert: Einige der bedeutendsten Produkte der deutschen Literaturgeschichte gehen ins öffentliche Bewußtsein nur ein als Mythos von der Weimarer Klassik und als persönlicher Mythos (in der Gestalt des Goethekults), nicht jedoch ihrem Gehalt nach. Das Bedürfnis nach Selbstverständigung über die politischen und moralischen Normen des gesellschaftlichen Lebens erfüllt dagegen die Unterhaltungsliteratur.

- W. Bode, Goethes Leben. 1781–1786 (Pegasus im Joche). Berlin 1925
- Goethe-Gedenkblätter. Weimar. [3]Berlin 1925
- H. Holtzhauer, Goethemuseum. Berlin/Weimar o.J.
- H. Wahl/A. Kippenberg, Goethe und seine Welt. Leipzig 1932

Für die Unterstützung bei der Bildbeschaffung danke ich der Universitätsbibliothek Bremen.

Register*

* Um das Auffinden der zitierten Quellen zu erleichtern, sind Herausgeber von mehrfach zitierten Sammlungen in das Register aufgenommen. Es wird jedoch nur die Textstelle aufgeführt, die die vollständige bibliographische Angabe enthält.